Organizadoras
Fabiana Pinheiro Ramos, Mylena Pinto Lima.

PARENTALIDADE NO TRANSTORNO DO ESPECTRO AUTISTA(TEA)

ANÁLISES E INTERVENÇÕES

AnaLuz
Editora

PARENTALIDADE NO TRANSTORNO DO ESPECTRO AUTISTA(TEA): ANÁLISES E INTERVENÇÕES.

ORGANIZAÇÃO: Fabiana Pinheiro Ramos e Mylena Pinto Lima.

COLABORADORES: André Augusto Borges Varella, Andressa Tonini Pissaia, Célia Regina Rangel Nascimento, Daiton Martins de Souza, Déborah Menezes Anacleto, Fabiana Pinheiro Ramos, Gabriela Esteves Lopes ,Josiane Rezende Araujo,Juliana Nogueira da Gama, Karly Cordova, Kely Maria de Sousa Pereira, Letícia Devens Vieira, Luisa Gonçalves Pires, Loyane Fassarela Gasparini, Mylena Pinto Lima ,Natalie Brito Araripe, Rosana Suemi Tokumaru, Stephanye Meirelles de Oliveira Valente e Talyta Cristine de Assis Santos.

Ramos, Fabiana Pinheiro, 1975-

Parentalidade no Transtorno do Espectro Austista : Análises e Intervenções / Fabiana Pinheiro Ramos, Mylena Pinto Lima (Organizadoras). - 2025.
216 p. : il.

ISBN: 9789403835709.
Produto Técnico-Tecnológico (Livro) (Mestrado em Psicologia) - Universidade Federal do Espírito Santo, Centro de Ciências Humanas e Naturais.

1. Parentalidade. 2. Transtorno do Espectro Autista. 3. Transtorno do Espectro Autista em crianças. 4. Psicologia. 5. Mãe e filho. 6. Pai - Psicologia. I. , . II. Universidade Federal do Espírito Santo. Centro de Ciências Humanas e Naturais. III. Título.

CDU: 159.9

A todas as famílias que no cotidiano enfrentam os desafios de criar e educar uma criança ou adolescente com TEA, e também experimentam a alegria dessa jornada recompensadora.

A nossas famílias pelo apoio incondicional, suporte e incentivo.

As organizadoras

SUMÁRIO

PREFÁCIO

Estamos em tempos de desinformação e de autodiagnóstico para diversos problemas de saúde física e mental. Nesse contexto, dispor-se a divulgar conhecimento baseado em evidências sobre o Transtorno de Espectro Autista (TEA) é um desafio necessário e relevante, aceito pelas professoras Fabiana Pinheiro Ramos e Mylena Pinto Lima, que nos presenteiam com esta obra voltada para pais, terapeutas, profissionais e demais cuidadores de crianças e adolescentes com TEA – "Parentalidade no Transtorno do Espectro Autista (TEA): análises e intervenções".

Falando com a propriedade de quem orienta pesquisas sobre a parentalidade no TEA e a experiência de mais de vinte anos no atendimento a esta população e seus familiares, Fabiana e Mylena, atuando juntas há tempos no Programa de Pós-Graduação em Psicologia da Universidade Federal do Espírito Santo, somaram esforços com 18 autores, construindo uma coletânea de 11 capítulos sobre um dos temas centrais nessa área – como cuidar de quem cuida. Este é um tema sensível, pois lidar com transtornos do desenvolvimento pode ser a tarefa de uma vida para uma família e para os profissionais que se dedicam a intervir e auxiliar a todos envolvidos, assim como de pesquisadores que se interessam por processos desenvolvimentais e comportamentais.

O desafio é grande, pois o TEA tem uma longa história envolvendo as questões sobre suas causas até chegarmos à noção de ser um problema de origem biológica, um transtorno do neurodesenvolvimento, sem a identificação de genes específicos alterados, com influências ambientais. Este quadro está relacionado a alterações na comunicação, com a presença de padrões estereotipados, comportamentos repetitivos, hiperfoco ou interesse por atividades específicas, além de dificuldade nas interações sociais, como resumem Oliveira Filho et al. (2024).

Para termos uma dimensão do problema, o TEA afeta em média 62/10.000 pessoas, especialmente meninos, que são quatro vezes mais prevalentes. Não sabemos os números oficiais no Brasil, mas estima-se que aproximadamente 10% a 20% das crianças e adolescentes apresentam algum tipo de transtorno mental, exigindo cuidados multiprofissionais intensivos em cerca de 4% deles. Esta é uma das lacunas da área em todo mundo – a falta de dados epidemiológicos e medidas de seu impacto nas famílias e nos sistemas de saúde, segundo relatório do *Global Burden of Disease Study 2021 Autism Spectrum Collaborator* (Widiastuti et al., 2025). É imperativo, então, fortalecer a coleta de informações e a infraestrutura de pesquisa para fornecer dados regionais e nacionais, visando a melhorar a precisão do diagnóstico e a alocação de recursos.

Considerando esse contingente, outro desafio que se impõe é o diagnóstico preciso, essencial para o tratamento adequado. O TEA, em especial, apresenta uma síndrome comportamental identificada precocemente, nos três primeiros anos, com alterações e atrasos no desenvolvimento que perduram ao longo da vida. Para além dos instrumentos, sua precisão, acurácia e alinhamento com a avaliação do profissional, esse diagnóstico é feito por observação clínica, baseando-se também no relato de cuidadores e familiares que têm contato mais próximo com a criança e com o adolescente. Nesse sentido, concordamos com Fulceri et al. (2025) sobre as ferramentas diagnósticas serem complementares ao julgamento clínico e não seu substituto, ressaltando-se que essas ferramentas devem ser culturalmente relevantes para diminuir os vieses diagnósticos.

Reside aqui um dos pilares da intervenção, pois são os familiares e cuidadores que primeiro observam as alterações no comportamento, as dificuldades de aceitação de mudanças e de compreensão das normas sociais, a impulsividade e a desatenção, a ansiedade, os comportamentos heteroagressivos e de autoagressão. Os pais passam a ter que lidar não apenas com as dificuldades cotidianas, mas também com o estigma, com a maratona nos serviços de saúde, os diagnósticos e laudos médicos, em um processo demorado e complexo. Assim, o diagnóstico tende a ser adiado diante do despreparo dos médicos, somado aos problemas de comunicação de diagnóstico, à falta de apoio emocional e de esperança em relação ao desenvolvimento do filho, como lembram Aguiar e Pondé (2025).

Nesse cenário, os impactos na saúde mental de pais e filhos e no relacionamento dos casais indicam a necessidade de intervenções em toda a família, segundo Piro- Gambetti et al. (2024). Entretanto, o quadro é mais complexo, pois os pais de crianças e adolescentes com TEA enfrentam um substancial estresse financeiro, emocional e social, frequentemente com acesso insuficiente aos serviços. Nesse sentido, programas de assistência financeira, como o Bolsa Família, com direito ao Benefício de Prestação Continuada (BPC/LOAS), um benefício mensal de um salário-mínimo pago pelo Instituto Nacional do Seguro Social (INSS) para pessoas com deficiência de baixa renda, representam um ganho social.

Este é um dos ganhos, dentre outros que observamos ao longo de mais de cinquenta anos, desde a criação do Centro Nacional de Educação Especial (CENESP) em 1973; sendo outro deles o trabalhoso, custoso e árduo reconhecimento dessa condição de se relacionar com o mundo de uma forma diferente, apresentada pelas pessoas com TEA, como bem resumiu Marques (2025). Os avanços em termos de legislação, de medidas de proteção e práticas de inclusão devem ser reconhecidos, mas ainda são necessárias campanhas de conscientização e a promoção de redes de apoio, com parcerias entre órgãos governamentais e não-governamentais, a integração e colaboração dos profissionais de saúde, educadores e a comunidade, incentivando a busca precoce de ajuda, e incorporando a triagem dos casos de TEA aos serviços de saúde materno-infantil (Widiastuti et al., 2025).

Enfrentar esses desafios exige um esforço coordenado entre os campos das políticas públicas, da pesquisa e da atuação profissional, visando oferecer um atendimento adequado para todos. É nesta conjugação de esforços que a presente obra se encontra, incluindo estudos sobre processos psicológicos básicos presentes na condição da parentalidade de crianças e adolescentes com TEA, como a regulação emocional e as respostas de estresse e seu enfrentamento. Esses processos fazem parte da adaptação dos cuidadores frente às demandas que excedem sua capacidade para lidar com os estressores, constituindo o processo de autorregulação parental, segundo Barros et al. (2015). Os pais e cuidadores têm que saber identificar padrões e terem objetivos relativos à saúde e à educação, serem capazes de elaborar planos para mudanças nos padrões usuais de comportamento de si próprios e das crianças e adolescentes, e resolverem problemas no curso do desenvolvimento. Desenvolvem-se, assim, estilos e práticas parentais de educação, nem sempre positivas, com impactos na interação e no desenvolvimento da criança e do adolescente.

Ocorre, porém, que desempenhar esses papéis parentais e de cuidados depende de habilidades e competências que nem todos pais ou cuidadores apresentam naturalmente em seu repertório, particularmente sob estresse. Neste ponto, entram as práticas profissionais para promover a competência e a resiliência parental. Este é o segundo ponto forte do livro, que inclui vários capítulos sobre como intervir com os pais e cuidadores de crianças e adolescentes com TEA. Mantendo a ênfase de relatar práticas baseadas em evidências, são apresentados estudos de intervenção, como a Terapia de Aceitação e Compromisso (ACT), a abordagem do *Happy, Relaxed And Engaged (HRE)*, o ensino de práticas parentais positivas, o treinamento de pais, incluindo um capítulo que ilustra com um estudo de caso o processo de ensino de mães paras avaliar os comportamentos interferentes dos filhos.

Temos, assim, um livro que generosamente fornece subsídios para entender e atuar nos complexos processos psicológicos envolvidos nos casos de TEA, apoiando a prática profissional, além de contribuir para o avanço do conhecimento nessa área. Esta é uma obra que ajuda a reduzir as lacunas no tratamento do TEA, também colaborando para reduzir o estigma frente ao despreparo e desinformação pública a respeito do espectro, especialmente na era do autodiagnóstico.

Desejo uma boa e proveitosa leitura a todos!

Sônia Regina Fiorim Enumo
Professora Emérita da Universidade Federal do Espírito Santo
Barra dos Coqueiros, Sergipe, 2 de setembro de 2025.

REFERÊNCIAS

Aguiar, M. C. M., & Pondé, M. P. (2020). Autism: Impact of the diagnosis in the parents. *Jornal Brasileiro de Psiquiatria*, 69(3), 149-55. https://doi.org/10.1590/0047-2085000000276

Barros, L., Goes, A. R., & Pereira, A. I. (2015). Parental self-regulation, emotional regulation and temperament: Implications for intervention. *Estudos de Psicologia (Campinas)*, 32(2), 295–306. https://doi.org/10.1590/0103-166X2015000200013

Fulceri, F., Caruso, A., Micai, M., Gila, L., Tancredi, R., Fatta, L. M., Galati, G., d'Amico, R., Schünemann, H. J., Balduzzi, S., Cinquini, M., & Scattoni, M. L. (2025). Autism diagnosis in children and adolescents: A systematic review and meta-analysis of test accuracy. *Neuroscience Biobehavioral Reviews*, 173, 106164. https://doi.org/10.1016/j.neubiorev.2025.106164

Marques, J. (2025). Precisamos falar do chá revelação do autismo. Folha de São Paulo. https://www1.folha.uol.com.br/blogs/assim-como-voce/2025/08/precisamos-falar-do-cha-revelacao-de-autismo.shtml?utm source=whatsapp&utm medium=social&utm campaign=compwa

Oliveira Filho, E. G., Gimenes, F. C., Félix, J. L. S., Silva, R. S., Silva, T. G., & Correia, D. S. B. (2024). Autism Spectrum Disorder: Systematic literature review. (2024). Research, Society and Development, 13(7), e7513745167. https://doi.org/10.33448/rsd-v13i7.45167

Piro-Gambetti B, Greenlee J., Bolt, D., Papp, L. M., & Hartley SL (2024) Parent-couple satisfaction, parent depression, and child mental health in families with autistic children. Frontier in Psychiatry, 14, 1306456. https://doi.org/10.3389/fpsyt.2023.1306456

Small, R., & Belluigi, D. Z. (2024); Parents' reported satisfaction of their children's assessment and diagnoses of ASD: A cross-country systematic literature review. Review Journal of Autism and Developmental Disorders, 11, 720–732. https://doi.org/10.1007/s40489-023-00366-6

Widiastuti, A. A., Atmoko, A., Eva, N., Listyaningrum, E. M., & Wijayanti, T. D. (2025). Bridging gaps in autism spectrum disorder care. The Lancet, 12, 407. https://doi.org/10.1016/S2215-0366(25)00093-8

APRESENTAÇÃO

A presente obra, intitulada "***Parentalidade no Transtorno do Espectro Austista (TEA): Análises e Intervenções***" surge do desejo de oferecermos aos pais, terapeutas, profissionais e demais cuidadores de crianças e adolescentes com TEA informações atualizadas sobre diversos temas relacionados aos desafios da parentalidade nesse contexto, bem como propostas de intervenção cientificamente embasadas com essa população. A obra engloba capítulos elaborados por acadêmicos, professores de Programas de Pós-graduação em Psicologia no Brasil, bem como profissionais que lidam em seu cotidiano com essa população, oferecendo, assim um panorama importante para a avaliação e intervenção com as famílias de crianças e adolescentes com TEA, visando a promoção do seu desenvolvimento.

O livro é fruto, também, do trabalho das organizadoras com essa população. A primeira delas, como professora do Programa de Pós-graduação em Psicologia da UFES orientando trabalhos de pesquisa no nível de Mestrado voltados à parentalidade no TEA; e a segunda, com mais de 20 anos de experiência no atendimento direto a esta população e seus familiares. O livro está organizado em 11 capítulos, descritos a seguir.

No ***Capítulo 1, "Parentalidade e Regulação Emocional"***, Natalie Brito Araripe nos ajuda a compreender a emergência das capacidades autorregulatórias da criança ao longo do seu desenvolvimento e as dificuldades específicas da regulação emocional no TEA. Além disso, também são abordados o papel da parentalidade no desenvolvimento da autorregulação emocional, além de intervenções que promovem a regulação emocional de crianças com TEA. O conteúdo apresentado neste capítulo permite que pais e cuidadores estejam atentos a dimensões importantes de sua interação com a criança, com vistas a favorecer sua atuação como co-reguladores do desenvolvimento infantil.

Já no ***Capítulo 2 "Estilos Parentais no Autismo: O que a literatura tem a nos dizer?"*** de autoria de Josiane Rezende Araujo, Fabiana Pinheiro Ramos e Rosana Suemi Tokumaru, as autoras apresentam as evidências da literatura atual sobre os estilos parentais no autismo, por meio de uma revisão narrativa. Os resultados permitem compreender variáveis de risco para a parentalidade no TEA, considerando os diferentes estilos parentais e aspectos como gravidade do autismo, renda familiar, nível educacional e cultural dos pais, dentre outros aspectos. Além de aspectos protetivos como clima emocional, coparentalidade adequada e estilo parental participativo.

Andressa Tonini Pissaia e Kely Maria de Sousa Pereira, autoras do ***Capítulo 3 "Parentalidade e Indicadores Comportamentais de Crianças e Adolescentes no Espectro Autista"*** apresentam os efeitos das práticas parentais no desenvolvimento infantil, por meio de uma pesquisa que avaliou os estilos parentais em cuidadores de crianças e adolescentes com TEA. Os resultados mostram as diferenças significativas entre os estilos materno e paterno na amostra investigada, a influência dos níveis de escolaridade nas práticas parentais, e a associação destas práticas com os problemas de comportamento da criança e do adolescente.

O estresse enfrentado pelos cuidadores de crianças e adolescentes com TEA, bem como as estratégias para seu enfrentamento é o tema do ***Capítulo 4 "Parentalidade no TEA: Estresse e Coping"***, de autoria de Déborah Menezes Anacleto e Fabiana Pinheiro Ramos. As autoras apresentam os resultados de uma pesquisa que mapeou os principais estressores descritos por mães e pais no cuidado diário com os filhos com o transtorno, bem como as principais estratégias utilizadas pelas famílias para enfrentar tais desafios.

A resiliência parental é o tema do ***Capítulo 5 "Dominando a Arte do Possível na Parentalidade: Desenvolvimento e Resiliência Parental em Famílias com Crianças com TEA"***, de autoria de Stephanye Meirelles de Oliveira Valente e Célia Regina Rangel Nascimento. As autoras abordam aspectos conceituais desse constructo, bem como resultados de uma pesquisa que se utilizou de histórias em quadrinhos para mapear os desafios enfrentados por pais de crianças e adolescentes com TEA, bem como avaliar sua resiliência.

Ampliar a saúde mental de pais e cuidadores de crianças com TEA por meio de ferramentas da Terapia de Aceitação e Compromisso, uma forma de terapia comportamental da chamada "3ª onda", é o tema do ***Capítulo 6 "Terapia de Aceitação e Compromisso (ACT) para Pais e Cuidadores de Crianças com Transtorno do Espectro do Autismo"*** de autoria de Mylena Pinto Lima, Fabiana Pinheiro Ramos, Gabriela Esteves Lopes e Luísa Gonçalves Pires. Neste capítulo, por meio de uma revisão narrativa da literatura, as autoras nos ajudam a compreender o papel positivo da flexibilidade psicológica frente à sobrecarga e o estresse crônico dos cuidadores de crianças com o transtorno.

A promoção de relações positivas entre pais e filhos por meio de estratégias baseadas na Ciência da Análise do Comportamento é o tema abordado por André Augusto Borges Varella no ***Capítulo 7 "Parentalidade no TEA: Estratégias ABA para Promover Relações Positivas entre Pais e Filhos"***. Nele, o autor apresenta conceitos básicos em análise do comportamento, bem como a importância de procedimentos como o pareamento de estímulos, planejamento de intervenções antecedentes, uso de rotinas visuais, reforçamento de comportamentos desejados, dentre outros, para enriquecer a experiência de interação entre pais e criança.

A importância do estado feliz, relaxado e engajado para a aprendizagem da criança com TEA é o tema do ***Capítulo 8 "Aprendendo com Alegria: Entendendo o Happy, Relaxed and Engaged (HRE) na ABA para seu filho"***, de autoria de Daiton Martins de Souza. Nele, o autor apresenta as características deste estado e seus respectivos sinais corporais, bem como estratégias que podem ser adotadas pelos cuidadores de crianças com TEA para, por meio da construção da confiança e do vínculo, conseguir que o aprendiz esteja feliz, relaxado e engajado.

Loyane Fassarela Gasparini e Rosana Suemi Tokumaru, autoras do ***Capítulo 9 "Investimento Parental no TEA e a Importância do Ensino de Práticas Parentais Positivas"*** apresentam a adaptação de uma intervenção para promoção da parentalidade positiva para cuidadores de crianças com TEA, e abordam os desafios do investimento parental nessas famílias. Os resultados da intervenção apresentada pelas autoras demonstram a redução de práticas parentais disfuncionais e o aumento do investimento parental, dentre outras mudanças proporcionadas pela intervenção nas mães participantes.

Os diferentes modelos de treinamento parental em ABA são o tema do ***Capítulo 10 "Treinamento Parental no Transtorno do Espectro Austista (TEA): Análises e Intervenções Comportamentais"***, de autoria de Juliana Nogueira da Gama e Letícia Devens Vieira. Nele, as autoras apresentam um panorama dos principais modelos de orientação parental presentes na literatura em Análise do Comportamento, destacando sua relevância a aplicabilidade.

Além disso, são apresentados os elementos comuns dos diferentes modelos, bem como suas diferenças.

Por fim, no ***Capítulo 11 "Ensinando Mães de Crianças com TEA a Avaliar a Função dos Comportamentos Interferentes de seus Filhos: Análise de Caso"***, as autoras Talyta Cristine de Assis Santos, Fabiana Pinheiro Ramos e Mylena Pinto Lima abordam os prejuízos dos comportamentos interferentes no desenvolvimento e aprendizagem da criança com TEA, e apresentam um estudo de caso que buscou ensinar uma mãe a realizar análise funcional dos comportamentos interferentes de seu filho, a partir de um procedimento de ensino especificamente delineado para este fim.

Ao organizar esta obra, esperamos continuar colaborando para o conhecimento sobre o desenvolvimento de crianças e adolescentes com TEA, bem como para o fortalecimento do cuidado oferecido por seus familiares. Assim, espera-se que os trabalhos aqui apresentados possam auxiliar no atendimento mais eficaz das crianças e dos adolescentes com o transtorno em nosso país, fortalecendo o alcance das políticas públicas de saúde, educação e assistência social, tão necessárias a esta população.

As organizadoras

Fabiana Pinheiro Ramos
Mylena Pinto Lima

01

PARENTALIDADE E REGULAÇÃO EMOCIONAL

Natalie Brito Araripe

O fenômeno da regulação emocional é multifacetado, envolvendo interações entre influências filogenéticas, ontogenéticas e culturais. Todos nós regulamos nossas emoções ao longo do dia: assistimos a um filme para aliviar a tristeza, respiramos fundo antes de responder a uma provocação, afastamo-nos de alguém para evitar dizer algo que machuque. Ainda assim, não é uma tarefa simples. Regular emoções exige treino. Esse treino ocorre quase que "naturalmente" na nossa história de vida, mas em alguns casos específicos, indivíduos podem precisar de treino formal, como no Transtorno do Espectro do Autismo (TEA), em que os processos envolvidos na regulação emocional estão prejudicados.

No desenvolvimento atípico, como é o caso do TEA, fatores neurobiológicos alteram a forma como as emoções são percebidas, expressas e reguladas. Essas diferenças impactam diretamente a forma como a pessoa interpreta os sinais emocionais do próprio corpo e os estímulos sociais ao seu redor, influenciando sua capacidade de compreender, nomear e ajustar respostas emocionais de acordo com o contexto. Enquanto no desenvolvimento típico a regulação emocional se constrói a partir de referenciação social consistente e da aprendizagem gradual de estratégias adaptativas, no TEA esses processos podem ocorrer de forma mais lenta, fragmentada ou depender de apoio explícito e sistemático (Cai et al., 2018; Mazefsky et al., 2013).

Essa divergência não apenas afeta interações cotidianas e relações interpessoais, mas também pode aumentar a vulnerabilidade a sobrecargas sensoriais e emocionais, justificando a necessidade de intervenções específicas e direcionadas — tema central que será explorado ao longo deste capítulo. Assim, este capítulo apresenta uma revisão das bases conceituais da regulação emocional, suas manifestações no autismo, bem como estratégias de intervenção e o papel fundamental da parentalidade neste processo.

Conceitos de Regulação Emocional

Há muitas formas de se definir o que é regulação emocional, a depender da teoria adotada. Thompson (2011), em uma das definições mais adotadas na área, descreve como o conjunto de processos - internos e externos - pelos quais monitoramos, avaliamos e modificamos a duração e a intensidade das emoções, sempre orientados por um objetivo. Do ponto de vista comportamental, essa orientação por objetivo significa que regulamos nossas emoções para alcançar consequências específicas, como preservar um relacionamento, evitar punições ou maximizar consequências que fortalecem as nossas respostas (ou reforçadoras).

Em termos mais acessíveis, regular emoções envolve uma sequência encadeada de passos: perceber como estamos nos sentindo, interpretar o contexto e escolher respostas compatíveis com a situação e com a meta que queremos alcançar. Por exemplo, ao reagir a um acidente de carro, podemos mobilizar estratégias para resolver o problema e preservar nossa segurança; já diante de uma caneta que caiu no chão, a meta pode ser apenas manter o fluxo da atividade, minimizando a interrupção. Ao longo do desenvolvimento, vamos aprendendo a "dosar" a intensidade da resposta de acordo com a magnitude da situação, processo que, em essência, se aproxima do aprendizado de autocontrole - isto é, a capacidade de modular o próprio comportamento e suas expressões emocionais em função de metas de curto ou longo prazo (Baumeister et al., 2007).

Depois de aprender a responder a consequências simples - como sorrir e receber alimento em seguida -, o bebê passa a buscar informações no ambiente social para orientar seu próprio comportamento. Esse processo, chamado de referenciação social, ocorre quando a criança, diante de algo novo ou incerto, olha para o rosto do cuidador para "ler" sua expressão e, a partir dela, ajustar sua reação (Peláez, 2009). Esse comportamento emerge de interações repetidas em que o comportamento da criança é moldado pelas consequências dessas consultas ao cuidador. Por exemplo, ao ver um inseto, o bebê pode se aproximar se o cuidador demonstra tranquilidade ou se afastar caso perceba sinais de medo. O rosto do cuidador, nesse caso, funciona como uma pista (ou estímulo discriminativo) que indica a probabilidade de reforço ou de perigo, influenciando a sequência de respostas que o bebê emitirá. Esse comportamento inicial de buscar e interpretar pistas emocionais no outro é um componente essencial no desenvolvimento da atenção compartilhada e, mais adiante, na construção de estratégias de regulação emocional.

O comportamento de referenciação social vai sendo modelado pelas consequências no curso de nossa história de vida. Os estímulos que são reforçadores ou aversivos também podem eliciar respostas reflexas que fazem parte das emoções que sentimos, em um processo chamado princípio unificado do reforço (Goulart et. al. 2012). Esses processos, embora pareçam corriqueiros, são tijolos fundamentais para a construção da regulação emocional. Afinal, para regularmos nossas emoções, precisamos primeiro estar atentos aos estímulos ao nosso redor, e essa atenção é moldada desde cedo pelas interações sociais (Thompson, 2011).

Nesse percurso de desenvolvimento, vamos aprendendo a identificar estados emocionais, nomeá-los e a adotar estratégias para lidar com eles. Por volta do segundo ano de vida, vemos o surgimento de respostas mais sofisticadas: sentimentos como culpa, vergonha e orgulho começam a aparecer. Os adultos nomeiam essas emoções, e a criança aprende em quais contextos elas são "aceitáveis" ou não. Valores culturais começam, então, a balizar as situações nas quais determinadas reações emocionais são reforçadas ou punidas (Thompson, 2011).

Assim, durante toda a infância, esse processo continua. Aprendemos, com os outros, o que é uma reação "adequada", quando é esperado chorar, quando é esperado sorrir e como agir diante das frustrações. Vamos compreendendo - com a ajuda do ambiente social com o qual interagimos cotidianamente - o que sentimos, por que sentimos e o que acontece quando expressamos essas emoções.

Na próxima seção serão abordadas as implicações clínicas das dificuldades relacionadas ao desenvolvimento da regulação emocional quando pensamos no autismo. Na sequência, serão sugeridos alguns caminhos de intervenção e o papel da parentalidade, tema central deste livro.

Implicações Clínicas Associadas à Regulação Emocional no TEA

Pessoas com TEA apresentam quatro vezes mais dificuldades de regulação emocional do que a população neurotípica (Cai et al., 2018). Essas dificuldades estão correlacionadas com maior prevalência de ansiedade, depressão, agressividade e uso de medicação psicotrópica (White et al., 2020). Autistas frequentemente apresentam respostas emocionais mais intensas, menor insight sobre seus estados internos (Mazefsky et al., 2014) e maior incidência de alexitimia - dificuldade em identificar e nomear emoções.

Estudos indicam que marcadores emocionais, tais como padrões atípicos de expressão facial, variações na intensidade e duração de respostas emocionais, dificuldade em identificar e nomear emoções e respostas incomuns a estímulos sociais poderiam auxiliar no diagnóstico precoce do TEA (Conner et al., 2022), ainda que não sejam critérios formais no DSM-5. Esses marcadores funcionariam como sinais observáveis que, quando avaliados em conjunto com outros indicadores do desenvolvimento, poderiam apontar para diferenças no processamento e na regulação das emoções desde os primeiros anos de vida. Além disso, diferenças na atenção a estímulos sociais e na percepção de expressões faciais contribuem para o padrão atípico de desenvolvimento emocional (Golarai et al., 2006).

Intervenções baseadas em Terapia Cognitivo-Comportamental (TCC), mindfulness e na Terapia de Aceitação e Compromisso (ACT, na sigla em inglês) têm demonstrado efetividade na promoção da regulação emocional em pessoas autistas. Byrne e O'Mahony (2020), em uma revisão sistemática, identificaram evidências de que a ACT pode reduzir sintomas de ansiedade e depressão, melhorar habilidades de enfrentamento e aumentar a flexibilidade psicológica nesse público. Processos como aceitação de experiências internas, desfusão cognitiva e clarificação de valores contribuem para que a pessoa lide de forma mais adaptativa com emoções intensas. Já as práticas de mindfulness auxiliam na consciência e no monitoramento dos estados emocionais, enquanto a TCC promove reestruturação de pensamentos disfuncionais e o treino de respostas comportamentais mais ajustadas ao contexto.

Além disso, estratégias como reforçamento diferencial, ensino de habilidades socioemocionais e treino de comunicação funcional têm sido amplamente utilizadas, especialmente no manejo de comportamentos repetitivos de ordem superior (Nichols, 2021). Por exemplo, no reforçamento diferencial, o terapeuta pode elogiar e oferecer uma atividade de interesse quando a criança, que costuma repetir frases de forma rígida, participa de uma conversa com respostas variadas - reforçando, assim, comportamentos alternativos mais flexíveis. O ensino de habilidades socioemocionais pode envolver jogos de tabuleiro em que a criança precisa identificar a emoção de um personagem e dizer como ele poderia se sentir melhor, promovendo empatia e reconhecimento emocional. Já o treino de comunicação funcional pode incluir o uso de cartões ou dispositivos de fala para que a criança peça um intervalo quando se sentir sobrecarregada, em vez de recorrer a um comportamento disruptivo.

A análise funcional é essencial para selecionar essas estratégias, pois permite compreender a função dos comportamentos desregulatórios - por exemplo, se ocorrem para evitar tarefas, buscar atenção ou obter objetos específicos. A partir disso podem-se planejar intervenções mais precisas. O treino da flexibilidade cognitiva pode incluir atividades que incentivem a criança a encontrar diferentes soluções para um mesmo problema, como montar blocos de formas variadas. O automonitoramento, por sua vez, pode ser ensinado por meio de um quadro visual no qual a criança registra, com adesivos ou símbolos, cada vez que conseguiu lidar com uma frustração de forma adequada, ajudando-a a perceber seus próprios avanços.

O Papel da Parentalidade na Regulação Emocional

No desenvolvimento típico, o processo de regulação emocional necessita, no início da vida, de mediação externa (co-regulação), que gradualmente é transferida para os próprios mecanismos da criança. Esses mecanismos envolvem processos neurobiológicos e comportamentais interligados. Do ponto de vista neurobiológico, incluem a maturação de áreas corticais e subcorticais - como o córtex pré-frontal, a amígdala e o hipocampo, que participam do monitoramento de estímulos, da modulação de respostas emocionais e da inibição de comportamentos impulsivos (Thompson, 2011; Morris et al., 2007).

Do ponto de vista comportamental, compreendem também repertórios aprendidos por meio da interação com cuidadores e com o ambiente social, como estratégias de atenção, uso de linguagem para nomear emoções, resolução de problemas e busca de apoio social. Pais e cuidadores funcionam como co-reguladores fundamentais nesse processo, modelando respostas, oferecendo suporte físico e emocional e criando oportunidades para a criança praticar gradualmente formas mais autônomas de manejo das emoções.

Uma metanálise (Zimmer-Gembeck et al., 2022) com pais de crianças da população geral mostrou evidências de que as habilidades de regulação emocional dos próprios pais estão significativamente associadas ao ajustamento emocional das crianças, especialmente à regulação emocional infantil. Comportamentos parentais positivos, como afeto, suporte, respostas sensíveis às demandas emocionais das crianças, encorajamento à expressão emocional e resolução de problemas, também estão ligados a melhores capacidades de regulação emocional dos filhos e a uma menor ocorrência de sintomas internalizantes, como ansiedade (Zimmer-Gembeck et al., 2022).

No contexto do autismo, esse papel torna-se ainda mais crítico. Responsividade emocional refere-se à capacidade do cuidador de perceber, interpretar corretamente e responder de forma sensível às necessidades emocionais da criança. Isso envolve, por exemplo, acolher o choro com proximidade física e verbal, reagir com entusiasmo às tentativas de interação, ou oferecer suporte quando a criança demonstra sinais de frustração ou sobrecarga sensorial. No caso de crianças autistas, essa responsividade pode ser desafiada por dificuldades na leitura de pistas emocionais sutis ou na interpretação de comportamentos que, para observadores não familiarizados, podem parecer pouco convencionais como expressões faciais atípicas, padrões incomuns de contato visual ou formas alternativas de demonstrar afeto. Nessas situações, a ausência de respostas adequadas por parte do cuidador pode limitar as oportunidades de aprendizagem socioemocional da criança. Por isso, práticas que fortalecem o vínculo afetivo, promovem o autocuidado dos cuidadores e oferecem ferramentas concretas para interpretar e responder de forma ajustada às manifestações emocionais da criança são indispensáveis (Crnic et al., 2005; Falk et al., 2014).

Nesse contexto, Morris et al. (2007) definiram um modelo tripartite sobre a influência parental na regulação emocional de crianças e adolescentes, composto por aprendizagem observacional e modelação, práticas parentais relacionadas ao manejo de emoção e clima emocional da família. A aprendizagem observacional diz respeito à capacidade de observar e aprender com as interações emocionais dos pais - filhos de pais deprimidos, por exemplo, podem apresentar mais lacunas em Regulação Emocional (RE).

As práticas parentais relacionadas ao manejo envolvem orientação emocional (pais conscientes, empáticos, que auxiliam os filhos a nomear e resolver problemas emocionais); reações parentais às emoções dos filhos (fornecer suporte à expressão das emoções e evitar punição de expressões emocionais); ensino direto de estratégias de regulação emocional (como reformulação cognitiva ou mudança de atenção); e seleção de contextos que os filhos frequentam (Morris et. al., 2007).

O clima emocional familiar, por sua vez, é um constructo que descreve o padrão predominante de expressividade, responsividade e manejo das emoções no contexto das interações entre os membros da família. Ele inclui aspectos como o nível de afeto positivo, a forma como conflitos são tratados, a disponibilidade emocional dos cuidadores e o grau de apoio ou crítica presente nas relações. Um elemento central na avaliação desse clima é a segurança no vínculo entre pais e filhos, que se refere à percepção da criança de que pode contar com o cuidador como fonte estável de apoio e proteção. Essa segurança, quando presente, está associada a um clima emocional positivo e favorece o desenvolvimento de estratégias eficazes de regulação emocional, resultando em adolescentes mais resilientes e com menor propensão à ansiedade. Em contrapartida, estilos parentais hostis ou insensíveis, característicos de um clima emocional negativo, tendem a dificultar a regulação emocional e aumentar a incidência de padrões de desregulação (Morris et al., 2007).

Dessa maneira, uma expressividade emocional positiva alta na família contribui para uma maior regulação emocional e competência social das crianças, ao passo que a expressividade negativa causa efeitos inconsistentes, frequentemente associados a resultados negativos. Além disso, conflitos entre adultos no ambiente familiar criam um clima emocional negativo que compromete a segurança emocional das crianças e prejudica sua regulação emocional; práticas parentais positivas e a orientação emocional dos pais, contudo, podem atenuar esses efeitos adversos (Morris et. al., 2007).

Há hoje um conjunto robusto de programas cuidadosamente planejados e testados cientificamente para apoiar pais e cuidadores no desenvolvimento de comportamentos de parentalidade positiva. Esses programas partem do pressuposto de que tais comportamentos podem ser aprendidos e aperfeiçoados, incluindo habilidades essenciais para ajudar a criança a desenvolver sua própria regulação emocional - como oferecer suporte consistente, modelar respostas equilibradas e criar um ambiente emocional seguro.

Nesse cenário, evidências mostram que intervenções com envolvimento parental são mais eficazes na promoção da regulação emocional infantil (Tomeny et al., 2019). Estratégias que incluem treinamento parental, técnicas de atenção plena (mindfulness) (Siller et al., 2013) e ações voltadas para a redução do estresse parental (Borelli et al., 2020) têm demonstrado resultados promissores, reforçando a importância de capacitar os cuidadores para que desempenhem, de forma intencional e qualificada, seu papel de facilitadores do desenvolvimento socioemocional dos filhos.

Uma das intervenções que têm se mostrado efetivas para o ensino de habilidades parentais de regulação emocional é o Triplo P (no inglês, Triple P - Positive Parenting Program). Desenvolvido na Universidade de Queensland, Austrália, o programa é um sistema que combina estratégias universais direcionadas para pais de crianças e adolescentes que vão do nascimento até os 16 anos, com o objetivo principal de aumentar amplamente o conhecimento, as habilidades e a confiança dos pais visando a reduzir a prevalência de problemas comportamentais e emocionais em crianças e adolescentes. Diferentemente dos modelos clínicos tradicionais que atingem poucos pais, o Triplo P adota uma abordagem de saúde pública, utilizando intervenções breves, econômicas e flexíveis, que podem ser aplicadas em diversos contextos sociais, como mídia, serviços de saúde e escolas. O programa possui um sólido nível de evidências acumuladas ao longo de quase 30 anos, incluindo estudos randomizados controlados que demonstram sua eficácia e efetividade em diferentes modalidades e contextos culturais (Sanders, 2008).

Os cinco princípios fundamentais de parentalidade positiva no modelo do Triplo P são: (1) Ambiente Seguro e Atraente, que enfatiza a necessidade de um local protegido e supervisionado para que a criança explore e se desenvolva; (2) Ambiente Positivo de Aprendizagem, que orienta os pais a responderem de forma construtiva às iniciativas da criança, promovendo sua autonomia e habilidades de resolução de problemas; (3) Disciplina Assertiva, que fornece estratégias específicas de manejo comportamental alternativas às práticas coercitivas, como regras claras e as consequências a essas regras; (4) Expectativas Realistas, que envolve ajudar os pais a ajustarem suas crenças e metas para o comportamento infantil de forma apropriada ao desenvolvimento; e (5) Autocuidado Parental, que reconhece a importância do bem-estar e da autoestima dos pais, incentivando-os a cuidar de si mesmos para melhor desempenharem suas funções parentais (Sanders, 2008).

O Triplo P enfatiza o papel da autorregulação na abordagem parental, permeando todo o sistema de intervenções. A autorregulação refere-se à capacitação dos pais para que mudem seus próprios comportamentos, tornando-os solucionadores independentes de problemas dentro de um ambiente social que apoia a parentalidade e as relações familiares. Esse modelo aplica cinco aspectos-chave relacionados à promoção da autorregulação parental: (1) promover a autossuficiência dos pais para que dependam menos de suporte externo; (2) aumentar a autoeficácia parental, fortalecendo a crença na capacidade de resolver problemas específicos; (3) usar de ferramentas de autogerenciamento, como monitoramento e avaliação das próprias estratégias parentais; (4) incentivar os pais a atribuírem as mudanças aos seus próprios esforços; e (5) desenvolver habilidades de resolução de problemas para planejar, executar e ajustar estratégias parentais conforme necessário. Além disso, esses princípios de autorregulação são ensinados de forma adaptada às crianças e também aplicados na capacitação dos profissionais que implementam o programa (Sanders, 2008).

Em síntese, a parentalidade desempenha um papel central no desenvolvimento da regulação emocional das crianças, funcionando como um alicerce sobre o qual se constroem habilidades de autocontrole, flexibilidade e resiliência. Modelos como o Triplo P oferecem um conjunto estruturado de estratégias que capacitam pais a criarem ambientes seguros, responsivos e estimulantes, favorecendo não apenas o bem-estar imediato, mas também o ajustamento socioemocional a longo prazo. Embora a maior parte dos estudos sobre o Triplo P tenha sido conduzida com a população geral, pesquisas específicas com famílias de crianças autistas indicam que sua aplicação adaptada pode melhorar a responsividade parental, reduzir comportamentos desafiadores e aumentar a confiança dos cuidadores também nessa população (Whittingham et al., 2009; Tellegen & Sanders, 2013). Mesmo quando não implementado com foco exclusivo no TEA, o repertório de habilidades promovido pelo programa - como comunicação positiva, estabelecimento de expectativas realistas e autorregulação parental - oferece ferramentas valiosas para lidar com os desafios singulares do autismo, ampliando o potencial de suporte ao desenvolvimento emocional dessas crianças.

Considerações Finais

A regulação emocional no autismo é uma área de grande complexidade, exigindo atenção à diversidade dos fatores que influenciam sua promoção. Ao integrar intervenções baseadas em evidência que dão apoio à parentalidade, é possível promover um desenvolvimento emocional mais adaptativo, reduzir o sofrimento e ampliar a qualidade de vida de pessoas/crianças com TEA e suas famílias. Este capítulo buscou sintetizar os principais achados da literatura e oferecer caminhos práticos para terapeutas e cuidadores, reforçando a importância de uma abordagem ética, responsiva e personalizada.

REFERÊNCIAS

Baumeister, R. F., Vohs, K. D., & Tice, D. M. (2007). The strength model of self-control. Current Directions in Psychological Science, 16(6), 351–355. https://doi.org/10.1111/j.1467-8721.2007.00534.x.

Borelli, J. L., Smiley, P. A., Kerr, M. L., Hong, K., Hecht, H. K., Blackard, M. B., Falasiri, E., & Buttitta, K. V. (2020). Parental reflective functioning and children's emotion regulation: Relations with school-age children's attachment and social–emotional adaptation. Developmental Psychology, 56(3), 569–583. https://doi.org/10.1037/dev0000871

Byrne, G., & O'Mahony, T. (2020). Acceptance and commitment therapy (ACT) for adults with intellectual disabilities and/or autism spectrum conditions (ASC): A systematic review. Journal of Contextual Behavioral Science, 18, 247–255. https://doi.org/10.1016/j.jcbs.2020.10.002.

Cai, R. Y., Richdale, A., Uljarevic, M., Dissanayake, C., & Samson, A. (2018). Emotion regulation in autism spectrum disorder: Where we are and where we need to go. Autism Research, 11(6), 962–978. https://doi.org/10.1002/aur.1968.

Conner, C. M., Wieckowski, A. T., Day, T. N., & Mazefsky, C. A. (2022). Emotion development in autism. In V. LoBue, K. Pérez-Edgar, & K. A. Buss (Eds.), The Oxford handbook of emotional development (pp. 485–500). Oxford University Press. https://doi.org/10.1093/oxfordhb/9780190068653.013.27.

Crnic, K., Gaze, C., & Hoffman, C. (2005). Parent–child interaction and developmental psychopathology. In D. Cicchetti & D. J. Cohen (Eds.), Handbook of developmental psychopathology (2nd ed., Vol. 1, pp. 619–637). Wiley.

Falk, N. H., Norris, K., & Quinn, M. G. (2014). The factors predicting stress, anxiety and depression in the parents of children with autism. Journal of Autism and Developmental Disorders, 44(12), 3185–3203. https://doi.org/10.1007/s10803-014-2189-4

Golarai, G., Grill-Spector, K., & Reiss, A. L. (2006). Autism and the development of face processing. Clinical Neuroscience Research, 6(3–4), 145–160. https://doi.org/10.1016/j.cnr.2006.06.002

Goulart, P. R. K., Delage, P. E. G. A., Rico, V. V., & Brino, A. D. F. (2012). Aprendizagem. Temas clássicos da psicologia sob a ótica da análise do comportamento, 1, 20-31.

Mazefsky, C. A., Herrington, J., Siegel, M., Scarpa, A., Maddox, B. B., Scahill, L., & White, S. W. (2013). The role of emotion regulation in autism spectrum disorder. Journal of the American Academy of Child & Adolescent Psychiatry, 52(7), 679–688. https://doi.org/10.1016/j.jaac.2013.05.006.

Morris, A. S., Silk, J. S., Steinberg, L., Myers, S. S., & Robinson, L. R. (2007). The role of the family context in the development of emotion regulation. Social Development, 16(2), 361–388. https://doi.org/10.1111/j.1467-9507.2007.00389.x

Nichols, E. (2021). Behavioral interventions for higher-order restricted and repetitive behaviors in autism: A systematic review and meta-analysis. Review Journal of Autism and Developmental Disorders, 8(4), 472–488. https://doi.org/10.1007/s40489-020-00224-8.

Peláez, M. (2009). Joint attention and social referencing in infancy as precursors of derived relational responding. In R. A. Rehfeldt & Y. Barnes-Holmes (Eds.), Derived relational responding: Applications for learners with autism and other developmental disabilities (pp. 63–78). New Harbinger.

Thompson, R. A. (2011). Emotion and emotion regulation: Two sides of the developing coin. Emotion Review, 3(1), 53–61. https://doi.org/10.1177/1754073910380974.

Tomeny, T. S., Barry, T. D., Bader, S. H., & Sarver, D. E. (2019). Parental stress and intervention involvement in families of children with autism. Journal of Autism and Developmental Disorders, 49(4), 1414–1425. https://doi.org/10.1007/s10803-018-3794-5.

White, S. W., Conner, C. M., Beck, K. B., & Mazefsky, C. A. (2020). Clinical update: The implementation of evidence-based emotion regulation treatment for clients with autism. Evidence-Based Practice in Child and Adolescent Mental Health. https://doi.org/10.1080/23794925.2020.1796551.

Zimmer-Gembeck, M. J., Rudolph, J., Kerin, J., & Bohadana-Brown, G. (2022). Parent emotional regulation: A meta-analytic review of its association with parenting and child adjustment. International Journal of Behavioral Development, 46(1), 63–82. https://doi.org/10.1177/01650254211051086.

02

ESTILOS PARENTAIS NO AUTISMO: O QUE A LITERATURA TEM A NOS DIZER?

Josiane Rezende Araujo
Fabiana Pinheiro Ramos
Rosana Suemi Tokumaru

Cuidado Parental e Estilos Parentais

Nos últimos anos, as pesquisas sobre o papel do funcionamento familiar no desenvolvimento infantil têm se tornado cada vez mais frequentes (Fidelis & Martinelli, 2018; Marinho & Martins, 2021; Schavarem & Toni, 2019; Factor et al., 2023). O ambiente familiar é reconhecido como um fator essencial nesse processo, pois os cuidados oferecidos durante a infância influenciam o comportamento da criança tanto a curto quanto a longo prazo (Gulliford et al., 2015).

Dessa maneira, os pais são responsáveis por socializar os filhos, transmitindo valores, orientando atitudes e auxiliando na regulação de suas emoções e comportamentos. Estudos que analisam a família como um elemento de desenvolvimento e proteção indicam que as estratégias educativas adotadas pelos pais, em diferentes contextos, impactam diretamente o crescimento da criança e o bem-estar de todos os envolvidos (Salvador & Weber, 2005; Marin & Piccinini, 2007).

Assim, a família é constituída por um microssistema baseado em atividades, papéis e relações entre as pessoas envolvidas que estão em constante desenvolvimento, incluindo as crianças e adolescentes (Bronfenbrenner, 1979). Para entender a dinâmica desse microssistema, a Teoria Bioecológica de Urie Bronfenbrenner (1979) enfatiza a importância de se considerar a conjuntura ambiental, social e biopsicológica. Quando se trata de pais e cuidadores, por exemplo, é fundamental avaliar as condições que colaboram, ou não, para um cuidado parental efetivo e para o bem-estar da família como um todo. Isso inclui identificar elementos estressores, exigências dos outros sistemas, se há (ou não) uma dupla coparental e rede de apoio, ou ainda quais recursos comportamentais essa família apresenta para lidar com os desafios cotidianos (Bronfenbrenner, 1979).

Esses recursos comportamentais podem ser operacionalizados por meio do conceito de cuidado parental, que se refere a um conjunto de comportamentos dos pais em relação aos filhos que, como todo comportamento, pode ser analisado à luz dos 3 níveis de influência determinados pela seleção natural. Skinner (2007) definiu o comportamento humano como produto conjunto de a) contingências que garantiriam a sobrevivência responsáveis pela seleção natural das espécies (1º nível de seleção ou filogênese), e b) contingências de reforçamento responsáveis pelos repertórios adquiridos por seus membros (2º nível de seleção ou ontogênese), incluindo c) contingências especiais mantidas por um ambiente cultural evoluído (3º nível de seleção ou cultura).

Tratando-se do aspecto ontogenético do fenômeno, pesquisadores interessados na dinâmica familiar têm se dedicado a investigar o impacto dos comportamentos dos pais no desenvolvimento de crianças e adolescentes. Um marco nesse campo foi o modelo teórico proposto por Diana Baumrind (1966), que ainda é amplamente utilizado após adaptações (Lamborn et al., 1991; Steinberg, et al., 2006; Sorkhabi, 2005; Pinquart, 2017). Tal modelo trabalha com os estilos parentais, que Baumrind (1966) define como o conjunto de atitudes e práticas adotadas pelos pais em relação ao cuidado com seus filhos, incorporando aspectos emocionais e comportamentais na criação dos filhos. O modelo utilizado atualmente divide os estilos com base em duas dimensões, a exigência (controle e monitoramento) e a responsividade (afetividade e sensibilidade), onde o grau de cada uma em relação aos filhos define os tipos de estilos parentais, que são quatro: autoritário, autoritativo, negligente e indulgente (Barroso & Machado, 2010; Maccoby & Martin, 1983).

A partir dessas considerações, foram definidos os quatro estilos parentais. O primeiro é o estilo autoritário, caracterizado por uma baixa capacidade de resposta e altas expectativas, se utiliza de coerção e punição, resultando em comportamentos pouco variados, onde a fuga e a esquiva são selecionadas. O segundo é o estilo autoritativo, que equilibra o afeto e a capacidade de resposta, promovendo a autonomia e as habilidades sociais e emocionais. O terceiro é o estilo negligente, que apresenta pouca capacidade de resposta e expectativas baixas, com poucas regras estabelecidas. Esse estilo tende a evitar problemas trazidos pelos filhos, resultando em baixas habilidades afetivas e dificuldades nas relações sociais (Pinquart, 2017). Por fim, o quarto é o estilo indulgente, caracterizado por uma alta responsividade e expectativas baixas, assim, os cuidadores costumam demonstrar afeto, mas por não estabelecerem limites promovem uma baixa tolerância à frustração, impulsividade e dificuldade de socialização (Maccoby & Martin, 1983).

Tratando-se das práticas baseadas na dimensão responsividade (afetividade e sensibilidade), é possível destacar outros conceitos, como o de Parentalidade Consciente (ou mindful parenting, em inglês) e o de Parentalidade Compassiva - compassionate parenting (Kabat-Zinn & Kabat-Zinn, 2014; Kirby 2019). Na Parentalidade Consciente, a parentalidade é baseada nos princípios do mindfulness, ou atenção plena, propondo que os pais e cuidadores se relacionem com os filhos de forma mais presente, intencional, empática e não reativa, promovendo conexões mais saudáveis e conscientes (Kabat-Zinn & Kabat-Zinn, 2014). Já a Parentalidade Compassiva parte do pressuposto de que todas as crianças se comportam de determinadas maneiras por necessidades não atendidas, falta de habilidades que ainda estão em desenvolvimento, ou estados emocionais desorganizados. Dessa forma, a resposta compassiva não ignora os comportamentos difíceis, mas os encara como oportunidades de conexão, ensino e crescimento emocional – para ambos, pais e filhos (Kirby, 2019).

Ainda sobre as práticas parentais, sabe-se que em famílias que têm crianças com deficiência o exercício da parentalidade apresenta uma série de especificidades, tanto em relação às decisões quanto às preocupações comuns diante de diversas situações, tais como: a) passar por vários tratamentos e consultar diferentes profissionais; b) lidar com a inclusão da criança no ambiente escolar; c) lidar com a necessidade de dedicar mais tempo aos cuidados essenciais para o filho; d) considerar a possibilidade de um dos pais abrir mão de sua carreira profissional para cuidar integralmente da criança (o que acontece com maior frequência com as mães); e) lidar com o aumento dos gastos relacionados aos cuidados da criança com deficiência; e, ainda, f) preocupar-se com o futuro do filho, considerando sua independência a autonomia (Paniagua, 2004; Pereira-Silva & de Almeida, 2014).

Nesse cenário, os desafios presentes na criação e no exercício da parentalidade de filhos com deficiência variam de acordo com o grau de comprometimento no desenvolvimento, levando em conta o quanto da autonomia da criança é afetada em cada tipo de diagnóstico (Bosa 2006; Hodapp et al., 2001). Sendo assim, é necessário para o campo da ciência entender tais especificidades em cada contexto, uma vez que cada deficiência afeta de forma diferente o núcleo familiar. No caso do Transtorno do Espectro Autista (TEA), que constitui a população-alvo da pesquisa relatada neste capítulo, as dificuldades inerentes ao transtorno podem impactar diretamente o exercício da parentalidade dos cuidadores de crianças e adolescentes com esse diagnóstico.

Estima-se que, até o ano de 2022, havia aproximadamente 2,4 milhões de pessoas com TEA no Brasil, com maior prevalência entre indivíduos do sexo masculino (IBGE, 2025). O TEA é um transtorno do neurodesenvolvimento caracterizado por déficits na comunicação social, comportamentos repetitivos e interesses restritos. Sua gravidade é classificada em três níveis de suporte: Nível I (necessita de apoio), Nível II (necessita de apoio substancial) e Nível III (necessita de apoio muito substancial), conforme critérios da Associação de Psiquiatria Americana (APA, 2014).

Pesquisas que exploram os diversos aspectos da interação entre a família e a criança autista revelam que os níveis de ansiedade e estresse nas famílias, especialmente entre os cuidadores, tendem a ser mais altos (Giannotti et al, 2021; Sinha et al, 2016). Isso pode ser atribuído a fatores como a falta de clareza e a inconsistência no diagnóstico, o desenvolvimento atípico da criança, dificuldades de comunicação, comportamentos difíceis de manejar e a escassez de apoio social e familiar (Samadi et al., 2014).

Assim, é possível afirmar que o TEA impacta significativamente a dinâmica familiar, exigindo adaptações que afetam a rotina diária e a reorganização dos papéis dentro da família. Essas mudanças podem ter repercussões em diferentes áreas, como a financeira, ocupacional e interpessoal (Ebert et al., 2013). Mediante a essa problemática, torna-se relevante acessar o que a literatura vigente aborda sobre a temática dos estilos parentais no autismo, descrevendo as questões, variações e desafios do exercício da parentalidade em pais de crianças com TEA.

Caminhos da Revisão de Literatura

Esse estudo, parte da pesquisa de Mestrado da 1ª autora sob a orientação da 2ª e 3ª autoras, realizou uma revisão integrativa da literatura científica entre 2015 e 2024, com base em artigos indexados nas bases Scopus, Science, Google Acadêmico e Scielo. Utilizaram-se os descritores: (*autism* OR ASD) AND (*parental styles*), com filtros para acesso aberto e publicação em língua portuguesa ou inglesa. Os estudos foram selecionados conforme sua pertinência ao tema e analisados de forma quantitativa (frequências, ano, tipo de estudo) e qualitativa (temas centrais e achados recorrentes).

A amostra final contou com 13 artigos, majoritariamente empíricos e com delineamento quantitativo, refletindo uma produção ainda limitada, especialmente em contextos nacionais. A sistematização dos achados permitiu identificar tendências, lacunas e propostas de intervenção.

A busca registrou um achado inicial de 183 artigos. Após a aplicação dos critérios de inclusão e exclusão, chegou-se a um total de 12 artigos, totalizando 6,56% da amostra inicial, assim distribuídos: Scopus (08), Science (01) e Google Acadêmico (03) (Figura 1).

Figura 1.Esquema de recuperação dos artigos

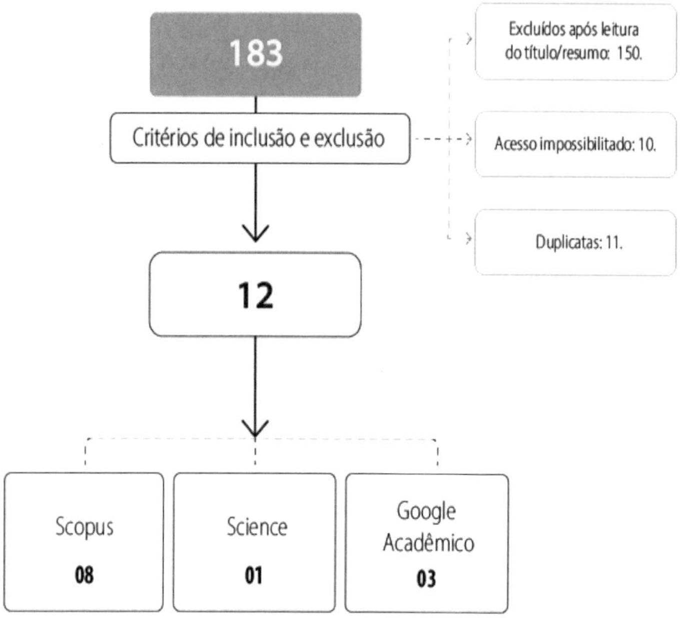

Fonte: Elaboração própria.

Análise Quantitativa e Qualitativa das Produções Científicas

Todos os artigos encontrados foram publicados em inglês (n = 12). A Tabela 1 apresenta o resultado da recuperação dos artigos e sua classificação por ano.

Tabela 1.Quantidade de Publicação Por Ano

Ano de Publicação	*Quantidade de Artigos Publicados*
2015	N = 0
2016	N = 1
2017	N = 1
2018	N = 0
2019	N = 1
2020	N = 2
2021	N = 1
2022	N = 3
2023	N = 2
2024	N = 1

Fonte: elaboração própria.

É possível observar que o ano de 2022 apresentou o maior número de artigos recuperados (n = 3). Não foram recuperadas produções do ano de 2015 e 2018. O maior índice de publicações teve o delineamento quantitativo (n = 8), seguido do multimétodos (n = 2) e qualitativo (n = 2). Destes, 10 (onze) eram estudos empíricos e 2 (dois) eram teóricos. A Tabela 2, por sua vez, apresenta a síntese dos estudos levantados, sendo destacados os objetivos, método de coleta e principais resultados e conclusões.

Tabela 2. Síntese dos artigos obtidos na revisão sistemática.

Referências	*Objetivos*	*Método*	*Principais resultados e conclusões*
Crowell, J. A., Keluskar, J., & Gorecki, A. (2019).	Revisão que examina as contribuições dos pais para o desenvolvimento de crianças com TEA, com foco na comunicação social e na regulação emocional.	Estudos longitudinais com bebês com alto e baixo risco de desenvolvimento de TEA, além de estudos de intervenção selecionados com crianças com TEA que incluem pais como coterapeutas.	Os resultados demonstram que embora os pais não causem as dificuldades presentes no TEA, as deficiências no relacionamento social podem prejudicar os relacionamentos e as interações entre pais e filhos, e o estresse parental pode ter efeitos transacionais que impedem o desenvolvimento.
Curley, K., & Kotera, Y. (2023).	Investigar as percepções dos pais em relação a um estilo parental compassivo para entender melhor como esse estilo pode influenciar os relacionamentos e a qualidade de vida dos pais.	Pais do Reino Unido e da Holanda responderam entrevistas semiestruturadas, nas quais os dados coletados foram posteriormente analisados usando análise temática.	Os dados dos grupos britânico e holandês foram, em geral, semelhantes entre si. Os resultados são consistentes com pesquisas que examinam as percepções de pais de crianças neurotípicas e neuroatípicas, em que uma abordagem mais compassiva à criação dos filhos é valorizada, pois acredita-se que ela cria uma conexão maior com a criança.
Eow, S. Y., Gan, W. Y., Lim, P. Y., Awang, H., & Mohd Shariff, Z. (2020).	Estudo transversal que teve como objetivo determinar a associação entre fatores sociodemográficos, fatores parentais e fatores de estilo de vida com a gravidade do autismo em crianças com TEA.	Crianças pré-escolares com TEA e suas mães de um centro de intervenção de autismo na Malásia, utilizando-se o Questionário auto-aplicável sobre características sociodemográficas, gravidade do autismo, estilo parental, práticas de alimentação dos pais, hábitos de sono da criança e comportamentos alimentares.	As crianças com TEA deste estudo apresentaram um alto nível de gravidade do autismo. O status de emprego do pai e o peso percebido da criança foram os preditores significativos da gravidade do autismo. Medições antropométricas regulares por profissionais de saúde devem ser realizadas nos centros de intervenção do autismo.

Factor, R. S., Rea, H. M., Dahiya, A. V., Laugeson, E. A., & Scarpa, A. (2023).	Examinar e intervir nas relações cuidador-criança, a confiança do cuidador, os estilos parentais e o funcionamento familiar.	Foi utilizado o ADOS-2; o KBIT-2; o PSEMAS; a MBRS; a PS; a CHAOS; e o PEERS® para pré-escolares (P4P)[I]. Participaram15 crianças com TEA.	Os resultados mostraram aumentos na autoeficácia parental e nas estratégias de interação cuidador-criança positiva, especificamente no afeto/animação do cuidador e na orientação para realização durante a intervenção e no acompanhamento. Os cuidadores também observaram melhorias nos estilos parentais em geral (equilíbrio entre exigência e responsividade). Alterações no funcionamento familiar não foram indicadas.
Giannotti, M., Bonatti, S. M., Tanaka, S., Kojima, H., & de Falco, S. (2021).	Os objetivos deste estudo foram investigar: (1a) as diferenças no estresse parental e (1b) estilo social entre mães e pais italianos e japoneses de crianças com TEA; (2) o papel preditivo da cultura, características sociodemográficas e da criança no estresse parental; (3) os preditores do estilo parental social, incluindo dimensões de estresse parental.	O estudo envolveu pais italianos e japoneses de crianças em idade escolar com TEA que completaram o Índice de Estresse Parental e o Questionário de Estilo Parental.	Os resultados revelaram que os pais japoneses mostraram maior estresse parental e menos envolvimento no estilo social do que os italianos. Em todas as culturas, as mães usaram mais estilo social do que os pais. Ser japonês e ter um filho com maior gravidade de TEA previu níveis mais altos de estresse parental. Também foi descoberto que o país, o gênero dos pais e o estresse relacionado à interação disfuncional foram preditores significativos do estilo social parental.
Jacob, U. S., Olorunniyi, O. T., Osisanya, A., & Pillay, J. (2022).	Investigar os estilos parentais e a influência dos pares como correlatos das habilidades de linguagem expressiva em crianças com transtornos do espectro autista.	Participaram 30 crianças com transtorno do espectro autista e seus pais. Foi aplicado o Parenting Style Questionnaire; o Peer Influence Questionnaire; e Expressive Language Skills Scale.	Os achados revelaram que os diferentes estilos parentais utilizados, independentemente de quais, trouxeram uma relação positiva entre as habilidades linguísticas dos entrevistados, mas a relação não foi significativa.

Jamal Hemdi, A. L. Y. A. A. (2022).	Este estudo teve como objetivo avaliar as semelhanças e diferenças nos estilos parentais baseados na internet de pais sauditas de crianças com e sem TEA.	Estudo transversal descritivo que utilizou o *Internet Parenting Style Instrument*, que foi distribuído eletronicamente. Um total de 222 pais de crianças com e sem TEA entre 6-12 anos participaram.	Os resultados mostraram uma diferença significativa nos estilos parentais baseados na internet entre pais de crianças com e sem TEA. Descobriu-se que ambos os tipos de pais expressam altos níveis de controle parental e "calor"; no entanto, aqueles com filhos com TEA exibem níveis mais altos dessas variáveis, além do calor parental estar associado à idade, ao gênero e ao nível de educação dos pais.
Lucero, J. A. (2017).	Este estudo se preocupou em identificar as técnicas parentais utilizadas pelos cuidadores em crianças com TEA.	Pesquisa qualitativa (fenomenológica). Participaram mães filipinas com filhos diagnosticados com TEA (nível 2), onde as mesmas foram avaliadas por meio de entrevista sobre técnicas parentais (questionário semiestruturado).	Entre os temas que foram levantados, a reforma parental (reform parenting) parece ser a mais significativa para todas as mães. Essa prática era baseada em ser firme em corrigir o comportamento dos filhos.
Portes, J. R. M., Vieira, M. L., de Souza, C. D., & Kaszubowski, E. (2020).	Compreender as relações entre o comportamento de crianças com TEA, os estilos parentais e a coparentalidade segundo perfis definidos com base nas diferenças comportamentais das crianças.	Participaram pais e mães de crianças com diagnóstico de TEA. Foi aplicado um questionário sociodemográfico; o Parenting Styles and Dimensions Questionnaire — Short Form; a Coparenting Relationship Scale; e o SDQ.	Constatou-se que os estilos parentais permissivo e autoritário estiveram associados a uma relação coparental negativa com pouco apoio do parceiro, exposição a conflitos e boicote às funções parentais. Além disso, esse tipo de relacionamento coparental teve uma relação positiva com problemas comportamentais de crianças com TEA.

Portes, J. R. M., Amorim, M. V. L. C., & Vieira, M. L. (2022).	Verificar as relações entre os estilos parentais predominantes, as dimensões da coparentalidade e os problemas de comportamento em crianças com Transtorno do Espectro Autista (TEA).	Participaram 45 famílias biparentais. Foi aplicado o SQ; a CRS; o PSDQ - short form; e o SDQ.	Dentre os quatro perfis encontrados, aqueles caracterizados por dificuldades comportamentais apresentaram estilos parentais mais autoritários/permissivos e impactos negativos na coparentalidade; perfis com maior prosociabilidade tiveram um estilo parental mais autoritativo e melhor qualidade coparental.
Sinha, D., Verma, N., & Hershe, D. (2016).	Estudar e comparar o estresse parental, o estilo parental e a resiliência em pais de crianças com TEA, TEAp e crianças sem transtorno psiquiátrico.	Foi realizado um estudo transversal onde os participantes (98 crianças, que incluíam 53 mães e 45 pais) foram avaliados usando a Escala de estresse parental, o questionário de estilos parentais e a Escala de resiliência de Connor-Davidson.	Constatou-se que o nível percebido de estresse em um pai ou mãe é afetado pelo tipo de deficiência, pelo tempo gasto com o filho e pelo gênero do pai ou da criança, enquanto a resiliência parental é afetada pelos estilos parentais (maior na autoritativa).
Suvarna, V., Farrell, L., Adams, D., Emerson, L.-M., & Paynter, J. (2024).	Examinar na literatura vigente as associações entre práticas parentais e comportamentos externalizantes em crianças autistas, juntamente com os efeitos mediadores e moderadores das variáveis dos pais e dos filhos.	Revisão sistemática onde a avaliação da qualidade e o risco de viés foram conduzidos usando a ferramenta McMaster e os resultados foram sintetizados no Covidence e no Excel. Trinta estudos foram incluídos na revisão.	Os resultados demonstraram que a parentalidade consciente foi associada a menos ou menores níveis de comportamentos externalizantes; práticas parentais positivas tiveram associações não significativas com comportamentos externalizantes; práticas parentais específicas tiveram associações diferentes com comportamentos externalizantes; e práticas parentais negativas foram associadas a níveis mais altos de comportamentos externalizantes.

Fonte: elaboração própria.

Nota: Autism Diagnostic Observation Schedule, Second Edition (ADOS-2; Lord et al., 2012); Kaufman Brief Intelligence Test (KBIT-2; Kaufman & Kaufman, 2004); Parental Self-Efficacy in the Management of Asperger Syndrome (PSEMAS; Sofronoff & Farbotko, 2002); The Maternal Behavioral Rating Scale (MBRS; Mahoney et al., 1986); Parenting Scale (PS; Arnold et al., 1993); Confusion, Hubbub, and Order Scale (CHAOS; Matheny et al., 1995); e The Program for the Education and Enrichment of Relational Skills (PEERS®) for Preschoolers (P4P). Fonte: elaboração própria.

Os estudos analisados revelam que os estilos parentais exercem influência significativa sobre diversos aspectos do desenvolvimento de crianças com TEA, especialmente na aquisição de repertórios funcionais e na redução de comportamentos disruptivos (Crowell & Gorecki, 2019; Jacob et al., 2022; Lucero, 2017; Portes et al., 2020; Portes et al., 2022; Suvarna et al., 2024). De maneira geral, os resultados reforçam a relevância da sensibilidade, responsividade e consistência parental para o progresso de habilidades sociais, emocionais e comunicativas, mesmo em contextos marcados por desafios intensos.

Dessa forma, Crowell et al. (2019) por meio de sua revisão, examinaram as contribuições das práticas parentais para o desenvolvimento de crianças dentro do espectro, com foco na comunicação social e na regulação emocional. Em seus resultados identificaram que as evidências mostram que o comportamento parental desempenha um papel no desenvolvimento de crianças com TEA, assim como acontece com crianças com desenvolvimento típico, sendo a diminuição da responsividade parental associada a atrasos de linguagem e atenção conjunta da criança (Estes et al., 2013; Westman et al, 2017).

Nesse estudo, constatou-se que as deficiências no relacionamento social podem prejudicar os relacionamentos e as interações entre pais e filhos, e que o estresse parental pode gerar um ciclo de influência mútua - chamado de efeitos transacionais - no qual o estresse dos pais afeta negativamente o comportamento da criança, que por sua vez intensifica o estresse dos cuidadores, dificultando o progresso no desenvolvimento infantil (Crowell et al., 2019). Além disso, as evidências sugerem que, assim como acontece com crianças com desenvolvimento típico, a sensibilidade e a sincronização dos pais melhoram a aquisição dos filhos em vários domínios do desenvolvimento.

Abordando especificamente as habilidades de linguagem expressiva, o estudo feito por Jacob et al. (2022) revelou que os diferentes estilos parentais (autoritativo, autoritário, permissivo e negligente) apresentaram uma relação positiva com as habilidades de linguagem expressiva de crianças com TEA, embora nenhuma dessas associações tenha alcançado significância estatística. Esse resultado chama atenção, especialmente no caso de estilos tradicionalmente associados a prejuízos no desenvolvimento, como o negligente. Em relação a influência dos pares, o estudo revelou que não houve influência significativa para o desenvolvimento das habilidades de linguagem expressiva dos entrevistados, divergindo de resultados de estudos anteriores (Justice et al., 2011; Mashburn et al., 2009). No entanto, a variação ampla de idade entre os participantes pode ser percebida como um fator problemático neste estudo, principalmente quando relacionado a habilidades de linguagem expressiva que possuem características específicas em cada faixa etária.

Quando se trata de problemas internalizantes e externalizantes no autismo, a literatura indica que os perfis caracterizados por dificuldades comportamentais apresentaram estilos parentais mais autoritários/permissivos e impactos negativos na coparentalidade. Já os perfis de crianças com maior prosociabilidade estão relacionados a um estilo parental mais autoritativo e melhor qualidade coparental (Portes et al, 2020; Portes et al, 2022). O estudo qualitativo de Lucero (2017) corrobora com os dados apresentados, uma vez que a temática da parentalidade reformista (*reform parenting*), que consiste em ser firme em corrigir o comportamento dos filhos, apareceu como a mais significativa para todas as mães, ajudando-as na educação e redução dos comportamentos agressivos por parte dos seus filhos com TEA.

A parentalidade consciente (*mindful parenting*), segundo Suvarna et al. (2024), também se associa a níveis mais baixos de comportamentos externalizantes, embora práticas parentais positivas tradicionais não tenham apresentado associações estatisticamente significativas. Esses achados apontam para a complexidade das relações entre estilo parental e comportamento infantil, sugerindo que variáveis mediadoras — como o nível de estresse dos pais, sua autoeficácia ou a presença de estratégias de regulação emocional — podem influenciar significativamente os efeitos observados. A revisão também ressalta a necessidade de maior padronização metodológica nas pesquisas futuras, com foco em medidas consistentes e amostras mais diversas.

Curley e Koter (2023), por sua vez, em seu estudo qualitativo que investigou as percepções dos pais em relação a uma parentalidade compassiva (compassionate parenting) no Reino Unido e na Holanda, obtiveram em ambos os países resultados semelhantes, nos quais os pais explicitaram sua crença em relação a compaixão como um elemento essencial de seu estilo parental e melhora nos resultados de situações de conflitos com os filhos. Além disso, foi observado que a prática da parentalidade compassiva foi um fator redutor do estresse e de melhoria na qualidade de vida; no entanto, os autores também destacaram que os pais relataram desafios e limitações ao adotar esse estilo. Entre eles, estão as dificuldades em manter a calma diante de comportamentos desafiadores, especialmente em situações de sobrecarga emocional; o sentimento de culpa por não conseguirem ser compassivos o tempo todo; e a pressão social ou familiar para utilizar práticas mais autoritárias, vistas por alguns como mais eficazes no controle do comportamento infantil. Esses achados são consistentes com pesquisas anteriores que examinam as percepções de pais de crianças neuroatípicas, nas quais uma abordagem mais compassiva à criação dos filhos é valorizada, pois acredita-se que favorece uma conexão mais profunda entre pais e filhos.

No contexto no qual as relações cuidador-criança, a confiança do cuidador, os estilos parentais e o funcionamento familiar estão sendo analisadas, o estudo de Factor et al. (2023) com 15 díades cuidador-criança com TEA, dos EUA, apresentou resultados que fornecem suporte inicial para um grupo de habilidades sociais assistido por cuidador para crianças pequenas com TEA na melhoria da confiança do cuidador e interações cuidador-criança. Os resultados mostraram aumento na autoeficácia parental e nas estratégias de interação cuidador-criança positivas, especificamente no afeto/animação do cuidador e na orientação para realização de tarefas durante a intervenção e no acompanhamento. Os cuidadores também observaram melhorias nos estilos parentais em geral. Essa constatação reforça a importância de oferecer suporte direto aos pais e cuidadores, não apenas às crianças.

Questões culturais e sociodemográficas também emergem como fatores relevantes na definição dos estilos parentais (Giannotti et al, 202; Sinha et al, 2016). Os resultados que envolveram cuidadores italianos e japoneses (Giannotti et al, 2021) revelaram que os pais japoneses mostraram maior estresse parental e menos envolvimento no estilo social do que os italianos. Em ambas as culturas, as mães usaram mais estilo social do que os pais. O estilo social se refere aos comportamentos parentais no contexto das trocas interpessoais entre pais e filhos, envolvendo a expressão da sensibilidade parental, do afeto e da reciprocidade mútua (Bornstein et. al., 1996; Venuti et. al., 2007). Além disso, a condição de ser japonês e ter um filho com maior gravidade de TEA previu níveis mais altos de estresse parental. Por fim, foi descoberto que o país, o gênero dos pais e o estresse relacionado à interação disfuncional foram preditores significativos do estilo social parental.

No estudo transversal de Sinha et al. (2016) comparou-se o estresse parental, o estilo parental e a resiliência em pais de crianças com TEA, TEAp (Transtorno Específico de Aprendizagem) e crianças sem transtorno psiquiátrico. A pontuação média da escala de estresse foi significativamente maior em pais com um filho diagnosticado com TEA, do que em pais com um filho com TEAp, e ainda do que em pais com um filho sem nenhum dos dois transtornos. A pontuação de estresse também foi maior em mães do que em pais (homens). Donas de casa e pais desempregados tiveram pontuações médias de estresse significativamente maiores do que a população empregada. A pontuação média de resiliência, por sua vez, foi significativamente maior na parentalidade autoritativa seguida pela permissiva, com pais autoritários tendo a menor pontuação. Dessa forma, viu-se que o nível percebido de estresse em um pai ou mãe é afetado pelo tipo de deficiência, pelo tempo gasto com o filho e pelo gênero do pai ou da criança, enquanto a resiliência parental é afetada pelos estilos parentais.

No contexto digital, Jamal (2022) revelou que pais de crianças com TEA tendem a exercer maior controle parental e demonstrar mais "calor" do que pais de crianças neurotípicas. Realizou-se um estudo transversal por meio do qual foram avaliadas as semelhanças e diferenças nos estilos parentais baseados na internet (direcionamento dos comportamentos online dos filhos) de pais sauditas de crianças com e sem TEA. Os resultados mostraram uma diferença significativa nos estilos parentais na internet entre pais de crianças com TEA e aqueles de crianças sem TEA. Descobriu-se que o "calor" parental está associado à idade dos pais (mais jovens e mais velhos), ao gênero dos pais (feminino) e ao nível de educação dos pais (menor escolaridade). Além disso, o autor apontou que o controle parental estava significativamente associado ao gênero dos pais e ao grupo de meia-idade dos pais. Essa intensificação do controle pode estar associada à percepção de vulnerabilidade da criança no ambiente online, refletindo uma adaptação do estilo parental às exigências contemporâneas da parentalidade atípica.

Um outro estudo transversal feito na Malásia teve como objetivo determinar a associação entre fatores sociodemográficos, fatores parentais e fatores de estilo de vida com a gravidade do autismo em crianças com TEA (Eow et al., 2020). Os resultados encontrados apontaram que as crianças com TEA investigadas apresentaram um alto nível de gravidade do autismo. Além disso, o status de emprego do pai e o "peso" percebido da criança foram os preditores significativos da gravidade do autismo. Dessa forma, percebe-se o quanto variáveis ambientais e sociais influenciam na caracterização do transtorno, além de demonstrar que o exercício da parentalidade no autismo não ocorre de forma isolada, mas é atravessado por múltiplas camadas contextuais que moldam os estilos parentais e as experiências familiares.

Em síntese, os resultados desta revisão indicam que os estilos parentais no contexto do autismo são moldados por fatores emocionais (como estresse e resiliência), culturais, sociais e contextuais, além de exercerem papel central na mediação dos comportamentos da criança. Pais de crianças com TEA enfrentam desafios específicos que exigem adaptações constantes, e estilos parentais mais sensíveis, compassivos e autoritativos parecem favorecer o desenvolvimento infantil e o bem-estar familiar.

Contribuições e Perspectivas Futuras

De acordo com os resultados obtidos, é possível concluir que a produção científica que envolve a temática estilos parentais e autismo nos últimos 10 anos ainda é escassa, ainda mais no que tange a produção nacional e ao acesso livre, sendo caracterizada majoritariamente pelo delineamento quantitativo e de estudos empíricos. Assim, este estudo é relevante para a produção de conhecimento na área, promovendo reflexão sobre a temática dos estilos parentais no contexto do autismo.

Os estudos analisados demonstram que o exercício da parentalidade em famílias de crianças com TEA é multifacetado, exigindo dos pais um equilíbrio entre responsividade, firmeza e adaptação contínua às necessidades específicas do desenvolvimento atípico. Os estilos parentais autoritativos, compassivos e conscientes emergem como promotores de melhores resultados comportamentais e emocionais, enquanto estilos autoritários e permissivos tendem a se associar a desafios mais intensos, como comportamentos disruptivos e dificuldades na coparentalidade.

Além disso, fatores como o estresse parental, a resiliência, as condições sociodemográficas e o contexto cultural mostram-se determinantes tanto na definição do estilo parental quanto na experiência da parentalidade. Essa complexidade indica que intervenções voltadas ao desenvolvimento infantil devem necessariamente considerar o apoio às práticas parentais, promovendo espaços de escuta, orientação e fortalecimento da autoeficácia dos cuidadores.

Uma das limitações deste estudo foi o número reduzido de artigos encontrados e incluídos na revisão, sendo estes majoritariamente em língua inglesa, o que reflete uma realidade específica e limita a generalização dos resultados para o contexto brasileiro. Assim, destaca-se a importância de futuras pesquisas que explorem essa temática em âmbito nacional. Dessa maneira, apesar da riqueza dos dados levantados, ainda são necessárias mais investigações longitudinais e culturalmente diversas, que aprofundem a compreensão das trajetórias parentais ao longo do tempo e considerem a interseção entre variáveis emocionais, sociais e estruturais. Estudos com maior controle sobre faixa etária, severidade do transtorno e composição familiar também podem contribuir para o refinamento das práticas de intervenção e apoio familiar.

Por fim, os achados desta revisão reforçam a importância de compreender os estilos parentais não apenas como categorias classificatórias, mas como processos dinâmicos e situados, que refletem a interação entre características da criança, capacidades parentais e condições ambientais. O fortalecimento da parentalidade no contexto do TEA exige, portanto, abordagens integradas que considerem a singularidade de cada família, promovendo um cuidado mais sensível, respeitoso e eficaz.

REFERÊNCIAS

American Psychological Association [APA]. (2014). Manual diagnóstico de transtornos mentais: DSM-V (5a ed.). Porto Alegre: Artmed.

Barroso, R. G., & Machado, C. (2010). Definições, dimensões e determinantes da parentalidade. Psychologica, 52–I, 211–229. https://doi.org/10.14195/1647-8606_52-1_10

Baumrind, D. (1966). Effects of authoritative parental control on child behavior. Child Development, 37, 887-907. https://doi.org/10.2307/1126611

Baumrind, D. (1991). Effective parenting during the early adolescent transition. In P. A. Cowan & M. Hetherington (Orgs.), Family transitions (pp. 111-163). New Jersey: Lawrence Erlbaum. DOI: 10.12691/jsa-2-2-1

Bornstein, M.H.; Tamis-LeMonda, C.S.; Pascual, L.; Haynes, O.M.; Painter, K.M.; Galperín, C.Z.; Pêcheux, M.G. (1996). Ideas about Parenting in Argentina, France, and the United States. Int. J. Behav. Dev., 19, 347–367. https://www.tandfonline.com/doi/abs/10.1080/016502596385820

Bosa, C. A. (2006). Autismo: intervenções psicoeducacionais. Revista Brasileira de Psiquiatria, 28, 47-53. https://doi.org/10.1590/S1516-44462006000500007

Bronfenbrenner, U. (1979). The ecology of human development: Experiments by nature and design. Harvard University Press.

Crowell, J. A., Keluskar, J., & Gorecki, A. (2019). Parenting behavior and the development of children with autism spectrum disorder. Comprehensive psychiatry, 90, 21-29. https://www.sciencedirect.com/science/article/pii/S0010440X18301925

Curley, K., & Kotera, Y. (2023). Qualitative Investigation into the Perception towards Compassionate Parenting among Parents of Autistic Children: Cross-Cultural Comparison between the UK and The Netherlands. Healthcare (Switzerland), 11(8). https://doi.org/10.3390/healthcare11081199

Eow, S. Y., Gan, W. Y., Lim, P. Y., Awang, H., & Mohd Shariff, Z. (2020). Factors associated with autism severity among Malaysian children with Autism Spectrum Disorder. Research in Developmental Disabilities, 100. https://doi.org/10.1016/j.ridd.2020.103632

Estes, A., Olson, E., Sullivan, K., Greenson, J., Winter, J., Dawson, G., & Munson, J. (2013). Parenting-related stress and psychological distress in mothers of toddlers with autism spectrum disorders. Brain and Development, 35(2), 133-138. https://www.sciencedirect.com/science/article/abs/pii/S0387760412002628

Factor, R. S., Rea, H. M., Dahiya, A. V., Laugeson, E. A., & Scarpa, A. (2023). Pilot Study Examining Caregiver–Child and Family Functioning in PEERS® for Preschoolers. Journal of Child and Family Studies, 32(6), 1694–1707. https://doi.org/10.1007/s10826-022-02441-8

Fidelis, S., & Martinelli, O. M. J. C. D. M. (2018). Práticas educativas parentais e desenvolvimento social infantil: Analisando de estudos nacionais aplicados. In: https://dspace.doctum.edu.br/handle/123456789/4293

Giannotti, M., Bonatti, S. M., Tanaka, S., Kojima, H., & de Falco, S. (2021). Parenting stress and social style in mothers and fathers of children with autism spectrum disorder: A cross-cultural investigation in italy and Japan. Brain Sciences, 11(11). https://doi.org/10.3390/brainsci11111419

Gilbert, P. (2014). The origins and nature of compassion focused therapy. Br. J. Clin. Psychol., 53, 6–41. https://bpspsychub.onlinelibrary.wiley.com/doi/abs/10.1111/bjc.12043

Gulliford, H., Deans, J., Frydenberg, E., & Liang, R. (2015). Teaching coping skills in the context of positive parenting within a preschool setting. Australian Psychologist, 50 (3), 219-231. https://www.tandfonline.com/doi/abs/10.1111/ap.12121

Hodapp R.M., Ly Tran M., Fidler D.J., Ricci L.A. (2001). Menos estresse, mais gratificante: ser pai de crianças com síndrome de Down. Parentalidade: Ciência e Prática. 1 :317–337. doi:10.1207/S15327922PAR0104_3

Instituto Brasileiro de Geografia e Estatística. (2025). Censo demográfico 2022: Características das pessoas com deficiência e diagnóstico de autismo. https://agenciadenoticias.ibge.gov.br/agencia-noticias/2012-agencia-de-noticias/noticias/43464-censo-2022-identifica-2-4-milhoes-de-pessoas-diagnosticadas-com-autismo-no-brasil

Jacob, U. S., Olorunniyi, O. T., Osisanya, A., & Pillay, J. (2022). Parenting Styles and Peer Influence as Correlates of Expressive Language Skills among Children with Autism Spectrum Disorder. Journal of Intellectual Disability - Diagnosis and Treatment, 10(5), 214–222. https://doi.org/10.6000/2292-2598.2022.10.05.2

Justice L.M., Petscher Y., Schatschneider C., & Masburn A. (2011). Peer effects in preschool classrooms: Is children's language growth associated with their classmates' skills? Child Development; 82(6): 1768-1777. https://doi.org/10.1111/j.1467-8624.2011.01665.x

Kabat-Zinn, J., & Kabat-Zinn, M. (2014). Everyday blessings: The inner work of mindful parenting (Rev. ed.). Hachette Books. (Obra original publicada em 1997).

Kirby, J.N. (2019). Nurturing family environments for children: Compassion-focused parenting as a form of parenting intervention. Educ. Sci., 10, 3. https://www.mdpi.com/2227-7102/10/1/3

Lamborn, S. D., Mounts, N. S., Steinberg, L., & Dornbusch, S. M. (1991). Patterns of Competence and Adjustment among Adolescents from Authoritative, Authoritarian, Indulgent, and Neglectful Families. Child Development, 62(5), 1049–1065. https://srcd.onlinelibrary.wiley.com/doi/abs/10.1111/j.1467-8624.1991.tb01588.x

Maccoby, E., & Martin, J. (1983). Socialization in the context of the family: Parent-child interaction. Em Handbook of child psychology: Vol. 4. Socialization, personality, and social development (Vol. 4, p. 1–101). E.M. Hetherington.

Marinho, M. T., & Martins, I. C. (2021). Práticas educativas com enfoque parental para a promoção do desenvolvimento infantil na primeira infância: uma revisão. Revista Ibero-Americana de Humanidades, Ciências e Educação, 7(5), 83-97. https://periodicorease.pro.br/rease/article/view/1178

Mashburn A, Justice LM, Downer JT, & Pianta RC. (2009). Peer effects on children's language achievement during pre-kindergarten. Child Development; 80(3): 686-702. https://doi.org/10.1111/j.1467-8624.2009.01291.x

Mendes, K. D. S., Silveira, R. C. D. C. P., & Galvão, C. M. (2008). Revisão integrativa: método de pesquisa para a incorporação de evidências na saúde e na enfermagem. Texto & contexto-enfermagem, 17, 758-764. https://doi.org/10.1590/S0104-07072008000400018

Paniagua, G. (2004). As famílias de crianças com necessidades educativas especiais. Em C. Coll, A. Marchesi & J. Palácios (Orgs.), Desenvolvimento psicológico e educação: transtornos do desenvolvimento e necessidades educativas especiais (pp. 330- 346). Porto Alegre: Artmed.

Pereira-Silva, N. L., & de Almeida, B. R. (2014). Reações, sentimentos e expectativas de famílias de pessoas com necessidades educacionais especiais. Psicologia Argumento, 32. https://periodicos.pucpr.br/psicologiaargumento/article/view/20503

Pinquart, M. (2017). Associations of parenting dimensions and styles with internalizing symptoms in children and adolescents: A meta-analysis. Marriage & Family Review, 53(7),613–640. https://www.tandfonline.com/doi/abs/10.1080/01494929.2016.1247761

Portes, J. R. M., Vieira, M. L., de Souza, C. D., & Kaszubowski, E. (2020). Parental styles and coparenting in families with children with autism: Cluster analysis of children's behaviour | Estilos parentais e coparentalidade em famílias de crianças com autismo: Análise de perfis de comportamento infantil. Estudos de Psicologia (Campinas), 37, 1–12. https://doi.org/10.1590/1982-0275202037E190143

Portes, J. R. M., Amorim, M. V. L. C., & Vieira, M. L. (2022). Parenting styles, coparenting and behavior problems in children with autism: a correlational study | Estilos parentais, coparentalidade e problemas de comportamento em crianças com autismo: estudo correlacional | Estilos de crianza, coparentalidad y probl. Acta Colombiana de Psicologia, 25(2), 78–89. https://doi.org/10.14718/ACP.2022.25.2.5

Salvador, A. P. V. & Weber, L. N. D. (2005). Práticas educativas parentais: um estudo comparativo da interação familiar de dois adolescentes diferentes. Interação em Psicologia, 9 (2). https://doi.org/10.5380/psi.

v9i2.4782

Samadi, S. A., McConkey, R., & Bunting, B. (2014). Parental wellbeing of Iranian families with children who have developmental disabilities. Research in developmental disabilities, 35(7), 1639-1647. https://doi.org/10.1016/j.ridd.2014.04.001

Schavarem, L. D. N., & Toni, C. G. D. S. (2019). A relação entre as práticas educativas parentais e a autoestima da criança. Pensando famílias, 23(2), 147-161. https://doi.org/10.3406/pensfam.2019.2406

Sinha, D., Verma, N., & Hershe, D. (2016). A comparative study of parenting styles, parental stress and resilience among parents of children having autism spectrum disorder, parents of children having specific learning disorder and parents of children not diagnosed with any psychiatric disorder. Annals of International Medical and Dental Research, 2(4), 106-111. https://doi.org/10.1037/a00225341

Skinner, B.F. (2007). Seleção por Consequências. Rev. Bras. de Ter. Comp. Cogn., Vol. IX, nº 1,129-137. https://doi.org/10.31505/rbtcc.v9i1.150

Sorkhabi, N. (2005). Applicability of Baumrind's parent typology to collective cultures: Analysis of cultural explanations of parent socialization effects. International Journal of Behavioral Development, 29(6), 552–563. https://www.tandfonline.com/doi/abs/10.1080/01650250500172640

Steinberg, L., Blatt-Eisengart, I., & Cauffman, E. (2006). Patterns of competence and adjustment among adolescents from authoritative, authoritarian, indulgent, and neglectful homes: A replication in a sample of serious juvenile offenders. Journal of Research on Adolescence, 16(1), 47–58. https://onlinelibrary.wiley.com/doi/abs/10.1111/j.1532-7795.2006.00119.x

Suvarna, V., Farrell, L., Adams, D., Emerson, L.-M., & Paynter, J. (2024). Parenting Practices and Externalizing Behaviors in Autistic Children: A Systematic Literature Review. Clinical Child and Family Psychology Review, 27(1), 235–256. https://doi.org/10.1007/s10567-024-00467-6

Venuti, P.; Senese, V.P. (2007). Un Questionario Di Autovalutazione Degli Stili Parentali: Uno Studio Su Un Campione Italiano. A Questionnaire of Self Parental Styles: A Study of an Italian Sample. G. Ital. Di Psicol., 34, 677–697. https://www.rivisteweb.it/doi/10.1421/25224

Weber, L. N. D., Prado, P. M., Viezzer, A. P., & Brandenburg, O. J. (2004). Identificação de estilos parentais: o ponto de vista dos pais e dos filhos. Psicologia: reflexão e crítica, 17, 323-331. https://doi.org/10.1590/S0102-79722004000300005

Westman Andersson, G., Miniscalco, C., & Gillberg, N. (2017). A 6-year follow-up of children assessed for suspected autism spectrum disorder: Parents' experiences of society's support. Neuropsychiatric Disease and Treatment, 1783-1796. https://www.tandfonline.com/doi/full/10.2147/NDT.S134165

03

PARENTALIDADE E INDICADORES COMPORTAMENTAIS DE CRIANÇAS E ADOLESCENTES NO ESPECTRO AUTISTA

Andressa Tonini Pissaia
Kely Maria de Sousa Pereira

Introdução

A participação direta da família é um fator indispensável ao tratamento e desenvolvimento de crianças e adolescentes com Transtorno do Espectro Autista - TEA (Neto et al., 2022; Oliveira et al., 2020; Silva et al., 2023). Necessidades geradas por um transtorno do neurodesenvolvimento podem interferir no manejo comportamental com os filhos e no gerenciamento familiar, sendo estas variáveis alvo de pesquisas relevantes na área (Navroodi et al., 2018; Portes et al., 2020; Santos et al., 2017), destacando-se as investigações sobre problemas de comportamento e variáveis relacionadas às práticas utilizadas pelos cuidadores (Minetto & Cruz, 2018; Schmidt et al., 2016).

O TEA, por ser uma desordem do desenvolvimento a nível neurológico, caracteriza-se por déficits persistentes na comunicação e interação social e pela presença de padrões restritos e repetitivos de comportamentos, interesses ou atividades. De acordo com o Manual Diagnóstico e Estatístico de Transtornos Mentais (DSM-V, 2014), os sintomas surgem precocemente no desenvolvimento (APA, 2014; Fadda & Cury, 2016).

Há grande variabilidade no TEA em termos da severidade e intensidade de sinais e sintomas, manifestando-se por problemas de comportamento, tais como impulsividade, agressividade, hiperatividade, autolesão, além de distúrbios de afeto e humor (APA, 2004; Gadia et al., 2004; Marteleto et al., 2011). Logo, o meio familiar se torna um grande aliado para o desenvolvimento e suporte desse grupo, devido a sua necessidade de acompanhamento (Mota et al., 2020), muitas vezes contínuo. O tratamento para o TEA depende de uma rede de profissionais e, sobretudo, do amparo e desenvolvimento de habilidades na família (Reis & Lenza, 2019).

A unidade familiar não deve ficar à parte do programa de intervenção infantil elaborado, visto que desempenha papel provedor principal de benefícios ao desenvolvimento cognitivo e socioemocional dos filhos, além de fornecer um ambiente seguro e com maior previsibilidade (Guisso et al., 2019). Ao serem treinados e acompanhados, os pais se tornam coparticipantes do cuidado terapêutico para a criança com TEA. A exemplo disso, intervenções precoces que fazem uso de estratégias como a Comunicação Aumentativa e Alternativa (CAA) para a instalação de repertório comunicativo, deve ocorrer em diversos ambientes, sendo a família a responsável por ampliar as possibilidades de crescimento e de interação com os diferentes pares sociais (Santos et al., 2017).

Ainda sob uma perspectiva que destaca a relevância da capacitação parental, essa modalidade certamente inclui a sistematização de iniciativas dirigidas ao manejo de comportamentos desafiadores que ocorrem fora do setting terapêutico, contribuindo com um processo de intervenção mais efetivo para a criança (Guimarães et al., 2018). Nessa direção, a Intervenção Implementada pelos Pais é uma das Práticas Baseadas em Evidências (PBE) por se mostrar efetiva para ganhos em habilidades sociocomunicativas de pessoas com TEA, produzindo, de forma concomitante, o empoderamento parental (Oliveira et al., 2020), dada a ampliação de conhecimentos e melhor repertório na aplicação de práticas parentais positivas (Duarte et al., 2018).

Pesquisas identificam resultados positivos no treinamento parental para o cuidado de crianças e adolescentes com TEA (Agostini & Freitas, 2022; Bagaiolo et al., 2018). A capacitação não se restringe ao ensinamento de habilidades deficitárias no desenvolvimento; visa também a melhora no funcionamento familiar e fornecer suporte social. Programas de orientação de pais, além de prover recursos técnicos, precisam focalizar aspectos psicossociais, visto que afetam o exercício da parentalidade e o nível de apoio oferecido aos filhos (Franco, 2016).

Estudos desenvolvidos nas décadas de 1950 e 1960 já sinalizavam como os comportamentos dos pais afetam a criança (Bettelheim, 1967; Eisenberg, 1956), porém, mais centrados em uma perspectiva unidirecional. Com os avanços das pesquisas na área de desenvolvimento, as relações bidirecionais passaram a ser mais enfatizadas, identificando-se diversos fatores que podem influenciar a díade cuidador/criança, em que as características de ambos geram consequências mútuas e nos ambientes próximos (Maciel-Portes et al., 2022; Mapelli et al., 2018; Mohammadi et al., 2019; Portes et al., 2020; Semensato & Bosa, 2017).

Partindo do pressuposto de que as práticas parentais podem exercer forte impacto nos comportamentos dos filhos (Altafim & Linhares, 2022; Alvarenga et al., 2012; Cruz et al., 2019; Macarini et al., 2010), a seção a seguir apresentará um breve panorama sobre dois importantes modelos teóricos de compreensão dos estilos parentais, bem como de instrumentos padronizados na análise dessas relações. Ainda, o tópico irá discorrer sobre evidências que destacam como práticas parentais positivas podem favorecer o desenvolvimento saudável, incluindo crianças e adolescentes com o transtorno.

Parentalidade e Desenvolvimento Infantil

A participação da família no desenvolvimento da criança e a forma de interação entre pais e filhos tem sido destaque nos estudos da Psicologia do Desenvolvimento e da Psicologia Clínica (Guisso et al., 2019). O modo como os pais ensinam, limitam e moldam os comportamentos dos filhos define o termo práticas parentais (Pluciennik et al., 2015). Nesse sentido, estudos que compreendem a família como fator de desenvolvimento e proteção, demonstram como as práticas educativas utilizadas em diferentes contextos influenciam o desenvolvimento de todos os membros envolvidos (Lawrenz et al., 2020).

O modelo teórico de Diana Baumrind (1966) foi um marco nos estudos da parentalidade, e segue sendo amplamente adotado. A autora, que caracteriza o estilo parental como práticas que pais adotam em relação ao cuidado com os filhos, integra ao conceito os aspectos emocionais e comportamentais da criação, compondo um modelo que compreende três estilos parentais: autoritário, autoritativo e permissivo.

Pais com estilo autoritário modelam e controlam os comportamentos da criança de acordo com regras absolutas, e são favoráveis a medidas punitivas para lidar com questões comportamentais (Baumrind, 1966). Já o estilo autoritativo procura direcionar o desenvolvimento de forma racional e orientada, com diálogo e exigência entre as perspectivas do adulto e da criança, podendo ser compreendido como um estilo participativo. Por outro lado, o estilo permissivo é adotado por pais que se comportam de forma totalmente receptiva aos desejos e ações das crianças, mas sem qualquer crítica ou ação dirigida a emitir consequências após comportamentos socialmente inadequados.

O modelo de Baumrind foi reformulado no início da década de 1980, por Maccoby e Martin (1983), que sugeriram outras duas dimensões: exigência e responsividade. As características da exigência envolvem comportamentos parentais de supervisão, com estabelecimento de limites e regras. Quanto à segunda dimensão, pais responsivos buscam o diálogo com os filhos, oferecem apoio e compreensão para fomentar sua autonomia e autoafirmação. Assim, para os autores, a combinação de tais características resultou em quatro estilos parentais: autoritário, autoritativo, indulgente e negligente (Costa et al., 2000).

Pais autoritários são muito exigentes e pouco responsivos; são indulgentes quando muito responsivos e pouco exigentes, com dificuldades na definição das regras (Maccoby & Martin, 1983). No estilo autoritativo, há altos níveis de exigência, mas em conjunto com elevada responsividade à criança, cria-se um ambiente mais favorável ao desenvolvimento. No estilo negligente, reduzida exigência e baixa responsividade, tendendo a se orientar pela esquiva ou por respostas imediatas aos pedidos da criança (Costa et al., 2000).

Nesse contexto, outro importante modelo teórico foi proposto por Gomide (2003) ao analisar as práticas educativas como estratégias de parentalidade que afetam a conduta dos filhos. Para a autora, os estilos parentais se referem ao conjunto de práticas ou atitudes para educar crianças e adolescentes, a fim de socializar e controlar comportamentos, ou seja, de um lado, promover comportamentos pró-sociais e, de outro, reduzir desempenhos indesejáveis ou comportamentos interferentes que prejudicam a competência social.

No Estilo Parental de Gomide (2006), há sete práticas educativas caracterizadas em termos de função ou resultado no desenvolvimento. Cinco estão vinculadas a práticas negativas e a comportamentos antissociais: Abuso físico, Punição Inconsistente, Negligência, Disciplina Relaxada e Monitoria Negativa. Há ausência de atenção e afeto em um ambiente de convívio rígido e hostil. Por outro lado, práticas de caráter positivo, como a Monitoria Positiva e o Comportamento Moral, indicam a capacidade dos cuidadores em propiciar à criança, mediante supervisão e afetividade, comportamentos pró-sociais, isto é, que se torne mais afetuosa e amigável, atenta às regras de respeito e de boa convivência em grupo (Gomide, 2014; Toni & Hecavei, 2014).

Entre as práticas promotoras do desenvolvimento, a Monitoria Positiva é definida como um conjunto de comportamentos parentais que visam atenção e envolvimento nas atividades com os filhos (Dishion & McMahon, 1998); ainda, há o componente de troca de afetos, principalmente quando a criança apresenta maior necessidade de suporte para a aquisição de habilidades. No Comportamento Moral, por sua vez, estão as práticas parentais que transmitem valores positivos e virtudes importantes, que poderão inibir a emergência de comportamentos antissociais (Gomide, 2003).

Práticas educativas negativas são relacionadas ao Abuso Físico. Na sociedade, castigos físicos se pautam em crenças amplamente naturalizadas, tradicionalmente passadas de geração a geração, de que pais devem bater para educar; a sua criminalização é um fato recente no país, como pautado na Lei 13.010 (Brasil, 2014), também conhecida como "Lei Menino Bernardo", que trata de punições físicas e castigos cruéis ou degradantes infligidos a crianças e adolescentes Conforme Gershoff (2002), comportamentos antissociais em crianças e adolescentes estão relacionados ao uso de punição corporal impulsiva, quando os pais são dominados pela raiva e falta do senso de controle. Gomide (2003), refere-se à categoria Punição Inconsistente, associada ao estado emocional dos pais ao punir ou reforçar os comportamentos da criança (Gomide et al., 2005).

Atitudes que caracterizam a negligência também são muito nocivas ao desenvolvimento, visto a falta de responsividade afetiva e de resolução frente às diversas necessidades dos filhos (Crittenden, 2015), como as necessidades psicológicas básicas de relacionamento, competência e autonomia (Ryan, & Decy, 2020; Skinner, & Edge, 2002). Quando a ocorrência de comportamentos opositores ou agressivos da criança faz com que os pais não mantenham regras previamente estabelecidas, compreende-se a prática como Disciplina Relaxada. Por fim, a Monitoria Negativa se configura por fiscalização e ordens, as quais nem sempre são cumpridas pelos filhos; em geral, são práticas que geram relações de hostilidade, insegurança e dissimulações (Gomide, 2003; Gomide et al., 2005).

Para avaliar as práticas parentais, Gomide (2006) desenvolveu o Inventário de Estilos Parentais (IEP), que classifica as sete práticas descritas. O IEP é composto por 42 questões, organizadas em três escalas, sendo duas respondidas pelo filho sobre as práticas parentais, nas versões materna e paterna; a terceira, em uma versão autoaplicada, os pais analisam suas práticas. O instrumento apresenta estudos de validação no Brasil (Gomide, 2006; Sampaio & Gomide, 2017), incluindo um formato online (https://www.ieponline.com.br/). Inicialmente, o IEP era de uso exclusivo de psicólogos, mas, em dezembro de 2021, ao ser publicado por uma nova editora, a aplicação pode ser realizada por outros profissionais.

Nesse cenário, pesquisas procuram compreender como diferentes variáveis e contextos se apresentam em face aos estilos parentais identificados, avaliando competência social em adolescentes e jovens adultos (Mota & Ferreira, 2019), problemas de comportamento externalizante na escola (Oslen & Geronasso, 2022), fatores de proteção ou risco ao consumo de álcool (Sousa et al., 2023), além da relação entre coparentalidade e problemas de comportamento em crianças com autismo (Maciel-Portes et al., 2022). Há interesse em compreender qual a melhor forma de educar e cuidar dos filhos, ou seja, quais as práticas parentais que conduzem a desfechos positivos ou negativos no desenvolvimento.

Nas últimas décadas, houve crescente interesse no tema da parentalidade, a exemplo da Lei 14.826 (Brasil, 2024) que torna a parentalidade positiva e o direito de brincar políticas públicas no país, e se constituem em importantes iniciativas de desenvolvimento e prevenção à violência infantil. Na literatura, programas voltados a famílias de crianças com TEA (Bagaiolo et al., 2018; Cruz et al., 2019; Duarte et al., 2018) ou com perfil internalizante (Oliveira & Alvarenga, 2015) são baseados em tecnologias e estratégias produzidas cientificamente, com o intuito de motivar o incremento de práticas educativas positivas nesse contexto.

Compreender as relações entre pais e filhos se tornou relevante, de tal forma que diversas modalidades de intervenções têm sido implementadas para fornecer orientações e promover o desenvolvimento na infância por meio da qualidade das práticas parentais (Altafim & Linhares, 2022; Benites et al., 2021). Na pesquisa de Bancayán e Saldarriaga (2019), os autores demonstraram que o estilo parental autoritativo se relaciona a melhor adaptação à sociedade, bem como ao bom desempenho acadêmico, autoestima e comportamentos pró-sociais. Tais estudos corroboram que as práticas educativas positivas se refletem na diminuição de problemas internalizantes e externalizantes, e na emergência e aprimoramento de habilidades sociais, bem como em outros comportamentos que favorecem o desenvolvimento (Schmidt et al., 2016).

Nesse contexto, a investigação de Marino (2015) buscou associações entre as práticas parentais e o perfil cognitivo e comportamental de 26 crianças com TDAH, além dos professores. A coleta foi feita com o Inventário de Autoavaliação para Adultos de 18-59 anos (ASR), instrumento abreviado de avaliação da qualidade de vida (WHOQOL-bref), e Formulário para o Professor do Inventário de Comportamentos para Crianças e Adolescentes entre 6 e 18 anos (TRF/6-18). Para as crianças, foi adotado um protocolo de comportamento (CBCL/6-18) e, para a análise do perfil cognitivo, Teste Wisconsin de Classificação de Cartas (WCST) e Conners' Continuous Performance Test II (CPT-II). Para pais que utilizavam mais práticas positivas, os filhos apresentaram maior frequência de comportamentos adequados e de funcionamento adaptativo. Contrariamente, práticas negativas se associaram a maior comprometimento nessas variáveis avaliadas.

Grande parte dos programas de intervenção objetivam principalmente orientar famílias em situações de desenvolvimento atípico (Gulliford et al., 2015). Em face a diagnósticos clínicos de condições que geram déficits ou problemas de comportamento, é necessário orientar os pais quanto a manejos assertivos em situações difíceis, prevenindo desdobramentos negativos, e intervindo positivamente na redução de riscos ao desenvolvimento. Por outro lado, as intervenções buscam, de forma geral, promover fatores de proteção e de resiliência familiar (Reedtz et al., 2011).

A seguir, será descrita uma pesquisa de mestrado da primeira autora (Pissaia, 2022), sob orientação da segunda, com o objetivo geral de investigar a relação entre estilos parentais e comportamentos de crianças e adolescentes com TEA. Mais especificamente, considerou-se a presença de variáveis sociodemográficas e clínicas da amostra, destacando-se o treinamento parental em associação com outras variáveis do estudo.

Avaliação de Estilos Parentais e Comportamentos de Crianças e Adolescentes no TEA

Para compreender as relações entre estilo parental de educar e comportamentos dos filhos, adotou-se o modelo teórico de Estilo Parental de Gomide (2006). Para a avaliação, os seguintes instrumentos foram aplicados aos pais: Inventário de Estilos Parentais - IEP (Gomide, 2021) e Questionário das Capacidades e Dificuldades da Criança - SDQ (Saur & Loreiro, 2012) que avalia categorias de problemas de comportamento, além de comportamento pró-social. Variáveis sociodemográficas e de perfil clínico da amostra foram levantadas por meio de entrevista semiestruturada e do Critério de Classificação Econômica Brasil (Disponível em: https://abep.org/wp-content/uploads/2024/09/01_cceb_2024.pdf).

A coleta de dados foi realizada entre dezembro de 2021 a fevereiro de 2022, sendo aprovada pelo Comitê de Ética em Pesquisa da Universidade Federal do Espírito Santo (CEP/UFES), sob o CAAE 50675021.0.0000.5542. Os resultados foram analisados mediante a aplicação de estatísticas descritiva e inferencial, com análises não paramétricas para dados sem distribuição normal, como a correlação de Spearman, para associação entre as principais variáveis da pesquisa, e o teste U de Mann-Whitney, avaliando as diferenças entre duas amostras independentes (pais e mães).

A amostra contou com a participação de 57 responsáveis, sendo 48 mães (84%) e 9 pais (16%), com média de idade de 37,2 anos, casados (67%) e residentes no ES (88%). A idade dos filhos variou entre 5 e 15 anos (Média = 9,3), sendo 50 do sexo masculino (88%), com escolaridade variando da pré-escola ao ensino fundamental completo.

Quanto ao perfil sociodemográfico, predominou a composição de cuidadores com ensino médio completo (33%) ou Pós-Graduação lato sensu (25%), pertencentes às classes socioeconômicas média (B1, 28%) e média alta (A, 23%), com renda média familiar de R$11.279,14 e R$ 25.554,33, respectivamente. Geralmente, o TEA leva a muitas despesas com saúde e tratamento, custos informais e perda de produtividade de um dos genitores, dentre outros aspectos, o que resulta em alto investimento financeiro pelos integrantes da família (Rogge & Janssen, 2019). Nesse sentido, melhor renda financeira familiar pode favorecer a provisão de assistência integral ao filho em suas diversas demandas de desenvolvimento.

Em relação ao tipo de ocupação, 30% dedicam-se exclusivamente ao filho, não possuindo atividade profissional, sendo a mãe (65%) a maior responsável pelos cuidados e tratamentos. A rotina intensa de acompanhamentos se apresentou para a grande maioria (91%), realizados especialmente com psicólogo (72%), fonoaudiólogo (61%) e neuropediatra (58%). Um pouco mais da metade do grupo (n=29, 51%) participou de treinamento parental para conhecimento do transtorno e das estratégias de manejo de comportamentos desafiadores. Por fim, no que se refere às práticas educativas, 79% da amostra apontou que estas não são diferentes das adotadas para os demais filhos. Na avaliação das práticas medidas pelo IEP, houve predominância de práticas positivas na amostra, como Monitoria Positiva (M = 9,70) e Comportamento Moral (M = 8,70), com o IEP total médio de 5,12, percentil entre 55 e 60, classificando a amostra no Estilo Parental Bom.

Na avaliação dos comportamentos dos filhos medidos pelo SDQ (Fleitlich et al., 2000), houve alta frequência de problemas de conduta (84%), hiperatividade (82%) e problemas com colegas (86%), com classificação clínica nessas subescalas e no escore total de problemas de comportamento. Por outro lado, Comportamento Pró-social apresentou alta frequência na subamostra não clínica (54%).

A análise comparativa entre os estilos materno e paterno mostrou diferença estatisticamente significativa para alguns itens do IEP. A participação nos cuidados apresentou-se mais frequente para as mães, enquanto trabalho/ocupação dificultou a dedicação à criança/adolescente para os pais. Exemplo de item do IEP: "Meu trabalho atrapalha na atenção que dou ao/à meu/minha filho(a)". Outro item foi "(...) ser mal-humorado(a) com o(a) filho(a)", que predominou no comportamento materno. Em relação aos estilos parentais, houve diferença significativa para práticas negativas como Punição Inconsistente, adotada com maior frequência pelas mães (U = 30,67, p=0,04), e Negligência, pelos pais (U = 39; p=0,02).

Para análise de variáveis sociodemográficas e clínicas, aplicando-se o teste de Spearman, em relação à idade e tratamento, verificou-se que crianças mais novas estão expostas a mais tempo de intervenção (r=-0,34). Ainda, considerando o maior quantitativo de horas destinadas a tratamentos especializados e menor escolaridade, essas crianças apresentam escores menores para problemas emocionais (r=-0,38), de conduta (r= -0,31) e total de dificuldades (r= -0,44).

Em relação à parentalidade, maior idade e melhor nível de escolaridade se associaram a melhores resultados em relação às práticas parentais e às dificuldades de comportamento dos filhos. Pais com maior escolaridade expõem os filhos a maior quantidade de tratamento especializado, e adotam práticas assertivas, como a Monitoria Positiva. Esta se associou à frequência menor de comportamentos hiperativos e menor índice total de dificuldades avaliados pelo SDQ.

No estudo de Bolsoni-Silva e Loureiro (2019), o nível de escolaridade materna influenciou as práticas positivas dirigidas a crianças, tanto em idade pré-escolar quanto escolar. As autoras consideram que a instrução formal favorece o acesso a informações sobre o desenvolvimento e, provavelmente, viabilizam contextos de desenvolvimento nos quais emergem interações afetivas e significativas entre pais-criança. O uso apropriado de práticas parentais positivas foi associado ao menor índice total de dificuldades, aspecto de grande relevância, uma vez que favorece e potencializa o desenvolvimento (Pires et al., 2019).

Na pesquisa destacada (Pissaia, 2022), quanto às práticas parentais, além da Monitoria Positiva, Comportamento Moral se correlacionou positivamente com comportamento Pró-social dos filhos, e Monitoria Positiva apresentou correlação negativa com Hiperatividade. Todavia, os dados indicaram correlação positiva entre essas duas práticas positivas e problemas de conduta, além de Comportamento Moral e problemas com colegas.

O treinamento parental foi realizado por boa parte da amostra (51%). Sendo a família importante aliada nas intervenções clínicas no TEA (Souza et al., 2023), é possível que essa variável tenha se refletido nos resultados apresentados pelas crianças e adolescentes, tendo em vista a associação com escores menores em duas subescalas de problemas de comportamento (Sintomas Emocionais e Hiperatividade), e no total de dificuldades do SDQ.

Em geral, muitos pais que procuram ajuda nos espaços especializados estão tomados de dúvidas e necessidades (Rodrigues et al., 2021). Assim, a compreensão do transtorno e a participação no tratamento, por meio de programas de educação parental, favorecem o desenvolvimento da criança e a melhora de comportamentos difíceis (Medda et al, 2021). No estudo de Loureiro (2020), os responsáveis avaliaram positivamente a aprendizagem advinda da participação, relatando que os filhos melhoraram os comportamentos, tanto sociais quanto linguísticos, confirmando que a abordagem parental produz mudança significativamente positiva nas relações familiares.

As experiências vivenciadas na infância e na adolescência são fatores importantes que afetam a trajetória desenvolvimental. Desde o nascimento, a criança está inserida em uma sociedade com valores e regras. Portanto, pais e outros cuidadores significativos são os principais responsáveis pelo processo de socialização, por fornecer modelos e ensinar repertórios comportamentais que favorecem a convivência com os pares (Pires et al., 2019).

A importância dos treinamentos educacionais para pais de crianças no espectro foi demonstrada por Prata et al. (2018). Tais treinamentos visam prover cuidados e aprimorar o comportamento dos pais, com vistas a influenciar positivamente o desenvolvimento dos filhos (Medda et al., 2021). Para os autores, programas de educação parental têm efeito positivo, tanto para as crianças quanto para as famílias, apesar de possíveis obstáculos identificados, como limitações financeiras, falta de profissionais capacitados, tempo dos pais para maior comprometimento com as atividades, ou mesmo pelo fato das intervenções ainda serem pouco oferecidas nas comunidades. Ainda assim, esse treino psicoeducacional é um modo econômico de prover cuidado a crianças recém-diagnosticadas com o transtorno.

É preciso integrar ao tratamento, que visa contribuir para a redução de problemas de comportamentos e desenvolvimento socioemocional em grupo com TEA, a ampliação do repertório parental, por meio do ensino de estratégias que visam a prevenção no agravamento de sintomas, focalizando a dinâmica familiar (Alvarenga et al., 2016; Oliveira & Alvarenga, 2015). Quanto mais conhecimento os pais obtiverem acerca dos marcos desenvolvimentais, e dos desafios e especificidades de uma determinada condição clínica, haverá maior potencial para a aplicação das boas práticas parentais de promoção de habilidades e competências (Schmidt et al., 2016), bem como de prevenção da violência (Altafim & Linhares, 2022).

A literatura confirma que práticas parentais se associam a diferentes comportamentos das crianças e adolescentes (Benites et al., 2021; Pires et al., 2019). Nesse cenário, Bolsoni-Silva et al. (2019) destacam a relevância do ensino de habilidades sociais educativas parentais para a prevenção de problemas de comportamento. Tendo em vista que os Estilos Parentais da amostra (Pissaia, 2022) foram classificados como Bom (37%) e Ótimo (23%), é possível afirmar que a maioria dos pais utiliza práticas positivas na expressão de afetos, mantém uma comunicação aberta e estão empenhados na socialização dos filhos. Há esforços destinados à resolução de problemas desafiadores, promovendo, por conseguinte, um desenvolvimento mais saudável e construtivo (Gulliford et al., 2015).

Práticas parentais positivas promovem comportamentos pró-sociais nos filhos, mediando as relações interpessoais, instalando comportamentos que visam ajudar, compartilhar e cooperar (Eisenberg, & Spinrad, 2014; Martin-Raugh et al., 2016). A frequência de comportamentos sociais se destacou na amostra para 54% das crianças e adolescentes (Pissaia, 2022). Como destacado, as associações entre essas variáveis foram identificadas para maior uso de Monitoria Positiva e Comportamento Moral, que caracterizaram os Estilos Parentais mais bem avaliados pelo IEP. Estudos com famílias de crianças típicas também identificaram relações positivas para o estilo parental autoritativo, com equilíbrio adequado entre controle/envolvimento e o desenvolvimento social infantil (Goelman et al., 2014; Sabbag, 2017).

Pinheiro et al. (2006), a partir de um treinamento de habilidades sociais para pais de crianças com problemas de comportamento, observaram a redução de comportamentos indisciplinados, assim como aplicação de práticas disciplinares não coercivas. Para as medidas clínicas de orientação familiar ou organização de programas de intervenção parental, a identificação de práticas negativas é um aspecto a ser considerado junto às práticas positivas. Na pesquisa em destaque (Pissaia, 2022), mesmo com percentual menor na comparação com as práticas positivas dos Estilos Parentais Bom (37%) e Ótimo (23%), diversas iniciativas foram classificadas nos Estilos Regular (21%) e de Risco (19%), que requerem muita atenção dos profissionais. Esses dados sugerem que, na amostra, algum tipo de punição física, inconsistência nas regras ou negligência podem ter se apresentado na relação com os filhos. Portanto, as intervenções devem focalizar diretamente a substituição de práticas negativas por estratégias positivas, por ordem de condições que produzem intensa desregulação emocional e comportamental.

Práticas negativas se constituem em fatores de risco ao desenvolvimento ao produzirem sintomas físicos e emocionais (Bueno & de Moura, 2009; Gomide, 2003; Schmidt et al., 2016). A análise de estudos empíricos indicou que práticas disciplinares coercitivas se relacionam negativamente às competências do desenvolvimento infantil, pois aumentam os problemas de comportamento (Pires et al., 2019). Mackenbach et al. (2014) encontraram associação entre disciplina parental severa e problemas de comportamento e emocionais. Gámez-Guadix et al. (2010) indicam que punição corporal em crianças de 10 anos pode predizer comportamentos antissociais na idade adulta; e quanto maior o uso de punição corporal, menor a presença de práticas positivas. Assim, a disciplina coercitiva, exercida por meio de punição física, ameaças e privação de privilégios, pode provocar emoções intensas como hostilidade, medo e ansiedade, prejudicando o desenvolvimento de formas diversas (Cecconello et al., 2003).

Pais que reforçam ou punem comportamentos mais relacionados ao próprio estado de humor, e dissociados do comportamento da criança (Gomide, 2006), aumentam a probabilidade de produzir sintomas e emoções negativas, como medo, tristeza e alto nível de preocupações. Na pesquisa em questão (Pissaia, 2022), sobre as práticas negativas classificadas nos estilos parentais Ruim ou de Risco, Punição Inconsistente e Monitoria Negativa se associaram a Sintomas Emocionais, onde há excesso de instruções independentes de seu cumprimento, produzindo um ambiente hostil (Gomide, 2006; Gomide et al., 2005; Salvo et al., 2005). Por último, Abuso Físico, que inclui práticas corporais de ameaça com uso de força física, sob a justificativa de educação (Cecconello & Koller, 2003; Gershoff, 2002; Salvo, 2010; Salvo et al., 2005), apresentou relação positiva com Sintomas Emocionais e, ainda, com Hiperatividade, indicando que Estilo Parental de Risco se relacionou a problemas de comportamento da amostra.

Comportamentos difíceis dos filhos também podem influenciar as diferentes condutas parentais. Práticas coercitivas para controle de comportamento são bem valorizadas em determinado núcleo familiar. Na pesquisa (Pissaia, 2022), os pais destacaram na entrevista inicial dificuldades da criança como reduzida atenção (56%), estereotipia motora (54%) e falta de cooperação (50%), seguidos de agressão aos outros (29%). Tais dados foram correspondentes aos comportamentos avaliados pelo instrumento SDQ, com escore total classificado como clínico (89%), especialmente para as subescalas Problemas de Conduta (84%), Hiperatividade (82%) e Problemas com colegas (86%), seguidos de Sintomas Emocionais (46%). O perfil comportamental obtido é consoante a resultados de estudos com a população com TEA, com escores maiores em problemas de atenção e menores em ansiedade (Marteleto et al., 2011); ou com a presença de comportamentos de externalização, como hiperatividade, problemas de conduta e com colegas, e internalização, como sintomas emocionais (Bauminger et al., 2010).

As análises até então discutidas, que apontam a estreita relação entre práticas parentais e desenvolvimento dos filhos, reforçam a importância da implementação de intervenções parentais, principalmente quando se considera um ambiente familiar mais vulnerável, seja pela presença de fatores biológicos, psicológicos ou sociais, ou por sua sobreposição (Linhares, 2015; Sameroff, 2000). Mais especificamente, na condição do TEA, o treinamento educacional dirigido aos pais se destaca como variável relevante para intervenções bem-sucedidas com crianças e adolescentes (Medda et al., 2021; Prata et al., 2018).

Estudos sobre parentalidade também avaliam se há distinções entre estilos parentais maternos e paternos. Na pesquisa em questão (Pissaia, 2022), as mães apresentaram média maior em relação ao Estilo Parental Bom, em consonância aos resultados encontrados por Maia e Soares (2019), com mães e pais de estudantes entre 9 e 15 anos. Na análise de associação, as mães utilizaram mais Punição inconsistente, enquanto pais, Negligência (Pissaia, 2022). Tendo em vista que as mães são as que mais se responsabilizam pelo cuidado e educação dos filhos, tal associação pode estar relacionada ao fato de que a maior convivência com a criança ou adolescente também gera momentos conflitivos e desafiadores, sendo possível que se sintam confrontadas e impelidas a usar mais esse tipo de prática negativa (Pinto & Constantinidis, 2020).

Em suma, os resultados discutidos apontam associações entre diferentes estilos e práticas parentais e algumas classes de comportamentos de crianças e adolescentes com TEA, assim como práticas parentais negativas se associam a maior frequência de problemas de comportamento, e práticas positivas favorecem um melhor desenvolvimento. A despeito do avanço na área, é importante ampliar o entendimento das relações familiares com essa população específica (Portes et al., 2020).

Considerações Finais

Este capítulo abordou temática que necessita ser amplamente discutida no meio acadêmico, bem como na sociedade, de forma geral. A família é o primeiro ambiente de afeto e socialização da criança, não sendo possível dissociar seu desenvolvimento da qualidade das mediações oferecidas por aqueles que dela cuidam e educam.

A parentalidade, em sua relação com diferentes desafios que se apresentam no autismo, é um fenômeno complexo, e outras variáveis individuais, como temperamento, autorregulação emocional e coping (enfrentamento), ou socioculturais, como o papel materno de educação ou o papel paterno de provedor, definidos pela sociedade, podem ampliar a compreensão sobre a predominância de determinados estilos parentais em associação a problemas de comportamento. Esses estudos poderiam ser enriquecidos pela investigação de concepções mais recentes sobre maternidade e paternidade em substituição a modelos tradicionais de cuidado e educação de filhos.

Partindo do exposto, é essencial considerar a família como indispensável e integrada ao tratamento na infância e adolescência. Cuidadores participantes de intervenções que focalizam práticas parentais positivas podem influenciar desfechos mais adaptativos, sendo este um importante fator de proteção ao desenvolvimento.

No TEA, assim como em outros transtornos do neurodesenvolvimento, os cuidadores têm um papel central para que o tratamento intensivo e especializado seja efetivo e desenvolva o máximo potencial da criança. A inclusão dos pais nesse processo, mapeando o perfil de práticas parentais e a mediação de práticas positivas, se torna um aliado ao tratamento e um meio fundamental para intervenções clínicas bem-sucedidas.

Nesse contexto, é sobremodo importante a execução de estudos de avaliação das práticas e estilos parentais, bem como a produção de evidências de validade científica na aplicação de programas de parentalidade positiva. Esse profícuo conjunto de dados poderá subsidiar a elaboração de novas políticas públicas, em atendimento à "Lei da Parentalidade Positiva", destinadas a diminuir riscos ao desenvolvimento e prevenir violências no núcleo familiar, melhorando, assim, indicadores de qualidade de vida da população com autismo.

REFERÊNCIAS

Agostini, J. M. G., & Freitas, L. C. (2022). Habilidades sociais educativas de pais de crianças com autismo: revisão de literatura. Psicologia Escolar e Educacional, 26, e234495. https://doi.org/10.1590/2175-35392022234495

Altafim, E. R., & Linhares, M. B. M. (2022). Programa de parentalidade: Da evidência científica para a implementação em escala. Revista Brasileira de Avaliação, 11(3 spe), e111122. https://doi.org/10.4322/rbaval202211011

Alvarenga, P., Magalhães, M. O., & Gomes, Q. S. (2012) Relações entre práticas educativas maternas e problemas de externalização em pré-escolares. Estudos em Psicologia (Vol. 29(1), 33-42. https://doi.org/10.1590/S0103-166X2012000100004

Alvarenga, P. A., Weber, L. N. D., & Bolsoni-Silva, A. T. (2016). Cuidados parentais e desenvolvimento socioemocional na infância e na adolescência: uma perspectiva analítico-comportamental. Revista Brasileira de Terapia Comportamental e Cognitiva, 18(1), 4-21.

Associação Brasileira de Empresas de Pesquisa - ABEP (2019). Critério de Classificação Econômica Brasil. Disponível em: https://abep.org/wp-content/uploads/2024/02/08_cceb_2003_em_vigor_em_2003_base_lse_2000.pdf

Associação Americana de Psiquiatria (2014). Manual Diagnóstico e Estatístico de Transtornos Mentais: DSM-5. (5a ed.). Artmed.

Bagaiolo, L. F.; Pacífico, C. R.; Moya, A. C. C.; Mizael, L. D. F.; Jesus, F. S. D.; Zavitoski, M., & Asevedo, G. R. D. C. (2018). Capacitação parental para comunicação funcional e manejo de comportamentos disruptivos em indivíduos com Transtorno do Espectro Autista. Cadernos de Pós-Graduação em Distúrbios do Desenvolvimento, 18(2), 46-64. http://dx.doi.org/10.5935/cadernosdisturbios.v18n2p46-64

Bancayán, N. S. D. C., & Saldarriaga, J. V. (2019). Estilos de socialización parental: revisión sistemática. PsiqueMAg, 8(2), 55-76.

Bauminger, N., Solomon, M., & Rogers, S. J. (2010). Externalizing and internalizing behaviors in ASD. Autism Research, 3(3), 101-112.

Baumrind, D. (1966). Effects of authoritative control on child behavior. Child Development, 37, 887-907. https://doi.org/10.2307/1126611

Benites, M. R., Cauduro, G. N., Vaz, L. V., Borges, É. P. K., Selau, T., & Yates, D. B. (2021). Orientação a Práticas Parentais: Descrição de um Programa de Intervenção Individual Breve. Psicologia: Ciência e Profissão, 41. https://doi.org/10.1590/1982- 3703003192813

Bettelheim, B. (1967). The empty fortress: Infantile autism and the birth of the self. Free Press.

Bolsoni-Silva, A. T., & Loureiro, S. R. (2019). Práticas parentais: Conjugalidade, depressão materna, comportamento das crianças e variáveis demográficas. Psico-USF, 24, 69-83. https://doi.org/10.1590/1413-82712019240106

Brasil (2014). Lei 13.010 de 26 de Junho de 2014. Altera a Lei nº 8.069, de 13 de julho de 1990 (Estatuto da Criança e do Adolescente), para estabelecer o direito da criança e do adolescente de serem educados e cuidados sem o uso de castigos físicos ou de tratamento cruel ou degradante, e altera a Lei nº 9.394, de 20 de dezembro de 1996. Disponível em: https://www.planalto.gov.br/ccivil_03/_ato2011-2014/2014/lei/l13010.htm

Brasil (2024). Lei 14.826 de 20 de março de 2024. Institui a parentalidade positiva e o direito ao brincar como estratégias intersetoriais de prevenção à violência contra crianças; e altera a Lei nº 14.344, de 24 de maio de 2022. Disponível em: https://www.planalto.gov.br/ccivil_03/_ato2023-2026/2024/lei/L14826.htm

Bueno, A. C. W., & de Moura, C. B. (2009). Comportamentos de mães em interação lúdica com seus filhos pré-escolares que apresentam comportamento opositor. Contextos clínicos, 2(1), 51-58. Disponível em: http://pepsic.bvsalud.org/scielo.php?script=sci_arttext&pid=S1983- 34822009000100006

Cecconello, A. M., De Antoni, C., & Koller, S. H. (2003). Práticas educativas, estilos parentais e abuso físico no contexto familiar. Psicologia em estudo, 8, 45-54. https://doi.org/10.1590/S1413-73722003000300007

Cecconello, A. M., & Koller, S. H. (2003). Inserção ecológica na comunidade: uma proposta metodológica para o estudo de famílias em situação de risco. Psicologia: Reflexão e crítica, 16, 515-524. https://doi.org/10.1590/S0102-79722003000300010

Constantinidis, T. C., & Pinto, A. S. (2020). Revisão integrativa sobre a vivência de mães de crianças com transtorno de espectro autista. Revista Psicologia e Saúde, 12(2). https://doi.org/10.20435/pssa.v0i0.799

Costa, F. T., Teixeira, M. A. P., & Gomes, W. B. (2000). Responsividade e exigência: duas escalas para avaliar estilos parentais. Psicologia: Reflexão E Crítica, 13(3), 465–473. https://doi.org/10.1590/S0102-79722000000300014

Crittenden, P. M. (2015). Relationships at risk. In J. Belsky, & Teresa Nezworski (Eds.). Clinical implications of attachment (pp. 136-174). Lawrence Erbaum Associates.

Cruz, A. C. B., Minetto, F., & Weber, L. N. D. (2019). Adaptação do "programa de qualidade na interação familiar" para famílias com filhos com Transtorno do Espectro Autista. Revista INFAD de Psicología. International Journal of Developmental and Educational Psychology., 2(1), 399-410. https://doi.org/10.17060/ijodaep.2019.n1.v2.1473

Dishion, T. J., & McMahon, R. J. (1998). Parental monitoring and the prevention of child and adolescent problem behavior: A conceptual and empirical formulation. Clinical child and family psychology review, 1(1), 61-75.

Duarte, C. P., Silva, L. C., & Velloso, R. D. (Orgs) (2018). Estratégias da Análise do Comportamento Aplicada para pessoas com Transtornos do Espectro do Autismo (pp. 356-378). MEMNON Edições Científicas.

Eisenberg, L. (1956). The autistic child in adolescence. American Journal of Psychiatry, 112(8), 607-612. https://doi.org/10.1176/ajp.112.8.607

Eisenberg, N., & Spinrad, T. L. (2014). Multidimensionality of prosocial behavior: Rethinking the conceptualization and development of prosocial behavior. Oxford University Press. https://doi.org/10.1093/acprof:oso/9780199964772.003.0002

Fadda, G. M., & Cury, V. E. (2016). O enigma do autismo: contribuições sobre a etiologia do transtorno. Psicologia em Estudo, 21(3), 411-423. https://doi.org/10.4025/psicolestud.v21i3.30709

Fleitlich, B., Cortázar, P. G., & Goodman, R. (2000). Questionário de capacidades e dificuldades (SDQ). Infanto rev. neuropsiquiatr. infanc. adolesc, 44-50.

ranco, V. (2016). Tornar-se pai/mãe de uma criança com transtornos graves do desenvolvimento. Educar em Revista, 35-48. https://doi.org/10.1590/0104-4060.44689

Gadia, C. A., Tuchman, R., & Rotta, N. T. (2004). Autismo e doenças invasivas de desenvolvimento. Jornal de pediatria, 80, 83-94. https://doi.org/10.1590/S0021-75572004000300011

Gershoff, E. T. (2002). Corporal punishment by parents and associated child behaviors and experiences: a meta-analytic and theoretical review. Psychological bulletin, 128(4), 539.

Goelman, H., Zdaniuk, B., Boyce, W. T., Armstrong, J. M., & Essex, M. J. (2014). Maternal mental health, child care quality, and children's behavior.Journal of Applied Developmental Psychology, 35(4), 347-356. https://doi.org/10.1016/j.appdev.2014.05.003

Gomide, P. I. C. (2003). Estilos parentais e comportamento anti-social. Habilidades sociais, desenvolvimento e aprendizagem, 21-60. Alínea.

Gomide, P. I. C. (2006). Inventário de Estilos Parentais – IEP: Modelo teórico, manual de aplicação, apuração e interpretação. Vozes.

Gomide, P. I. C. (2021). Inventário de Estilos Parentais – IEP: Fundamentação Teórica, Instruções de Aplicação, Apuração e Interpretação. 4a ed. Juruá.

Gomide, P. I. C. (2014). Pais presentes pais ausentes: regras e limites. 13a ed. Petrópolis, RJ: Vozes.

Gomide, P. I. C., Salvo, C. G., Pinheiro, D. P. N., & Sabbag, G. M. (2005). Correlação entre práticas educativas, depressão, estresse e habilidades sociais. PsicoUSF, 10(2), 169-178. https://doi.org/10.1590/S1413-82712005000200008

Guimarães, M. S. da S., Martins, T. E. M., Keuffer, S. I. C., Costa, M. R. C., Lobato, J. L., Silva, Álvaro J. M. e, Souza, C. B. A. de, & Barros, R. da S. (2018). Treino de cuidadores para manejo de comportamentos inadequados de crianças com transtorno do espectro do autismo. Revista Brasileira De Terapia Comportamental E Cognitiva, 20(3), 40–53. https://doi.org/10.31505/rbtcc.v20i3.1217

Guisso, L., Bolze, S. D. A., & Viera, M. L. (2019). Práticas parentais positivas e programas de treinamento parental: uma revisão sistemática da literatura. Contextos Clínicos, 12(1), 226-255.https://doi.org/10.4013/ctc.2019.121.10

Gulliford, H., Deans, J., Frydenberg, E., & Liang, R. (2015). Teaching coping skills in the context of positive parenting within a preschool setting. Australian Psychologist, 50(3), 219-231. https://doi.org/10.1111/ap.12121

Lawrenz, P., Zeni, L. C., Arnoud, T. D. C. J., Foschiera, L. N., & Habigzang, L. F. (2020). Estilos, práticas ou habilidades parentais: como diferenciá-los?. Revista Brasileira de Terapias Cognitivas, 16 (1), 2-9. https://doi.org/10.5935/1808-5687.20200002

Linhares, M. B. M. (2015). Família e desenvolvimento na primeira infância: processos de autorregulação, resiliência e socialização de crianças pequenas. In G. A. Plucienik, M. C. Lazzari, & M. F. Chicaro (Orgs.). Fundamentos da família como promotora do desenvolvimento infantil: parentalidade em foco (pp.70-82). Fundação Maria Cecília Souto Vidigal - FMCSV. https://biblioteca.fmcsv.org.br/biblioteca/fundamentos-da-familia/

Macarini, S. M., Martins, G. D. F., Minetto, M. F. J., & Vieira, Mauro Luis. (2010). Práticas parentais: uma revisão da literatura brasileira. Arquivos Brasileiros de Psicologia, 62(1), 119-134. http://pepsic.bvsalud.org/scielo.php?script=sci_arttext&pid=S1809-52672010000100013

Maccoby, E. E., & Martin, J. A. (1983). Socialization in the context of the family: Parent–child interaction. In P. Mussen and E.M. Hetherington, editors, Handbook of Child Psychology, volume IV: Socialization, personality, and social development. New York: Wiley.

Maciel-Portes, J. R., Lima Carvalho-Amorim, M. V., & Vieira, M. L. (2022). Estilos parentais, coparentalidade e problemas de comportamento em crianças com autismo: estudo correlacional. Acta Colombiana de Psicología, 25(2), 78-89.

Mackenbach, J. D., Ringoot, A. P., van der Ende, J., Verhulst, F. C., Jaddoe, V. W., Hofman, A., & Tiemeier, H. W. (2014). Exploring the relation of harsh parental discipline with child emotional and behavioral problems by using multiple informants. The generation R study. PloS one, 9(8), e104793.

Maia, F. A., & Soares, A. B. (2019). Diferenças nas práticas parentais de pais e mães e a percepção dos filhos adolescentes. Estudos Interdisciplinares em Psicologia, 10(1), 59–82. https://doi.org/10.5433/2236-6407.2019v10n1p59

Mapelli, L. D., Barbieri, M. C., Castro, G. V. D. Z. B., Bonelli, M. A., Wernet, M., & Dupas, G. (2018). Criança com transtorno do espectro autista: cuidado na perspectiva familiar. Escola Anna Nery, 22.

Marinho, M. T., & Martins, I. C. (2021). Práticas educativas com enfoque parental para a promoção do desenvolvimento infantil na primeira infância: uma revisão. Revista Ibero-Americana de Humanidades, Ciências e Educação, 7(5), 83-97.

Marino, R. L. D. F. (2015). Práticas educativas parentais e sua relação com o perfil comportamental e desempenho cognitivo de crianças com transtorno de déficit de atenção e hiperatividade. [Dissertação de Mestrado]. Universidade Presbiteriana Mackenzie. http://dspace.mackenzie.br/handle/10899/22685

Marteleto, M. R. F., Schoen-Ferreira, T. H., Chiari, B. M., & Perissinoto, J. (2011). Problemas de comportamento em crianças com transtorno autista. Psicologia: Teoria e Pesquisa, 27(1), 5-12. https://doi.org/10.1590/S0102-37722011000100002

Martin-Raugh, M. P., Kell, H. J., & Motowidlo, S. J. (2016). Prosocial knowledge mediates effects of agreeableness and emotional intelligence on prosocial behavior. Personality and Individual Differences, 90, 41-49. https://doi.org/10.1016/j.paid.2015.10.024

Medda, J. E., Kitzerow, J., Schlitt, S., Berndt, K., Schwenck, C., Uhlmann, L., & Freitag, C. M. (2021). Pre-Post Effects of the Psychoeducational, Autism-Specific Parent Training FAUT-E. Zeitschrift für Kinder-und Jugendpsychiatrie und Psychotherapie, 49(2), 134– 143. https://doi.org/10.1024/1422-4917/a000781

Minetto, M. D. F., & Cruz, A. C. B. D. (2018). Práticas educativas parentais: autonomia e expressão de afeto. Revista INFAD de Psicología. International Journal of Developmental and Educational Psychology, 1(1), 155–164. https://doi.org/10.17060/ijodaep.2018.n1.v1.1181

Mohammadi, F., Rakhshan, M., Molazem, Z., & Gillespie, M. (2019). Competência parental de pais de crianças com transtorno do espectro autista: uma revisão sistemática. Investigación y Educación en Enfermería, 37(3). https://doi.org/10.17533/udea.iee.v37n3e03

Mota, C. P., & Ferreira, S. D. (2019). Estilos parentais, competências sociais e o papel mediador da personalidade em adolescentes e jovens adultos. Análise Psicológica, 3(XXXVII), 269-284. https://doi.org/10.14417/ap.1548

Mota, A. C. W., Vieira, M. L., & Nuernberg, A. H. (2020). Programas de intervenções comportamentais e de desenvolvimento intensivas precoces para crianças com TEA: uma revisão de literatura. Revista Educação Especial, 33, 1-27. http://dx.doi.org/10.5902/1984686X41167

Navroodi, S. O. S.; Nicknam, M.; Ahmadi, A.; Roodbarde, F. P., & Azami, S. (2018). Examining the effectiveness of group positive parenting training on increasing hope and life satisfaction in mothers of children with autism. Iranian journal of psychiatry, 13(2), 128. https://pubmed.ncbi.nlm.nih.gov/29997658/

Neto, A. R. D., Silva, I., Lima, L., Dantas, M., & Silva, V. (2022). Família: uma ponte para a superação da criança autista. Revista Ibero-Americana De Humanidades, Ciências E Educação, 8(5), 1823–1834. https://doi.org/10.51891/rease.v8i5.5592

Oliveira, J. M., & Alvarenga, P. (2015). Efeitos de uma intervenção com foco nas práticas de socialização parentais sobre os problemas internalizantes na infância. Revista Brasileira de Terapia Comportamental e Cognitiva, 17(2), 16-32. https://doi.org/10.31505/rbtcc.v17i2.747

Oliveira, R. N., Nóbrega, M. R., Carvalho, L. O. R., Mendes, L. G. L., Pereira, J., Franca, V. R. O., Almeida, P. do C., & Lopes, J. V. (2020). O Autismo no Contexto Familiar/ Autism in the Family Context. Brazilian Journal of Development, 6(1), 3065–3076. https://doi.org/10.34117/bjdv6n1-222

Oliveira, J. J. M., Schmidt, C., & Pendenza, D. P. (2020). Intervenção implementada pelos pais e empoderamento parental no Transtorno do Espectro Autista. Psicologia Escolar e Educacional, 24, e218432. https://doi.org/10.1590/2175-35392020218432

Pinheiro, M. I. S., Haase, V. G., Del Prette, A., Amarante, C. L. D., & Del Prette, Z. A. P. (2006). Treinamento de habilidades sociais educativas para pais de crianças com problemas de comportamento. Psicologia: Reflexão e Crítica, 19, 407-414. https://doi.org/10.1590/S0102-79722006000300009

Pires, M. F. D. N., Roazzi, A., Nascimento, A. M., Souza, B. C., & Nascimento Mascarenhas, S. A. (2019). A influência das práticas parentais no desenvolvimento da criança: Uma revisão de literatura. Amazônica, 22(2), 282-309.https://periodicos.ufam.edu.br/index.php/amazonica/article/view/5134

Pissaia, A. T. (2022). Estilos Parentais e Comportamentos de Crianças e Adolescentes com Transtorno do Espectro Autista. [Dissertação de mestrado], Universidade Federal do Espírito Santo]. https://sappg.ufes.br/tese_drupal/tese_15297_Disserta%E7%E3o%20Andresssa%20-%20PDF%20FINAL.pdf

Pluciennik, G. A., Lazzari, M. C., & Chicaro, M. F. (2015). Fundamentos da família como promotora do desenvolvimento infantil: parentalidade em foco. Fundação Maria Cecília Souto Vidigal - FMCSV. https://biblioteca.fmcsv.org.br/biblioteca/fundamentos-da-familia/

Portes, J. R. M., Vieira, M. L., Souza, C. D. D., & Kaszubowski, E. (2020). Parental styles and coparenting in families with children with autism: cluster analysis of children's behavior. Estudos de Psicologia (Campinas), 37, e190143.https://doi.org/10.1590/1982-0275202037e190143

Prata, J., Lawson, W., & Coelho, R. (2018). Parent training for parents of children on the autism spectrum: A review. International Journal of Clinical Neurosciences and Mental Health, 5(3), 1-8. https://doi.org/10.21035/ijcnmh.2018.5.3

Reedtz, C., Handegård, B.H., & Mørch, W. (2011). Promoting positive parenting practices in primary pare: Outcomes and mechanisms of change in a randomized controlled risk reduction trial. Scandinavian Journal of Psychology, 52(2), 131-137. https://doi.org/10.1111/j.1467-9450.2010.00854.x

Reis, S. T., & Lenza, N. (2019). A Importância de um diagnóstico precoce do autismo para um tratamento mais eficaz: uma revisão da literatura. Revista Atenas Higeia, 2(1), 1-7. http://atenas.edu.br/revista/index.php/higeia/article/view/19

Rodrigues, D. A., Santos, K. L., Albuquerque, T. M. N., & Araújo, L. M. S. de. (2021). Os Impactos Psicossociais do Diagnóstico do Autismo no Contexto Familiar: Uma Revisão Integrativa. Gep News, 2(2), 66–75. https://www.seer.ufal.br/index.php/gepnews/article/view/12275

Rogge, N., & Janssen, J. (2019). The economic costs of autism spectrum disorder: A literature review. Journal of Autism and Developmental Disorders, 49(7), 2873-2900. https://doi.org/10.1007/s10803-019-04014-z

Ryan, R. M., & Deci, E. L. (2020). Intrinsic and extrinsic motivation from a self-determination theory perspective: Definitions, theory, practices, and future directions. Contemporary Educational Psychology, 61, 101860. https://doi.org/10.1016/j.cedpsych.2020.101860

Sabbag, G. M. (2017). Práticas educativas maternas e comportamento pró-social infantil. [Tese de Doutorado]. Programa de Pós-Graduação em Psicologia. Universidade Federal de Santa Catarina. http://www.nepedi.ufsc.br/files/2011/06/Tese-Gabriela-Sabbag-2017.pdf

Salvo, C. G., Silvares, E. F. M., & Toni, P. M. (2005). Práticas educativas como forma de predição de problemas de comportamento e competência social. Estudos de Psicologia (Campinas), 22(2), 187-195. https://doi.org/10.1590/S0103-166X2005000200008

Sameroff, A. J., & Fiese, B. H. (2000). Models of development and developmental risk. In C. H. Zeanah, Jr. (Ed.), Handbook of infant mental health (pp. 3–19). The Guilford Press.

Sampaio, I. T. A., & Gomide, P. I. C. (2017). Inventário de estilos parentais (IEP) – Gomide (2006) percurso de padronização e normatização. Psicologia Argumento, 25(48), 15-26. https://doi.org/10.7213/rpa.v25i48.19675

Santos, L. S., Dias, C. M. L., & Novo, B. N. (2017). O uso do treinamento parental como técnica interventiva em crianças com transtorno do espectro autista (TEA) na cidade de Teresina, estado do Piauí, Brasil. Revista Científica Semana Acadêmica, Fortaleza, ano MMXVII, Nº. 000110.

Saur, A. M., & Loureiro, S. R. (2012). Qualidades psicométricas do Questionário de Capacidades e Dificuldades: revisão da literatura. Estudos de Psicologia, 29(4), 619-629. https://doi.org/10.1590/S0103-166X2012000400016

Schmidt, B., Staudt, A. C. P., & Wagner, A. (2016). Intervenções para promoção de práticas parentais positivas: uma revisão integrativa. Contextos Clínicos. São Leopoldo, 9(1), 2-18. https://doi.org/10.4013/ctc.2016.91.01

Semensato, M. R., & Bosa, C. A. (2017). Crenças indicativas de resiliência parental no contexto do autismo. Psicologia: teoria e pesquisa, 33. https://doi.org/10.1590/0102.3772e33416

Silva Bragagnolo, M. N., Marques Rodrigues Otaviano, D. A., Souza Silva, K. H., Tetnezer, L., Saturnino de Oliveira, M. M., Vieira Damiani, G., Masson, V. A., & Porto de Abreu D' Agostini, F. C. (2023). A influência da família no tratamento do paciente com transtorno do espectro autista. Saúde Coletiva (Barueri), 13(87), 12987–13000. https://doi.org/10.36489/saudecoletiva.2023v13i87p12987-13000

Skinner, E. A., & Edge, K. (2002). Self-determination, coping and development. In E. L. Deci & R. M. Ryan (Eds.), Handbook of self-determination research (pp.297-337). University of Rochester Press.

Sousa, K. P. D. A., Couto, R. N., & Medeiros, E. D. D. (2023). Estilos parentais como fator de proteção ou risco ao consumo de álcool. Psicología, Conocimiento y Sociedad, 13(1), 54-66.

Toni, C. G. S., & Hecaveí, V. A. (2014). Relações entre práticas educativas parentais e rendimento acadêmico em crianças. Psico-USF, Bragança Paulista, 19 (3), 511-521.

04

PARENTALIDADE NO TEA: ESTRESSE E *COPING*

Déborah Menezes Anacleto
Fabiana Pinheiro Ramos

Estresse no Contexto do Cuidado de Crianças com Autismo

O estresse pode ser definido como uma reação psicofisiológica adaptativa diante de demandas percebidas pelo indivíduo como excedentes aos recursos que dispõe no momento (Lazarus & Folkman, 1984). Assim, diante de uma situação de perigo ou ameaça, produzimos uma reação natural em nosso organismo, que serve para nos colocar em estado de alerta para respondermos a esta situação. O estresse, dessa maneira, possui função essencial para a sobrevivência da espécie; todavia, a exposição contínua a estressores, sem os recursos necessários para enfrentar as situações podem causar prejuízos ao bem-estar e à saúde dos indivíduos (Carvalho-Filha et al., 2018).

Várias situações podem desencadear estresse no contexto da parentalidade de crianças e adolescentes. Nesse cenário, as condições próprias do Transtorno do Espectro Autista (TEA) podem resultar no aumento do estresse familiar (Efstratopoulou et al., 2022; Roiz & Figueiredo, 2023), inclusive maior que em outras populações com filhos sem o transtorno (Faro et al., 2019). O autismo é uma condição do neurodesenvolvimento caracterizada por dificuldades na comunicação e na interação social, além de padrões de comportamento repetitivos e interesses restritos que impactam significativamente a vida dos indivíduos (APA, 2023). Por ser um espectro, o TEA apresenta uma ampla variação de manifestações e sintomas podendo ser acompanhado por outras condições, como déficits intelectuais, altas habilidades, transtornos do sono, do humor, ansiedade, entre outras. As causas do TEA são multifatoriais, envolvendo fatores genéticos e ambientais (Corrêa, 2017).

Decorrente do transtorno, as habilidades sociais, motoras, de comunicação, autocuidado, planejamento, flexibilidade cognitiva, memória de trabalho e controle inibitório sofrem comprometimento (Cardoso & Pitanga, 2020). Tais dificuldades geram inúmeros impactos para a rotina familiar dos cuidadores, sendo importante que a criança, ao receber o diagnóstico, tenha acesso ao tratamento precoce e adequado para o desenvolvimento das habilidades deficitárias ou na melhoria das habilidades já em desenvolvimento. Além disso, é importante auxiliar os familiares com os estressores decorrentes do diagnóstico e tratamento (Varella, 2018).

Nesse cenário, as mães assumem predominantemente os cuidados com os filhos com o diagnóstico, tanto nos cuidados da vida diária quanto no tratamento das crianças e adolescentes com o transtorno, mesmo quando desempenham diferentes funções como cuidar dos filhos, da casa e ainda trabalhar fora, conforme demonstra a literatura da área (Bosa, 2016; Moreira et. al., 2020; Prychodco & Bittencourt, 2022; Machado et al., 2018). Já a participação dos pais (homens) nos cuidados geralmente está relacionada a atividades fora de casa como passear de carro, ouvir música, brincar, ficar observando para que a criança não se machuque ou levar à terapia (Smeha & César, 2011). Não obstante, a presença e o envolvimento paterno nos cuidados com os filhos vem sendo redefinidos com os anos, de uma participação do pai como provedor para maior participação nos cuidados diários, mas ainda se encontra em processo de mudança (Viera et al., 2014).

Pesquisas com cuidadores de crianças com TEA demonstram que as famílias precisaram reestruturar suas vidas, principalmente as mães, saindo ou trocando de emprego, e principalmente reduzindo a carga horária de trabalho para se dedicarem aos cuidados dos filhos (Favero & Santos 2005; Prychodco & Bittencourt, 2022). Outro impacto gerado pelo transtorno se refere à dependência e a falta de autonomia dos filhos com o TEA, exigindo das famílias maior dedicação aos cuidados diários de alimentação, transporte e higiene (Matsukura & Menecheli, 2011; Prychodco & Bittencourt, 2022).

Dessa maneira, os cuidados necessários para com uma criança com TEA exigem dos cuidadores maior disponibilidade de tempo, recursos pessoais, financeiros, manejos e adaptações que podem exceder os recursos da família. Diante destas demandas, os estudos têm apresentado que os principais estressores para os cuidadores de crianças com autismo na vida diária são: a dependência dos filhos para a alimentação e higiene, a falta de comunicação funcional, os comportamentos desafiadores, a falta de suporte social, e as dificuldades financeiras (Efstratopoulou et al., 2022; Ilias et al., 2018; Kiquio et al., 2018).

A esse respeito, Carvalho e colaboradores (2018) realizaram uma pesquisa com 32 mães de crianças com TEA, com o objetivo de encontrar os principais indicadores de estresse nas mães. Os resultados demonstraram que os problemas comportamentais e emocionais das crianças com TEA, principalmente comportamentos externalizantes, dificuldades de comunicação, severidade do transtorno são os principais fatores que geram estresse nessa população. Já em um outro estudo, Selvakumar e Panicker (2020) avaliaram os sintomas de depressão, ansiedade e estresse em 30 mães de crianças com TEA. Os resultados indicaram presença significativa de sintomas depressivos e ansiosos nas mães, bem como comprometimento na sua qualidade de vida.

Nesse contexto, pesquisas têm demonstrado que as condições próprias do TEA podem causar um desequilíbrio familiar por afetar, principalmente, os processos de comunicação e a reciprocidade das relações interpessoais, assim como as relações conjugais, a percepção de sobrecarga, o impacto da relação dos pais com outros filhos, a relação entre irmãos, e ocasionar dificuldades financeiras e isolamento social (Cezar & Smeha, 2016; Meimes et al., 2015; Misquiatti et al., 2015). Esses fatores são considerados como fatores de risco para o adoecimento de familiares de pessoas com TEA, que podem apresentar, por exemplo, estresse maior que a população de pais de crianças sem o transtorno (Amaral, 2013; Faro et al., 2019; Hickey et al., 2019). Assim, diante dos estressores predominantes no contexto do TEA, o estudo do enfrentamento (*coping*) merece destaque, considerando os efeitos na saúde física, psicológica e social do cuidador no longo prazo.

Enfrentamento (*coping*) dos estressores do TEA

A perspectiva motivacional do enfrentamento define os eventos estressantes como aqueles que ameaçam ou desafiam as necessidades psicológicas básicas de autonomia, competência e de relacionamento (Skinner & Wellborn, 1994). A percepção da situação estressora como ameaça ou desafio, está relacionada ao risco que a situação apresenta para as necessidades psicológicas básicas, e sofre influência das experiências que o indivíduo possui com o ambiente social e dos recursos disponíveis (Skinner & Wellborn, 1994).

Dessa maneira, a Teoria Motivacional do *Coping* (TMC) define o enfrentamento como processo de autorregulação do comportamento, da emoção e da orientação motivacional em situações estressoras objetivando manter ou restaurar as necessidades psicológicas básicas de relacionamento, competência e autonomia (Ramos et al., 2015). A necessidade básica de relacionamento caracteriza-se por avaliações da disponibilidade ou ausência de parceiros confiáveis. Já a necessidade de competência envolve avaliações de quanto controle o indivíduo possui para solucionar as demandas.

A necessidade de autonomia, por sua vez, envolve avaliações para ação autodeterminada frente às opções disponíveis no ambiente (Zimmer-Gembeck & Skinner, 2011). Tais necessidades envolvem padrões de respostas e tendência à ação diferentes diante de uma situação estressora, como por exemplo, ter um filho com TEA, e estão ligadas, respectivamente, a três processos adaptativos: coordenação da confiança e dos recursos disponíveis, coordenação das ações e das contingências no ambiente, e coordenação das preferências e opções disponíveis (Zimmer-Gembeck & Skinner, 2011).

A TMC classifica as estratégias de enfrentamento em 12 macrocategorias, denominadas de "famílias de *coping*", que consistem no agrupamento das estratégias que possuem funções semelhantes, sendo elas: autoconfiança, busca de suporte, delegação e isolamento (relacionadas à percepção de ameaça ou desafio à necessidade de relacionamento); resolução de problemas, busca de suporte, desamparo e fuga (relacionadas à percepção de ameaça ou desafio à necessidade de competência); acomodação, negociação, submissão e oposição (relacionadas à percepção de ameaça ou desafio à necessidade de autonomia) (Skinner et al., 2003). Dessa maneira, quando a percepção do estressor é avaliada como um desafio, a tendência de ação envolve padrões de engajamento, e quando a percepção é identificada como ameaça, desengajamento (Skinner & Wellborn, 1994).

No contexto dos desafios envolvidos nos cuidados de uma criança com TEA, as principais estratégias adaptativas adotadas pelos cuidadores, e descritas na literatura, são a busca de suporte, a resolução de problemas e a busca de informação. E como estratégias mal adaptativas, o isolamento, a fuga e a oposição, o que pode contribuir para a manutenção de altos níveis de estresse nos familiares (Efstratopoulou et al., 2022). A Teoria Motivacional do *Coping* defende que as experiências influenciam a forma como os pais e as mães enfrentam as situações do cotidiano e também influenciam no engajamento ou no desengajamento. Sendo assim, a repetição de algumas estratégias pode, a longo prazo, contribuir para o acúmulo de vulnerabilidades, tal como baixa autoeficácia percebida e hostilidade, reforçando padrões desengajados de respostas (Skinner, 1992; Skinner et al., 2003).

Nesse cenário, em um estudo realizado por Efstratopoulou et al. (2022) com a participação de 75 pais de crianças com TEA, identificou-se que as principais estratégias adotadas diante de eventos estressores, como comportamentos desafiadores dos filhos, incluíram a busca por suporte familiar, social e profissional. Os resultados mostraram que um maior nível de suporte social recebido pela família estava associado a menores índices de estresse parental. De forma semelhante, em uma pesquisa conduzida na Índia, Selvakumar & Panicker (2020) investigaram as estratégias de enfrentamento utilizadas por 30 mães de crianças com TEA. O estudo revelou que as principais abordagens adotadas incluíram suporte religioso, ressignificação positiva, planejamento e aceitação diante dos desafios enfrentados.

Assim, conhecer as limitações de pais e mães em adotarem as estratégias mais funcionais para lidar com as situações estressantes provenientes da convivência com pessoa com TEA pode auxiliar os profissionais a adotarem melhores práticas de trabalho, buscando desenvolver orientações mais direcionadas que promovam engajamento dos cuidadores no tratamento. Dessa maneira, identificar os potenciais fatores que podem facilitar o engajamento dos pais e mães no tratamento de seus filhos com TEA é fundamental. Essas contribuições são essenciais para promover um maior protagonismo das famílias no desenvolvimento das habilidades de seus filhos. Dessa maneira, este capítulo apresenta os estressores e as estratégias de enfrentamento adotadas por uma amostra de pais e mães de crianças e adolescentes com TEA frente aos desafios da convivência no cotidiano.

Aspectos do Estudo sobre Estresse e *Coping* de Cuidadores de Crianças e Adolescentes com TEA e seus Resultados

A pesquisa foi desenvolvida com metodologia qualitativa, de natureza exploratória. A técnica utilizada para coleta dos dados foi entrevista semiestruturada (com roteiro de elaboração própria), contendo perguntas relacionadas às variáveis do estudo. Também foi aplicado um questionário sociodemográfico para caracterização da amostra pesquisada.

A amostra foi composta por mães e pais de crianças e adolescentes com o diagnóstico de TEA. Como critério de participação os cuidadores precisavam residir na mesma casa em que o(a) filho(a) com TEA; a criança/adolescente ter recebido o diagnóstico há mais de 1 ano e estar participando de alguma modalidade de tratamento. Após a aprovação pelo Comitê de Ética (Parecer n. 6.334.132), a divulgação da pesquisa foi realizada por meio de aplicativos como *Whatsapp* e *Instagram*, além das indicações dos próprios participantes.

Os participantes selecionados participaram da entrevista de forma online via *Zoom*, após a assinatura do Termo de Consentimento Livre e Esclarecido. As entrevistas foram gravadas e transcritas via *Software Transkription®* e seu conteúdo foi analisado e tratado pela técnica de Análise de Conteúdo (Bardin, 2016), seguindo as etapas de: 1) pré-análise dos dados, com leitura flutuante do material; 2) preparação do material, por meio do agrupamento das respostas com base em características em comum; 3) categorização, com agrupamento das características em comum dentro dos eixos temáticos escolhidos e seguindo os princípios de exclusão, homogeneidade, pertinência, fidelidade e produtividade; e, 4) releitura, para confirmação ou alteração da categorização.

Os eixos temáticos escolhidos para a Análise de Conteúdo, a fim de responder aos objetivos da pesquisa, foram: estressores; percepção do estressor; percepção do suporte recebido pelos cuidadores; percepção de preparo para lidar com os estressores. Já os conteúdos relacionados às estratégias de enfrentamento foram analisados pelo sistema de categorização proposto pela TMC (Skinner et al., 2003) formado pelas 12 famílias de coping, definidas a priori.

A amostra foi composta por 29 mães (81%) e 7 pais (19%), sendo a média de idade das mães 41,5 anos e dos pais, de 44 anos. A maioria dos participantes possuía ensino superior completo (79% das mães e 72% dos pais) e, outra parte, ensino médio (21% das mães e 28% dos pais). A carga horária de trabalho das mães variou de 20 a 56 horas de trabalho semanal e dos pais variou entre 20 a 40 horas semanais. Quanto ao estado civil, 79% das mães eram casadas, 17% mães divorciadas e 4% das mães solteiras; enquanto que 100% dos pais eram casados. Os filhos dos participantes eram majoritariamente meninos (31) com nível de suporte 3 e meninas com nível de suporte 1.

Assim, no que se refere ao perfil sociodemográfico, a amostra foi composta majoritariamente por mulheres-mães (81%), corroborando com outros estudos da literatura quanto à participação feminina em pesquisas, assim como em assumir com mais frequência e intensidade as responsabilidades em relação aos filhos com TEA (Monhol et al., 2021; Moreira et. al., 2020). Dessa maneira, a participação masculina foi de 7 pais (19%), envolvendo tanto desistências dos pais em participar da pesquisa, como relatos de sentir vergonha de participar e compartilhar a experiência com o filho com TEA.

Esse aspecto também foi observado no estudo de Burrell e colaboradores (2017), no qual 20 participantes homens se inscreveram na pesquisa, mas apenas 8 efetivamente participaram. Esse dado sinaliza a importância de que os profissionais que acompanham o público de famílias com TEA estejam atentos na escuta destes pais, possibilitando espaços para o desenvolvimento e avanço de aceitação e expressão das experiências paternas. Além disso, no que se refere aos filhos com TEA, predominou o sexo masculino, conforme esperado, uma vez que a estimativa de proporção é de 4 meninos para 1 menina (Ribeiro, 2022).

A Análise de Conteúdo indicou a elaboração de 18 categorias de estressores na percepção dos participantes, a saber, "dificuldade de comunicação da criança/adolescente" (10%); "comportamentos autolesivos e heterolesivos" (9%); "constante estado de alerta" (9%); "falta de preparo das escolas" (9%); "julgamentos" (8%); locais públicos" (7%); "rotina de sono" (7%); "falta de autonomia do filho com TEA" (7%); "recusa dos filhos em seguir as atividades" (5%); "demandas de deslocamentos para as terapias" (5%); "choro" (5%); "comportamentos imprevisíveis" (4%); "conciliar demandas de filhos com e sem o TEA" (3%); "desfralde" (3%); "falta de suporte" (3%); "encontrar cuidador/babá" (2%); "estereotipias" (2%); e "dificuldade de aprendizado da criança" (2%).

Assim, os principais estressores apresentados pelos participantes da pesquisa foram as dificuldades de comunicação dos filhos, o entender e ser compreendido pelas crianças e adolescentes com o TEA, os comportamentos auto e heterolesivos; assim como o constante estado de alerta dos pais e das mães aos comportamentos dos filhos em diferentes contextos, dentre outros, estressores estes também encontrados na literatura da área (Misquiatti et al., 2015). A falta de preparo das escolas também se apresentou como um evento estressante para os pais e mães, por perceberem que os filhos ficam muito "livres", o que pode prejudicar o aprendizado da criança, além de não serem incluídos nas atividades educacionais.

Além disso, os pais e mães com mais de um filho, relataram ser desafiador mediar a atenção para o filho com e sem o transtorno. Outros estudos também apresentam resultados semelhantes quanto à atenção dada aos filhos sem o transtorno, devido às necessidades de cuidados do filho com TEA, sendo desafiador para as famílias encontrar equilíbrio na distribuição do tempo com os filhos com e sem o transtorno (Loureto & Moreno, 2016). Não obstante, houve diferença no relato dos estressores, considerando-se homens e mulheres, respectivamente pais e mães de crianças e adolescentes com TEA, sendo alguns estressores referidos apenas pelas mães, como pode ser visto na Figura 1.

Figura 1. Estressores relatados por pais e mães de crianças e adolescentes com TEA.

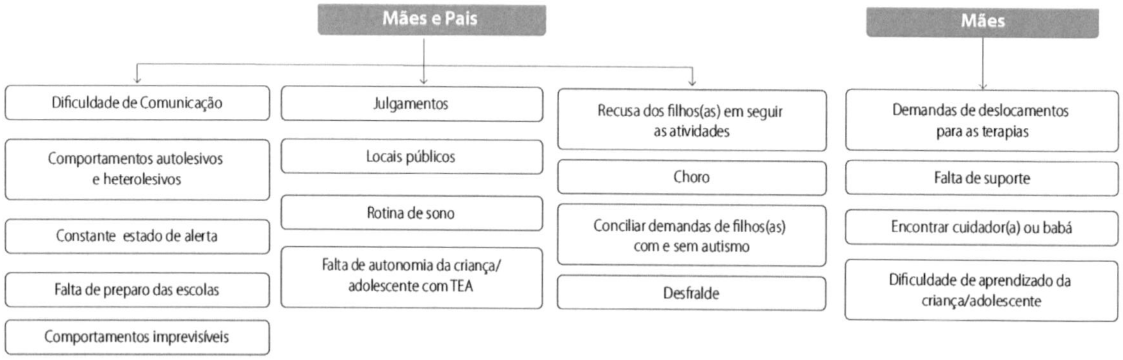

Fonte: elaboração própria.

Percebe-se que alguns estressores são apontados apenas pelas mães, por exemplo: "deslocamentos para as terapias"; "falta de suporte"; "encontrar babá ou cuidadora"; e "estereotipias". A maior parte dos pais e das mães realizavam conjuntamente os cuidados com os filhos, entretanto, as mães assumiam mais responsabilidades em relação aos pais, situação também apontada em outros trabalhos da área (Burrell et al., 2017; Portes & Vieira, 2022). Isso pode ter relação com aspectos culturais e sociais, uma vez que é esperado que as mães assumam o papel de cuidado com os filhos mesmo quando elas desempenham outras funções como cuidar da casa e ainda trabalhar (Prychodco & Bittencourt, 2022), e que os pais, por sua vez, se envolvam preferencialmente com o trabalho (Pinto et al., 2016; Ponte & Araújo, 2022), o que ainda reflete a existência de padrões de divisão das tarefas estereotipados por gênero.

Nesse contexto, a presença e o envolvimento paterno na rotina de cuidados com os filhos vêm sendo redefinida, com aumento da participação. No entanto, tais mudanças ainda são incipientes e não se aplicam a todos os contextos sociais e culturais, estando, ainda, em construção (Vieira et al., 2014). Enquanto isso, o desequilíbrio entre as responsabilidades nas tarefas de cuidado realizadas pelos pais e mães contribui para a sobrecarrega materna. Se faz necessário, portanto, alterações na dinâmica dos papéis parentais para que assim, com maior participação paterna, haja redução da sobrecarga das mães (Vieira et al., 2014), aspecto indicado nas verbalizações das participantes deste estudo. Além disso, se faz necessário ampliar a rede de apoio às famílias com filhos com TEA, contribuindo para a redução da sobrecarga familiar (Portes & Vieira, 2022).

Os resultados indicaram, ainda, que 28% dos participantes percebiam os estressores do dia a dia como desafios, 55% como ameaças, e 17% da amostra responderam que uma mesma situação estressora pode ser percebida como desafio ou ameaça dependendo dos acontecimentos do dia. Já em relação à percepção de estar preparado ou não para lidar com tais estressores, 44% da amostra se sente preparada, 39% se sentem despreparados e 17% da amostra disseram depender das experiências do dia.

Nesse cenário, a maior parte da mostra considerou os eventos estressantes como ameaças (55%), sendo que 44% dos participantes se sentiam preparados para lidar com os estressores. A percepção de estresse como ameaça ou desafio pela TMC está relacionada ao risco que a situação apresenta às necessidades psicológicas básicas e sofre influência das experiências do indivíduo e dos recursos disponíveis (Ramos et al., 2015). Assim, a percepção de ameaça acontece quando os recursos disponíveis no ambiente são escassos, tornando o indivíduo incapaz de lidar com a situação (Lazarus & Folkman, 1984; Skinner et al., 2003), o que pode trazer impactos negativos na saúde mental dos indivíduos no longo prazo.

No que se refere aos fatores que contribuíram para os participantes se sentirem preparados para lidar com os estressores foram destacados: estudar sobre o autismo, realizar atendimento psicoterapêutico, ter uma rede de apoio, a própria vivência e a experiência no dia a dia, assim como as orientações e os treinamentos fornecidos pela equipe que acompanha a criança. Em relação aos resultados quanto à percepção de preparo para lidar com as situações desafiadoras, 39% da amostra não se considera preparada, 44% disseram se sentir preparada e 17% dos cuidadores disseram que depende de como eles estão emocionalmente.

Assim, embora a percepção do estressor tenha sido avaliada pelos participantes majoritariamente como uma ameaça às suas necessidades básicas, a amostra conseguiu adotar estratégias de enfrentamento mais adaptativas. Nesse sentido, as mães empregaram estratégias das famílias de resolução de problemas, busca de suporte, busca de informação, autoconfiança, acomodação e negociação, coerente com o apontado em outros estudos da área (Almeida et al., 2023; Carvalho-Filha et al., 2018; Efstratopoulou et al., 2022). Já os pais homens também adotaram as mesmas estratégias, com exceção da família de *coping* de busca de informação e da acomodação (que implica na busca de orientação e mudança de foco da situação dada a impossibilidade de alteração do estressor), diferença esta que pode estar relacionada a fatores como a maior presença da mãe na rotina de cuidados da criança. As diferentes estratégias de enfrentamento utilizadas por pais e mães podem ser vistas na Figura 2.

Figura 2. Estratégias de enfrentamento relatadas por pais e mães de crianças e adolescentes com TEA.

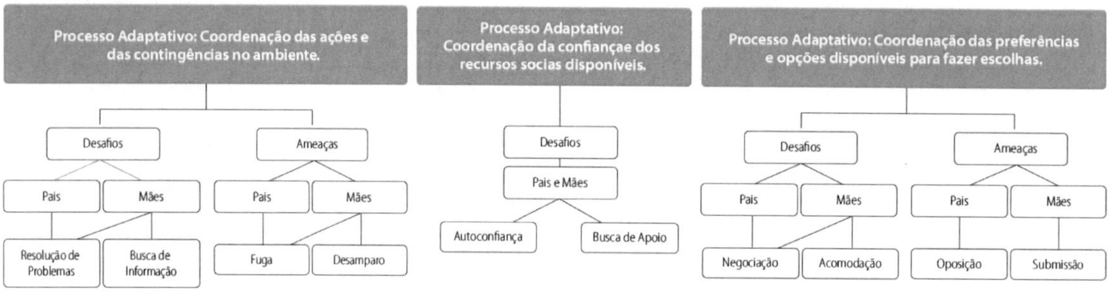

Fonte: elaboração própria.

A família "resolução de problemas" reúne as estratégias de enfrentamento que juntas possuem a mesma função de resolver a situação. Dessa maneira, os participantes apresentaram verbalizações que indicam que diante das situações estressoras, procuram se antecipar, planejar ações, modificar variáveis para lidar com os comportamentos dos filhos (as). Já na família "busca de informação", os cuidadores relataram que procuraram estudar sobre o autismo, tirar dúvidas e pedir orientações para os (as) terapeutas que acompanham o filho (a) com o diagnóstico.

A família de "autoconfiança" refere-se às estratégias de regulação emocional e comportamental. Os participantes relataram que diante das situações estressantes buscam se autorregular possibilitando assim ações mais racionais diante dos estressores. No que tange à família "busca de suporte", os cuidadores buscam ajuda dos terapeutas, dos familiares (cônjuges e avós) e também ajuda medicamentosa.

A família nomeada "acomodação", agrupa um conjunto de estratégias de aceitação e adaptação à situação estressora. Observa-se nas falas das mães além da tentativa de modificar a situação estressora, a aceitação da realidade e o direcionamento da atenção para situações positivas. Já as estratégias da família de "negociação" são mais utilizadas pela amostra na relação com seus filhos, quando fazem acordos, barganhas e combinados como forma de conseguirem que estes façam as atividades propostas para o momento.

Quanto às estratégias mal adaptativas, as mães apresentaram estratégias das famílias de desamparo, com tentativas aleatórias e sem sucesso na resolução do problema, como por exemplo, não saber o que fazer diante do comportamento de choro constante do filho, procurando cessar a situação estressora cedendo às necessidades do momento; e da família de submissão, como quando se sentem impotentes e não conseguem alternativas para mudar a situação, por exemplo, a dependência dos filhos. Os pais, por sua vez, apresentaram estratégias mal adaptativas das famílias de fuga e oposição, como na saída de locais públicos, e ou na tentativa de remover o estressor de forma explosiva. Estratégias da família de coping de isolamento, apresentada na literatura (Machado et al., 2018), não foram mencionadas pela amostra desta pesquisa, que referiu busca de suporte, encontrando apoio na própria família ou nos profissionais de saúde.

Dessa maneira, as estratégias utilizadas pelos cuidadores mães e pais desta amostra estão em consonância com outros estudos da área quanto às famílias de *coping* de autoconfiança, busca de suporte, acomodação e resolução de problemas; mas não quanto à família de coping isolamento, (Carvalho-Filha et al., 2018; Almeida et al., 2023; Efstratopoulou et al., 2022; Selvakumar & Panicker, 2020; Schmidt et al., 2007; Portes & Vieira, 2022). As estratégias de enfrentamento adotadas pelos pais e pelas mães, possuem, assim, majoritariamente caráter adaptativo, o que significa dizer que diante das situações estressantes os cuidadores conseguem, em sua maioria, adotar estratégias que no longo prazo tendem a produzir resultados positivos, na tentativa de remover ou solucionar a situação estressora.

Considerações Finais

A literatura da área, corroborada pelos achados do estudo aqui relatado, indica que tanto mães quanto pais vivenciam estressores específicos advindos da relação com a criança ou adolescente com TEA. Apesar das demandas significativas associadas à tal rotina e a importante presença de estressores ligados ao cuidado da criança, os cuidadores demonstraram adotar estratégias de enfrentamento preferencialmente adaptativas, conseguindo manejar os desafios contínuos frente ao convívio com filhos com o TEA.

Destaca-se a necessidade de políticas públicas que garantam suporte às famílias de pessoas com TEA, bem como a implementação de programas voltados ao acolhimento dos cuidadores, buscando promover espaços de escuta, capacitação especializada e apoio contínuo, contribuindo para a redução dos impactos dos estressores cotidianos e para a melhoria da qualidade de vida dessas famílias. Tais medidas ampliarão ainda mais as possibilidades de enfrentamento dos estressores típicos do transtorno.

REFERÊNCIAS

Almeida, F. J. V., Silva, K. A. S., da Silva, M. M., Mendes, N. T., Lima, R. M. S., da Silva, T. L., Ribeiro, M. C. (2023). Transtorno do Espectro Autista infantil e os desafios familiares: Revisão integrativa de literatura. Diversitas Journal, 8(1), 445-452. http://doi.org/10.48017/dj.v8i1.2422

Amaral, K. C. (2013). Estresse e percepção de suporte familiar em mães de crianças com autismo. Dissertação de Mestrado não publicada. Universidade Federal do Pará, Belém/PA, Brasil. https://ppgtpc.propesp.ufpa.br/ARQUIVOS/dissertacoes/K%C3%A1tia%20Carvalho%20 2013.pdf

American Psychiatric Association – APA (2023). Manual diagnóstico e estatístico de transtornos mentais: DSM-5 TR. ed. Porto Alegre: Artmed.

Bardin, L. (2016) Análise de Conteúdo. Edições 70.

Bosa, C. A. (2006). Autismo: Intervenções psicoeducacionais. Brazilian Journal of Psychiatry, 28, 47-53. https://doi.org/10.1590/S1516-44462006000500007

Burrell, A., Ives, J., & Unwin, G. (2017). The experiences of fathers who have offspring with Autism Spectrum Disorder. Journal of Autism and Developmental Disorders, 47(4), 1135–1147. https://doi.org/10.1007/s10803-017-3035-2

Cardoso, D. M. P., & Pitanga, B. P. S. (2020). O transtorno do espectro autista e as funções executivas: Contribuições da neuropsicologia na compreensão do transtorno. Estudos IAT, 5(1), 126-157. http://estudosiat.sec.ba.gov.br/index.php/estudosiat/article/view/173

Carvalho-Filha, F. S. S., Silva, H. M. C., Castro, R. P., Moraes-Filho, I. M., & Nascimento, F. L. S. C. (2018). Coping e estresse familiar e enfrentamento na perspectiva do Transtorno do Espectro do Autismo. Revista de Divulgação Científica Sena Aires, 7(1), 23-30.

Cezar, P. K. & Smeha, L. N. (2016). Repercussões do autismo no subsistema fraterno na perspectiva de irmãos adultos. Estudos de Psicologia (Campinas), 33(1), 51-60. https://doi.org/10.1590/1982-02752016000100006

Corrêa, P. H. (2017). O autismo visto como complexa e heterogênea condição. Physis: Revista de Saúde Coletiva, 27(2), 375-380. https://doi.org/10.1590/S0103-73312017000200011

Efstratopoulou, M., Sofologi, M., Giannoglou, S., & Bonti, E. (2022). Estresse parental e problemas de autorregulação infantil em famílias com crianças com transtorno do espectro autista (TEA). Journal of Intelligence, 10 (4), 1-16. http://dx.doi.org/10.3390/jintelligence10010004

Faro, K. C. A., Santos, R. B., Bosa, C. A., Wagner, A., & Costa Silva, S. S. (2019). Autismo e mães com e sem estresse: Análise da sobrecarga materna e do suporte familiar. Psico, 50(2). https://doi.org/10.15448/1980-8623.2019.2.30080

Fávero, M., Santos, M. (2005). Autismo infantil e estresse familiar: Uma revisão sistemática da literatura. Psicologia: Reflexão e Crítica. 18(3), 358-369. https://doi.org/10.1590/S0102-79722005000300010

Hickey, E. J., Hartley, S. L., & Papp, L. (2020). Psychological well-being and parent-child relationship quality in relation to child autism: An actor-partner modeling approach. Family process, 59(2), 636–650. https://doi.org/10.1111/famp.12432

Ilias, K., Cornish, K., Kummar, A. S., Park, M. S., & Golden, K. J. (2018) Parenting stress and resilience in parents of children with Autism Spectrum Disorder (ASD) in Southeast Asia: A systematic review. Frontiers in Psychology, 9(9), 280. https://doi.org.br/10.3389/fpsyg.2018.00280

Kiquio, T., Gomes, K. (2018). O estresse familiar de crianças com transtorno do espectro do autismo. Revista de iniciação científica UNESC, 16(1), 1-12.

Lazarus, R. S., & Folkman, S. (1984). Stress, appraisal and coping. New York: Springer Publishing Company.

Loureto G. D. L. & Moreno S. I. R. (2016). As relações fraternas no contexto do autismo: Um estudo descritivo. Revista Psicopedagogia, 33, 307-318.

Machado, M. S., Londero, A. D., & Pereira, C. R. R. (2018). Tornar-se família de uma criança com Transtorno do Espectro Autista. Contextos Clínicos, 11(3). https://doi.org/10.4013/ctc.2018.113.05

Matskura, T. S., & Menecheli L. A. (2011). Famílias de crianças autistas: Demandas e expectativas referentes ao cotidiano de cuidados e ao cotidiano de cuidados e ao tratamento. Cadernos Brasileiros de Terapia Ocupacional, 19(2). Recuperado de https://www.cadernosdeterapiaocupacional.ufscar.br/index.php/cadernos/article/view/457

Meimes, M. A., Saldanha, H. C., & Bosa, C. A. (2015). Adaptação materna ao Transtorno do Espectro do Autismo: Relações entre crenças, sentimentos e fatores psicossociais. Psico, 46(4), 412–422. https://doi.org/10.15448/1980-8623.2015.4.18480

Misquiatti, A. R. N., Brito, M. C., Ferreira, F. T. S., & Assumpção Júnior, F. B. (2015). Sobrecarga familiar e crianças com Transtornos do Espectro do Autismo: Perspectiva dos cuidadores. Revista CEFAC, 17(1), 192-200. https://doi.org/10.1590/1982-0216201520413

Monhol, P. P., Jastrow, J. M. B., Soares, Y. N., Cunha, N. D. C. P., Pianissola, M. C., Ribeiro, L. Z., & Bezerra, I. M. P. (2021). Filhos com transtorno do espectro autista: Percepção e vivência das famílias. Journal of Human Growth and Development, 31(2), 224. https://doi.org/10.36311/jhgd.v31.12224

Moreira, M. T. F., Lima, A. M. N., & Guerra, M. (2020). Sobrecarga do cuidador informal de crianças com Transtorno do Espectro do Autista. Journal Health NPEPS, 5(1), 38–51. https://doi.org/10.30681/25261010

Pinto, R. N. M., Torquato, I. M. B., Collet, N., Reichert, A. P. S., Neto, V. L. S., & Saraiva, A. M. (2016). Autismo infantil: Impacto do diagnóstico e repercussões nas relações familiares. Revista Gaúcha de Enfermagem, 37(3), 1-9. https://doi.org./10.1590/1983- 1447.2016.03.61572

Ponte, A. B. M., & Araújo, L. S. (2022). Vivências de mães no cuidado de crianças com Transtorno do Espectro Autista, Revista do NUFEN, 14(2), 1-15. https://doi.org/10.26823/nufen.v14i2.22727

Portes, J. R. M., & Vieira, M. L. (2022). Percepção parental sobre o filho com autismo: As repercussões na adaptação familiar. Psicologia em Pesquisa, 16(2), 1-23. https://doi.org/10.34019/1982-1247.2022.v16.32614

Prychodco R. C., & Bittencourt, Z. Z. L. C. (2022). Desafios no cotidiano de famílias com crianças e adolescentes com Transtorno do Espectro do Autismo. Revista Psicologia, 16(63), 204–221. https://doi.org/10.14295/idonline.v16i63.3542

Ramos, F. P., Enumo, S. R. F., & Paula, K. M. P. (2015). Teoria Motivacional do Coping: Uma proposta desenvolvimentista de análise do enfrentamento do estresse. Estudos de Psicologia (Campinas), 32(2), 269–279. https://doi.org/10.1590/0103-166X2015000200011

Ribeiro, T. C. (2022). Epidemologia do Transtorno de Espectro do Autismo: Rastreamento e prevalência na população. Tese de Doutorado, Faculdade de Medicina, Universidade de São Paulo, São Paulo. https://doi.org/10.11606/T.5.2022.tde-22092022-170809

Roiz, R. G., & Figueiredo, M. O. (2023). O processo de adaptação e desempenho ocupacional das mães de crianças no Transtorno do Espectro Autista. Cadernos Brasileiros de Terapia Ocupacional, 31. https://doi.org/10.1590/2526-8910.ctoAO252633041

Schmidt, C., Dell'Aglio, D. D., & Bosa, C. A. (2007). Estratégias de coping de mães de portadores de autismo: Lidando com dificuldades e com a emoção. Psicologia: Reflexão e Crítica, 20(1), 124–131. https://doi.org/10.1590/s0102-79722007000100016

Selvakumar, N., Panicker, A.S. (2020). Estresse e estilos de enfrentamento em mães de crianças com transtorno do espectro autista. Jornal Indiano de Medicina Psicológica, 42(3):225-232. https://doi: 10.4103/IJPSYM.IJPSYM33319

Skinner, E. A., Edge, K., Altman, J., & Sherwood, H. (2003). Searching for the structure of coping: A review and critique of category systems for classifying ways of coping. Psychological Bulletin, 129(2), 216-269.

Skinner, E. A., & Wellborn, J. G. (1994). Coping during childhood and adolescence: A motivacional perspective. In D. Featherman, R. Lerner & M. Permutter (Eds.) Life span development and behavior (Vol.12, pp. 91-133). Hillsdale, NJ: Erlbaum.

Smeha, L. C., & Cezar, P. K. (2011). A vivência da maternidade de mães de crianças com autismo. Psicologia em Estudo, 16(1), 43-50.

Varella, A. A. B. (2018). Os sinais precoces do transtorno do espectro autista. In A. C. Sella, & D. M. Ribeiro (Orgs). Análise do comportamento aplicada ao transtorno do espectro autista (pp. 35-44). Curitiba: Appris.

Vieira, M. L., Bossardi, C. N., Gomes, L. B., Bolze, S. D. A., Crepaldi, M. A., & Piccinini, C. A. (2014). Paternidade no Brasil: Revisão sistemática de artigos empíricos. Arquivos Brasileiros de Psicologia, 66(2), 36-52. Disponível em: https://pepsic.bvsalud.org/scielo.php?script=sci_arttext&pid=S1809-52672014000200004

Zimmer-Gembeck, M. J., & Skinner, E. A. (2011). The development of coping across childhood and adolescence: An integrative review and critique of research. International Journal of Behavioral Development, 35(1), 1-17.

05

DOMINANDO A ARTE DO POSSÍVEL NA PARENTALIDADE: DESENVOLVIMENTO E RESILIÊNCIA PARENTAL EM FAMÍLIAS COM CRIANÇAS COM TEA

Stephanye Meirelles de Oliveira Valente
Célia Regina Rangel Nascimento

A Família como Lugar de Desenvolvimento

O desenvolvimento da criança na família é um tema amplamente explorado em pesquisas, pois é na unidade familiar enquanto microssistema, que se estabelece a relação inicial entre o indivíduo e a sociedade e se consolidam as primeiras interações com continuidade e reciprocidade que promovem o desenvolvimento (Bronfenbrenner & Morris, 2006). Assim, enquanto microssistema físico e simbólico, onde relações próximas e significativas são estabelecidas, a família pode ser compreendida como contexto privilegiado em termos de possibilidades para o desenvolvimento humano (Dessen & Polônia, 2007).

Na família, a pessoa recém inserida na sociedade, irá vivenciar a aprendizagem de habilidades de sobrevivência e autonomia mais básicas, nos primeiros anos de sua vida (Ribeiro et al., 2025). É na família que a pessoa irá adquirir crenças e valores, hábitos e práticas significativas. Acrescenta-se que as relações nesse contexto sempre serão moldadas pelas construções individuais e coletivas dos membros da família, orientadas pelas crenças e práticas culturais da mesma (Matos et.al, 2018; Seibel & Koller, 2015). Através de uma perspectiva relacional e que pressupõe o desenvolvimento ao longo de toda a vida, é também no contexto da família que, não somente as crianças, mas também os adultos vivenciarão importantes papéis sociais que são exercidos na vida (Micele & Nascimento, 2022).

Embora a maior parte dos estudos e pesquisas coloque seu foco na família como contexto de desenvolvimento da criança, nesse microssistema os indivíduos adultos também se desenvolvem. As interações que este contexto favorece são recursos para desenvolvimento de novas habilidades e de experiências emocionais que são vivenciadas na vida adulta através de seus diferentes subsistemas, como o conjugal e, principalmente, o parental (Nascimento & Comin, 2018). No exercício da parentalidade, são desenvolvidas pelos adultos habilidades para tornar possíveis as relações de cuidado, afeto, proteção, estimulação e ensino com a criança. Logo, torna-se importante entender a parentalidade enquanto experiência na vida adulta que é promotora de transformações e crescimento para as pessoas.

O Exercício da Parentalidade e o Desenvolvimento na Vida Adulta

O uso do termo parentalidade é recente, tendo sido realizado pela primeira vez na década de 60, pelo psicanalista Paul-Claude Racamier (Gorin et al., 2015; e Micele & Nascimento, 2022). Desde então, o termo é utilizado para denominar os processos do que vem a ser tornar-se pai e mãe, independente do vínculo biológico. No decorrer do desenvolvimento do conceito, o termo esteve sempre vinculado às funções parentais. O exercício da parentalidade envolve, então, uma série de atribuições dos pais, enquanto cuidadores, em relação aos seus filhos: como práticas de cuidado, controle e disciplina, incentivo ao desenvolvimento, cuidados com saúde física, mental e emocional, comportamentos sociais e funcionamento educativo e intelectual dos filhos (Souza, 2020).

Destaca-se, no entanto, que o exercício dessas funções parte de um compromisso que decorre, principalmente, da disposição para vinculação afetiva com a criança. Logo, entendemos que o adulto vivencia a parentalidade não somente enquanto genitor biológico, mas ao assumir este compromisso pela criança e garantir-lhe seus direitos (Nascimento & Yunes, 2023).

Dessa forma, embora as atribuições que constituem a parentalidade estejam diretamente relacionadas aos filhos e a garantia dos direitos da criança, o tornar-se pai e mãe deve ser entendido enquanto um processo de desenvolvimento para os adultos que exercem essa função (Micele & Nascimento, 2022). Isto porque o exercício da parentalidade envolve novas competências e habilidades que só podem ser reconhecidas e desenvolvidas quando a relação entre adultos e crianças se estabelece. De acordo com Rodrigo, Martins e Marquez (2009), as competências parentais são o resultado de condições que envolvem os recursos psicossociais da família, as experiências e projetos educacionais dos pais, envolvendo crenças e práticas, além das características da criança. Os autores as definem como:

Os autores acrescentam que no rol dessas novas capacidades estão, entre outras, o desenvolvimento de habilidades educativas, habilidades que envolvem iniciativa e assertividade, acordos na coparentalidade e o reconhecimento de seu papel na família, habilidades para buscar apoio, para reorganizar a vida pessoal e emocional e para administrar a vida doméstica com os filhos. Verifica-se, dessa forma, que a parentalidade é um evento complexo, significativo e transformador da vida adulta, porque não afeta apenas a criança, mas também o adulto.

Por ser um evento complexo e que requer a garantia do direito da criança em vários aspectos, entende-se que os desafios podem ser diferentes quando a parentalidade ocorre em contextos monoparentais e coparentais. A coparentalidade envolve, portanto, a participação e colaboração mútua de dois adultos nas funções educativas e de cuidado e possibilita suporte e divisão de tarefas de forma cooperativa, diminuindo possibilidades de sobrecarga (Portes & Vieira, 2020). Quando a criança tem especificidades que exigem maior atenção dos pais, como as crianças com transtorno do espectro autista, a coparentalidade adquire ainda mais relevância (Portes & Vieira, 2020).

Parentalidade e Coparentalidade nas Famílias de crianças com Transtorno do Espectro Autista

No contexto de famílias de crianças com Transtorno do Espectro Autista (TEA), os adultos que exercem a função parental encontram desafios e possibilidades de desenvolvimento. A família é, geralmente, o primeiro meio social em que as características do neurodesenvolvimento atípico das crianças com TEA se manifestam. Essas características podem tornar-se mais evidentes quando a criança é inserida em outros meios sociais, como a escola (Mercado, 2022). Ao lidar com as características da criança e o contexto social em que estão inseridos, os pais e cuidadores da criança com TEA vivenciam tanto os desafios considerados esperados à parentalidade, quanto novos desafios (Braga dos Anjos & Araújo de Morais, 2021).

Podemos considerar enquanto desafios considerados normativos aqueles que envolvem o cuidado e o desenvolvimento de uma criança e as experiências novas para os adultos, como por exemplo: o puerpério das mulheres, as mudanças físicas, fisiológicas e emocionais, a privação e interrupção do sono, fadiga e alterações do humor, mudanças nas rotinas e tarefas domésticas, entre outros (Ribeiro et al., 2024). No entanto, para além das experiências e aprendizagens consideradas comuns à parentalidade, os adultos que exercem a parentalidade atípica enfrentarão desafios que podem ser considerados específicos de uma família que é composta por um indivíduo com TEA, sendo alguns deles: possibilidades de vivenciar dificuldades na interação social ainda com os bebês (por exemplo, um bebê com

TEA pode não fazer contato visual com a mãe ao mamar, pode demorar a desenvolver habilidades de fala e comunicação), ter dificuldades com o sono por mais tempo, bem como as dificuldades relacionadas aos padrões de comportamentos repetitivos e restritos da criança e a inserção da criança no meio social (Braga dos Anjos & Araújo de Morais, 2021).

Dessa maneira, os dois conjuntos de sintomas que caracterizam o transtorno, a saber, as dificuldades na interação e comunicação social e os padrões de comportamento restritos e repetitivos, podem promover grandes desafios para os cuidadores ainda nos primeiros meses e anos de vida da criança, levando os pais a buscar compreender as especificidades de seus filhos e a ter um diagnóstico (Aguiar & Pondé, 2020). Destaca-se que o recebimento do diagnóstico pode ser uma etapa difícil e um marco relevante para as famílias, sendo o diagnóstico precoce considerado ideal para possibilitar melhor qualidade de vida para a criança e para seus cuidadores (Mercado, 2022). Essa etapa, segundo Aguiar e Pondé (2020), pode ser considerada como um período de incertezas até que o diagnóstico seja fechado. Após o diagnóstico, a busca por recursos pessoais e intervenções profissionais com a finalidade de potencializar o desenvolvimento da criança e superar os desafios serão contínuos. Isto porque um dos objetivos da família e, principalmente, dos cuidadores da criança, será o desenvolvimento da criança com TEA ao longo de sua vida (Magro, 2008).

Logo, a partir do momento em que a criança com TEA chega à família, passa a transformar seu ambiente familiar e é por ele transformada. Todos os membros da família, destacando-se os pais, terão que modificar expectativas, crenças, assim como padrões de organização familiar. Eles deverão ser capazes de modificar-se pessoalmente, bem como flexibilizar rotinas e funções que já estavam estabelecidas como forma de adaptação a essas mudanças que podem ocorrer durante todo o ciclo de desenvolvimento da criança (Andrade & Teodoro, 2012).

Entende-se que os pais que vivenciam essas experiências ao longo desses processos, enfrentam adversidades e desafios, mas também podem encontrar recursos e pontos fortes, tornando-se menos vulneráveis (Walsh, 2016). A possibilidade de enfrentamento, superação e crescimento a partir das adversidades é o que se denomina resiliência. Considera-se, portanto, que os processos de resiliência familiar e parental aparecem como fenômenos importantes para a compreensão dos enfrentamentos e do crescimento na vida adulta dos pais de crianças com TEA.

Processos de Resiliência Familiar e Parental

A partir de uma mudança de paradigma na Psicologia denominado de Psicologia Positiva, as pesquisas anteriormente pautadas em um enfoque de risco e danos passaram a se interessar pelos processos de superação, dando enfoque para a resiliência (Yunes, 2003; Rooke, 2015). Com essa mudança de postura nas investigações, o esforço de parte de pesquisadores voltou-se para as pesquisas focadas na compreensão dos fatores positivos que estão relacionados aos sistemas de adaptação ao longo do desenvolvimento (Oliveira & Nakano, 2018). Os estudos sobre o tema da resiliência são considerados fundamentais na Psicologia e vêm se tornado cada vez mais frequentes, principalmente pela postura reflexiva a respeito dos fatores positivos do desenvolvimento humano e pela possibilidade de promoção de processos crescimento em grupos e indivíduos em condições de fragilidade e vulnerabilidade (Costa & Silva, 2014).

Quando compreendida no âmbito da família, a resiliência é entendida como um processo dinâmico em que se desenvolvem potencialidades para que elas se recuperem, promova reparos e cresça diante dos desafios da vida, emergindo de suas crises ou eventos estressores, até mesmo com mais recursos e mais fortalecidas (Walsh, 2016). Essa perspectiva sobre a resiliência familiar permite um novo olhar sobre esse grupo social, ampliando o foco das pesquisas para além dos fatores estressores nas crises e desafios. Não apenas procura-se identificar os fatores estressantes, mas busca-se compreender como as famílias conseguem continuar a desenvolver-se diante das adversidades, enfrentando-as e crescendo por meio delas. Alguns processos-chave são considerados relevantes para o desenvolvimento da resiliência familiar, como a forma como a família se organiza e reorganiza, as crenças e valores que compartilha e as formas de comunicação e resolução dos problemas, que contribuem para vencer os desafios (Walsh, 2016).

Vimos que, diante do caráter relacional das interações na unidade familiar e de seus subsistemas, o desenvolvimento no contexto da família com uma criança com TEA ocorre tanto para a criança quanto para aqueles que convivem com ela. A criança poderá desenvolver diversas habilidades, como: habilidades básicas como contato visual e atenção (Gomes & Silveira, 2016), a fala (Goyos, 2019), as habilidades de autocuidado (Silveira, 2019) e habilidades sociais (Dell Prette & Dell Prette, 2017), além de muitas outras. Sua família e seus pais, também poderão desenvolver-se, encontrando estratégias de enfrentamento para as adversidades e unindo forças para buscar soluções para suas dificuldades e transformando-se pessoalmente nesse processo.

Por exemplo, no subsistema parental das famílias com crianças com TEA, os processos-chave da resiliência familiar podem ser percebidos ao longo da transformação e desenvolvimento dos pais, quando estes encontram significado nas adversidades, transformam suas crenças a respeito do próprio diagnóstico e do desenvolvimento da criança, contextualizam o estresse administrando os desafios, desenvolvem uma perspectiva positiva e apegam-se a valores e propósitos maiores. Além disso, os pais podem tornar-se flexíveis na realização de suas rotinas e funções e nas suas expectativas, com abertura para aprendizagens envolvendo novos padrões de comunicação e de organização, como o aumento das redes sociais de apoio, através de apoio mútuo dentro da própria família, da família estendida e de instituições, com comunicações claras e compartilhando sentimentos e experiências (Líbio & Bosa, 2023; Walsh, 2016).

Assim, os pais que têm um papel importante no processo de resiliência familiar, sendo considerados por Walsh (2005, p. 88) "os arquitetos da família, estabelecendo as bases para uma vida familiar saudável nos arranjos estruturais, papeis e regras que constroem", e também crescem no exercício de seu papel parental. Nessa perspectiva, diante de situações mais desafiadoras, os pais podem apresentar resiliência, que é expressa na presença de práticas de cuidado pelos pais, protetivas e promotoras do desenvolvimento saudável da criança, mesmo diante de condições adversas, resultando em uma parentalidade resiliente. Esta tem como características, entre outras coisas, que os pais: reconheçam seu papel junto aos filhos, sejam empáticos, promovam interações recíprocas, tenham atitudes críticas e reflexivas sobre suas práticas, levem em conta as necessidades da criança, e sejam capazes de avaliar desafios possíveis de serem enfrentados pelas capacidades da família de se reorganizar (Rodrigo, 2009/2011; Nascimento & Yunes, 2023).

Especificamente nos casos de crianças com TEA, sabe-se que a participação dos pais é importante para o sucesso de intervenções terapêuticas e pedagógicas que visam seu desenvolvimento (Belo & Fonseca, 2020). Dessa forma, aspectos positivos da adaptação familiar e parental diante do diagnóstico de TEA de uma criança influenciarão diretamente em seu desenvolvimento. Por sua vez, o desenvolvimento e convívio com as crianças com TEA poderá influenciar positivamente no processo da resiliência parental, tanto no exercício de suas funções para com seus filhos, quanto no seu desenvolvimento pessoal e conjugal.

Os pais poderão ter acesso a diferentes recursos para a transformação e crescimento, como a criação de novas redes de apoio, adaptação de funções dos membros da família e de processos de comunicação e mudança nos padrões de organização da família. Em um sentido individual, poderão modificar crenças, expectativas e disposições afetivas, demonstrando transformações e crescimento pessoal. Dessa forma, os adultos cuidadores podem encontrar maneiras de emergir das adversidades com mais recursos e mais fortalecidos (Líbio & Bosa, 2023; Semensato & Bosa, 2017; Walsh, 2016). Tendo por base o exposto, este capítulo apresenta uma pesquisa que buscou descrever e analisar processos de desenvolvimento e resiliência dos pais e mães de famílias com crianças com TEA, a partir de suas próprias histórias de vida.

As Famílias que Contribuíram para esta Pesquisa

Para contemplar uma abordagem sistêmica, a pesquisa descrita neste capítulo foi desenvolvida por meio da metodologia qualitativa. O objetivo foi o de descrever e compreender os significados dados ao fenômeno e às suas vivências pelos participantes (Creswell, 2007). Foi realizado um estudo de casos múltiplos, com quatro famílias, visando o exame detalhado dos processos de desenvolvimento e resiliência familiar e parental, entendendo os mesmos enquanto fenômeno social e psicológico complexo, em que muitas variáveis podem intervir.

Em decorrência da pandemia por Covid-19, as famílias foram representadas nas coletas de dados pelos casais parentais, pois eram participantes que poderiam responder aos pré-requisitos para a aplicação dos instrumentos selecionados em ambiente digital. Para a coleta dos dados, foram utilizadas entrevistas com roteiros semi-estruturados e a Técnica do Gibi. Os momentos de entrevista e aplicações dos instrumentos com os participantes aconteceram de forma individual e coletiva. O critério de inclusão foi o de que as famílias fossem compostas por um casal parental e por, ao menos, um filho com diagnóstico de TEA, com idade de até 10 anos.

Não foram estabelecidos critérios quanto à composição do casal referente a sexo ou gênero. Em decorrência da aceitação do convite, as quatro famílias foram compostas por figuras paternas e maternas, ambos pais biológicos das crianças, casados legalmente. A Tabela 1 evidencia a caracterização das famílias:

Tabela 2. Caracterização das famílias participantes.

Família	*Subsistema Parental*	*Subsistema Filial*	*Diagnóstico diferencial*	*Tempo de diagnóstico*	*Cuidador principal*
F.1	**Mãe:** 32 anos, estudante do ensino superior.	**Filho 1:** 5 anos	TEA nível 3 de suporte e TDAH.	3 anos	Mãe
	Pai: 35 anos, ensino superior completo, servidor público.	**Filho 2:** 3 anos	TEA nível 2 de suporte.	1 ano	Mãe

F.2	**Mãe:** 41 anos, ensino médio completo, secretária e artesã.	**Filha 1:** 13 anos			
	Pai: 47 anos, ensino médio completo, desempregado.	**Filho 2:** 8 anos	TEA nível 2 de suporte e TDAH.	5 anos	Pai
F.3	**Mãe:** 26 anos, ensino superior completo, advogada sem atuar. **Pai:** 25 anos, engenheiro civil.	**Filho:** 3 anos	TEA nível 1 de suporte.	1 ano	Mãe
F.4	**Mãe:** 39 anos, ensino superior completo, assistente administrativa. **Pai:** 37 anos, ensino superior completo, economista.	**Filho:** 7 anos	TEA nível 1 de suporte.	1 ano	Madrinha (no período que os pais trabalhavam)

Fonte: elaboração própria.

Sobre a rede de apoio das famílias, foram mencionadas a rede de apoio informal composta por membros da família extensa, de amigos da comunidade religiosa, alguns pais ainda mencionaram as mães de outras crianças com TEA e pessoas do ambiente de trabalho. A rede de apoio formal das quatro famílias era formada por profissionais que atuavam com as crianças e que contribuíram para o tratamento especializado destas, além de profissionais que auxiliavam no tratamento psicológico e psiquiátrico dos próprios pais e mães.

Processo de Entrevistas e Aplicação dos Instrumentos para Coleta de Dados

Os casais parentais consentiram em dar entrevistas em ambiente digital por meio de videochamadas, tendo sido as mesmas gravadas por áudio e posteriormente transcritas. O roteiro de entrevista abordou os seguintes temas: conhecimento da família a respeito do TEA, processo diagnóstico, impacto da chegada do filho com TEA na família, crenças a respeito do desenvolvimento da criança, mudanças em padrões organizacionais familiares (como na rotina e funções), redes de apoio existentes para a família e os processos de comunicação familiar. A entrevista com roteiro semiestruturado foi escolhida como norteadora dos momentos de entrevista em grupo (com o casal parental) e individual (com cada um dos pais) e como complemento de outra técnica, a Técnica do Gibi. Optou-se pelo roteiro semiestruturado, por este ser um recurso metodológico que permite mais flexibilidade à própria narrativa das famílias, deixando claro, porém, para o pesquisador o recorte essencial a ser alcançado para que se cumpram seus objetivos propostos.

A Técnica do Gibi, é considerada um recurso lúdico, sendo utilizada como meio de comunicação que aborda, através das imagens e textos, a percepção dos indivíduos ou grupos pesquisados (Pessoa, 2010; Brito et al., 2019). Ou seja, na técnica do Gibi, os sujeitos têm a possibilidade de expressar suas experiências por meio das histórias, tanto das imagens quanto dos textos que as acompanham (Brito et al., 2019). Nesta pesquisa, a escolha da Técnica do Gibi foi realizada para os momentos de entrevistas individuais (com cada pessoa que compunha o casal parental). Originalmente a aplicação da técnica decorre da seguinte maneira: o participante tem em mãos um exemplar físico de gibi e lhe são feitas perguntas referentes ao que se deseja pesquisar. Depois da pergunta, o participante deve escolher uma imagem que represente sua resposta, recortá-la e entregar ao pesquisador, podendo explicar o porquê de sua escolha.

Em decorrência dos encontros desta pesquisa acontecerem em ambiente digital, a técnica também necessitou de adaptações. Assim, foi escolhido um exemplar de gibi da Turma da Mônica, disponível em arquivo *Portable Document Format* (PDF) de forma gratuita na internet. Os participantes tinham o gibi em seus aparelhos, bem como a pesquisadora compartilhava o gibi simultaneamente na videochamada. Assim, para cada pergunta, o participante escolhia uma imagem, informando o número da página que se encontrava e confirmando a imagem através da tela compartilhada. Foram utilizadas questões norteadoras, as quais os participantes deveriam escolher imagens para responder, juntamente com um roteiro semiestruturado para outras questões específicas. O recorte e a colagem das imagens escolhidas se tornaram possível através das ferramentas de softwares como "Captura de Imagem", sendo as imagens guardadas em um documento de *Word*, onde posteriormente foram acrescentadas as transcrições das entrevistas.

Ressalta-se que, através da garantia de seus direitos, os participantes poderiam interromper sua participação a qualquer momento. Dessa forma, os diferentes instrumentos, bem como os diferentes momentos de entrevista, tanto realizados com o casal parental quanto com cada cuidador de forma individual, ajudaram a construir uma visão mais contextual e sistêmica dos processos existentes nas famílias. A seguir, faremos a exposição dos resultados obtidos.

Desenvolvimento Parental na Relação com a Criança com TEA

Os relatos dos pais ao longo da pesquisa demonstraram desafios vivenciados pelas famílias, as estratégias para superá-los e crescer diante deles e o desenvolvimento das crianças com TEA. Além desses temas, pôde-se também analisar no discurso dos casais parentais compreensões sobre o seu próprio desenvolvimento na relação com a criança e os desafios vivenciados. Os conteúdos encontrados foram organizados nas subcategorias: Papel dos pais; Sentimentos e compreensões na parentalidade atípica; Desenvolvimento Parental.

a) ***Papel dos pais:*** Tanto nas entrevistas como na escolha das imagens, os pais descreveram suas compreensões a respeito do que entendem ser o papel de um pai e uma mãe, ou seja, sua concepção sobre a parentalidade. Essas compreensões foram avaliadas a partir de sua realidade e suas vivências. Para eles, muitas vezes os papeis parentais que exerciam se assemelhavam aos papeis parentais comuns aos de outros pais de crianças típicas. Outras vezes, porém, os relatos demonstraram entender que a parentalidade atípica tem as suas especificidades.

Alguns dos papéis parentais destacados pelos pais foram: cuidado, proteção, lutar pelos filhos, dar suporte aos filhos, terem dedicação, paciência, compreensão e amor. Além de incentivar, motivar, ser alguém que se doa pelo outro, estudar e se informar, ponderar a forma de agir, ter momentos prazerosos, incentivar valores e propósitos maiores, ser referência, exemplo, modelo, estimular, brincar, estar juntos, estar ciente e participar dos tratamentos e tomadas de decisão. Os relatos a seguir demonstram como os pais percebem esses papéis em seu cotidiano com seus filhos. Em uma das imagens escolhidas na técnica do Gibi a vivência do dia a dia também foi demonstrada, com a cena da mãe do personagem Cebolinha dando um beijo na filha ao colocá-la para dormir:

> *"Uma mãe que se doa 100%, com certeza por eles, mas não como uma guerreira, apenas como uma mãe que se doa para uma melhor qualidade de vida para eles. Cuidando, estudando, trabalhando no comportamento deles, tentando oferecer uma melhor qualidade de vida, é, uma independência, uma comunicação, seja ela qual for". (Mãe 1)*

> *"Quando eles vão dormir, a gente vai sempre dar um beijinho neles de boa noite, a gente sempre tenta falar no ouvidinho deles, mesmo que aparentemente estejam dormindo, a gente sempre fala que os ama, que a gente acredita no potencial deles". (Pai 1)*

Estes relatos dos participantes sobre suas vivências e valores demonstram a consciência do seu papel parental, que envolve a promoção do desenvolvimento de seus filhos. Como afirmam Belo e Fonseca (2020), a participação dos pais é fundamental para o desenvolvimento dos filhos, inclusive para o desenvolvimento de intervenções terapêuticas. Desta forma, é essencial que os pais se reconheçam como atores importantes para o desenvolvimento de seus filhos, provendo relações de afeto e de ensino. A análise dos resultados revelou que a compreensão dos pais participantes desta pesquisa a respeito de seu papel parental corresponde ao entendimento geral sobre a parentalidade, como função que envolve cuidado, atenção, práticas afetuosas, de responsabilidade, ensino, promoção de saúde e bem-estar de uma criança, por parte de seus cuidadores adultos, o que são funções que, ao serem desempenhadas em condições adversas, também demonstram a resiliência parental (Nascimento & Yunes, 2023).

Alguns desses papeis, porém, podem se acentuar no caso de pais de crianças com TEA e de pais de crianças com outras especificidades no desenvolvimento, como um cuidado excessivo ou uma dedicação maior à criança (Líbio & Bosa, 2023; Shaw, 2021). Este cuidado que exige maior tempo dos pais se deve às diferentes demandas das crianças. Algumas crianças, por exemplo, precisarão de ajuda para atividades de vida diárias por mais tempo, ou ao longo de toda a vida (como comer, tomar banho, se vestir), enquanto outras necessitarão de auxílio em função de seus padrões restritos e repetitivos, como apego a rotinas e dificuldades em ter flexibilizações. Percebe-se, porém, que a relação entre cuidado dos pais e autonomia das crianças é uma das questões de reflexão constante dos pais e um dos aspectos que buscam aprimorar, compreendendo que é importante promover a independência de seus filhos, como expressou o relato a seguir, inspirado em uma das imagens escolhidas, da cena do Cebolinha sendo carregado pelos amigos, após uma partida de futebol. A imagem representou para um dos pais o cuidado com o filho, que pode também, quando em excesso, limitar sua autonomia:

> *"É, eu acho que me veio esse sentimento desse cuidado que a gente tem com ele. Às vezes até demais, entendeu? A gente carrega ele demais, e às vezes nem deixa ele agir por conta própria. Entendeu? Nesse cuidado que a gente tem com ele. Ele está sempre está sempre sob os cuidados, né?" (Pai 2)*

As demandas relatadas pelos pais com as crianças mostram, portanto, como é importante que os cuidadores da criança contem com suporte de outras pessoas. A família deve contar com uma rede de apoio externa, como a família extensa, a escola, os espaços de intervenção terapêutica, as comunidades religiosas e amigos (Shaw, 2021). Na família nuclear também é importante a colaboração na coparentalidade, com divisão de tarefas, para que não haja sobrecargas (Portes & Vieira, 2019). A divisão de tarefas entre o casal parental, ressaltando o aspecto cooperativo da equipe de cuidadores é um dos padrões organizacionais que as famílias devem procurar promover para favorecer processos de resiliência (Walsh, 2016). Verificar que os participantes têm consciência dessa necessidade demonstra que o seu padrão de crenças a respeito dos papeis de ambos os cuidadores pode contribuir para práticas parentais mais colaborativas, como destaca a fala desta mãe:

> *"Eu acho que também é muito importante não só o meu papel como mãe, mas o papel dele também como pai e ele está cem por cento dentro, ele sabe o que está acontecendo com o (nosso filho)." (Mãe 3)*

Analisa-se, assim, que as crenças parentais a respeito do seu papel no desenvolvimento de seus filhos podem ser consideradas como fatores essenciais para os processos de resiliência. Os pais conseguem discriminar as semelhanças e diferenças da parentalidade atípica com a parentalidade no geral. As funções parentais de cuidado, afeto, atenção à saúde e educação da criança, por exemplo, são descritas como papeis esperados para qualquer pai ou mãe. Nota-se, porém, que no caso dos pais de crianças com TEA, algumas dessas funções podem exigir maior dedicação. Verifica-se a importância da consciência de sua realidade familiar, que demonstra senso de coerência, bem como a capacidade de administrar as possibilidades existentes para seu papel parental.

A literatura confirma que as crenças parentais têm consequências diretas nas práticas parentais (Semensato & Bosa, 2017), sendo também balizadoras da resiliência familiar e parental em contextos de mais estresse. Considera-se ainda, a importância da rede de apoio, que foi também indicada pelos pais no levantamento das redes de apoio informal e formal, e que está incluída no processo-chave que envolve a organização dos recursos da família (Whalsh, 2026). O investimento mais intenso nos filhos, se não for bem administrado e compartilhado com diversas redes de colaboração, pode desencadear sobrecarga e estresse parental (Loos, et al, 2023; Weissheimer, et al., 2021).

b) ***Sentimentos e compreensões na coparentalidade atípica:*** Nesta categoria são destacados alguns sentimentos que correspondem à vivência dos pais a respeito da parentalidade e coparentalidade no TEA. Através dos relatos dos pais, pode-se perceber que os sentimentos mobilizados nas vivências com seus filhos são variados. Alguns sentimentos podem ser classificados como sentimentos agradáveis, sendo de alegria, felicidade, prazer, amor, como demonstram os relatos selecionados.

> *"É a alegria que a gente tem de ter, de estar nessa parceria, né? É algo prazeroso, não é algo que a gente faz por obrigação". (Mãe 1)*
>
> *"Me sinto bem, me sinto mais feliz. De fato, tem um desgaste emocional, físico, ok. Mas, a gente, eu me sinto, hoje, mais maduro". (Pai 1)*

Contudo, há também a percepção de sentimentos que podem ser considerados desagradáveis, como frustração, solidão, desgaste, cansaço, causados pelas particularidades dos cuidados a serem ofertados a seus filhos. Em uma das imagens escolhidas por uma das mães na técnica do Gibi, a personagem Mônica expressa frustração com a Magali e sai da cena com o rosto entristecido, a figura foi escolhida para representar esses sentimentos, como relatado a seguir:

> *"Às vezes acontece muito essas situações. Você está lá, você está demonstrando, está fazendo aí? Às vezes ele faz ou não. É frustrante, sabe? Aí você sai com essa sensação igual da Mônica, cabisbaixo, sabe? Esse sentimento que você tem também às vezes? Que aí você fala assim, "Ah meu Deus!". Claro que você vai ressignificar, você vai entender, mas você tem esse momento." (Mãe 4)*

> *"Porque é muito cansativo, é muito mais cansativo. A criação de filhos neuroatípicos, eu não sei se é mais, mas requer atenção em coisas diferentes. A gente tem que ter cuidados diferentes, preocupações diferentes." (Mãe 3)*

Os sentimentos que foram relatados pelos participantes surgem na relação dos pais com seus filhos, especificamente levando em consideração as características e demandas da criança. É interessante notar que os pais conseguem perceber sentimentos agradáveis e desagradáveis. Neste sentido, eles podem focar em pontos fortes de seus filhos e ver as suas vivências através de uma perspectiva positiva. Também podem, através de um senso de coerência, entender os momentos que trazem sentimentos desagradáveis e tentar administrá-los da forma que é possível, um exemplo do que Walsh (2016) denomina como "a arte de dominar o que é possível". É importante que os pais consigam atribuir sentido a esses sentimentos desafiadores, como o fato de que eles são desafios não normativos, que podem exigir maior esforço e dedicação, que podem colocá-los diante de expectativas sobre o desenvolvimento de seus filhos que talvez não sejam realizadas, entre outros. Dessa forma podem aceitar e compreender os sentimentos descritos, e ressignificá-los (Cruz et al., 2021; Oliveira et al., 2019).

Os pais também relataram sentimentos relacionados a desafios oriundos de crenças e práticas sociais com a parentalidade atípica. Esses desafios estão relacionados a cobranças e julgamentos sociais. O principal fator motivador destes desafios, de acordo com os pais, novamente aparece em função da falta de preparo das pessoas para lidarem com as crianças com TEA e com as suas famílias. Os sentimentos dos pais, nesses casos, são exemplificados através de sentimentos desagradáveis como dor, cansaço, esgotamento e chateação:

> *"Todo dia é isso. Sempre um ou dois comentários você ouve no meio da rua. Fico chateado." (Pai 2)*

> *"Ele chegou em casa, eu não estava junto. Aí ele chegou pra mim aqui em prantos, naquela crise, né? Que eles dão. E aí só eu conseguindo acalmar ele, abracei, eu fui dar banho, fui dar o leite, as coisas que eu já sei que ajuda. Aí eu falei, calma, filho, o que aconteceu? "Mãe, o menino falou isso pra mim, mãe, eu preferia até apanhar do que ter ouvido isso, porque doeu lá no meu coração". Aí você pensa, você como mãe assim, sabe? Assim, aquilo dói. Só que você também tem que ser forte ali na frente dele, você não tem como demonstrar." (Mãe 4)*

Entende-se, assim, que os sentimentos dos pais na parentalidade atípica são diversificados e estão relacionados a múltiplos fatores, que vão desde as características próprias do TEA e da criança, aos desafios gerados pelos contextos biopsicossociais em que estão inseridos. Quando relacionados à convivência com seus filhos e suas características, os sentimentos dos pais podem ser de prazer, alegria, satisfação, mas também de solidão e desgaste. Nota-se, então, que as características da criança não foram em si mesmas avaliadas como o fator motivador de sentimentos difíceis para os pais. A avaliação feita pelos pais demonstram processos resilientes nesse sentido, pois conseguem destacar os pontos fortes da vivência com seus filhos e tentativas de ressignificar os desafios.

Já quando relacionados aos outros contextos sociais, os sentimentos demonstraram ser mais desafiadores e adversos, sendo expressos como dor, tristeza, cansaço e sobrecarga. Quando descreveram suas experiências e vivências com seus filhos em outros contextos, fora da família, os pais relataram muitos desafios, sendo poucos desses contextos destacados de forma positiva. É relevante, neste sentido, que a sociedade, enquanto contexto macrossitêmico, modifique suas crenças a respeito do TEA e modifique suas práticas de apoio às famílias, pois os contextos exo, meso e macrossistêmicos estão diretamente implicados nos processos que acontecem na família e com cada membro da unidade familiar.

c)***Transformação pessoal e na maternidade/paternidade:*** Os pais também relataram sua transformação e crescimento que aconteceu a partir de sua experiência na parentalidade com seus filhos autistas. Nesta subcategoria serão avaliados os relatos dos participantes que demonstram sua percepção sobre seu crescimento individual (como pessoa) e parental (como pais). Os participantes relataram que, para eles, a parentalidade atípica pode ser considerada como uma nova experiência, que traz a oportunidade de aprenderem, se transformarem, de se tornarem mais flexíveis, pacientes e motivados. Além disso, os pais afirmaram que, com seus filhos, aprenderam a valorizar pequenas conquistas, a compreender a vida de outra forma, a serem mais empáticos com as outras pessoas e suas dificuldades e, por conseguinte, a julgar menos. Esta modificação, crescimento e transformação dos pais com relação à forma como percebem o mundo e as pessoas, vai ao encontro dos resultados de outras pesquisas com famílias de crianças com TEA (Martinez, Ávilla e Sánchez, 2020; Semensato & Bosa, 2020) e confirma o desenvolvimento de todos os envolvidos na relação familiar.

A chegada dos filhos também mobilizou os pais a buscar informações sobre o transtorno e, para além disso, a investirem em formação e treinamentos parentais. Os pais relataram que descobriram nessa vivência uma capacidade que não imaginavam ter, comuns ao que se denomina senso de transcendência. Para Walsh (2016), crenças e práticas transcendentes são aquelas que garantem significados e propósitos, que fazem com que as famílias entendam suas vivências para além das adversidades. Segundo o que se denomina "o paradoxo da resiliência" (Walsh, 2016, p.410), entende-se que os momentos mais difíceis são aqueles que também fazem emergir o melhor dos seres humanos. Nestes sentidos, os pais das crianças com TEA passaram a se engajar em eventos de formação, participar de comunidades específicas de pais e amigos de crianças com TEA, instruírem outros pais e até se inserirem em lutas sociais pelos direitos de seus filhos e de outras crianças com TEA. As falas a seguir são exemplos disto:

> *"A questão da maturidade, da empatia né, de entender melhor o próximo, acho que alguns desses valores que acho que somaram." (Pai 1)",*
>
> *"É lógico que com o filho vem todas as dificuldades, né? É extremamente cansativo, principalmente no início. Mas assim, foi uma transformação na minha vida. Por exemplo, graças a Deus e a ele também eu fui me engajando mais na minha área de profissão e eu acho que, hoje, o resultado que eu tiro é que a minha persistência diante das dificuldades da vida é muito, em noventa por cento, em prol dele, né?" (Pai 3)*
>
> *"Ele fez a gente achar em nós uma força que a gente não conhecia, um conhecimento que a gente não imaginava ser capaz de buscar, uma forma de falar e de agir levando conhecimento pro outro também, eu que sou bem ruim com as palavras. Me fez valorizar pequenas coisas. (...). Valorizar por exemplo, uma criança que chama "mãe, mãe, mãe" o dia inteiro, e você fala "ai menino, que saco, você não tem pai?", "para de falar mãe o tempo todo!", e aí você percebe que você ficou 6 anos sem ouvir mãe, e de repente do nada você ouviu mãe ou pai, entendeu? Você começa a valorizar isso. Você começa a valorizar uma colher de comida que a criança colocou dentro da boca e não caiu 1 grão. Então é isso hoje que é o importante, entendeu? É o bem maior, são as pequenas coisas." (Mãe 2)*

Acrescenta-se que foi comum que um dos responsáveis (geralmente a mãe) assumisse o papel da pessoa que participa diretamente de cursos de formação, tendo também o papel de ensinar e instruir seu parceiro. Esse arranjo, porém, não foi relatado como sobrecarga para as mães, mas como uma distribuição de tarefas na coparentalidade, de comum acordo, demonstrando também uma visão relacional da unidade familiar (Portes & Vieira, 2019; Walsh, 2016).

Em seus relatos, os pais também demonstraram transformação na maneira como lidavam com os desafios decorrentes de algumas características dos seus filhos, assim como decorrentes dos contextos sociais. Quando, ainda no início de sua parentalidade atípica, os pais afirmaram que, muitas vezes, não sabiam ou não tinham recursos para lidar com comportamentos difíceis de seus filhos. Além disso, preferiam isolar-se de alguns contextos sociais. Esta postura foi, aos poucos modificadas, quando os pais conseguiram acessar outros recursos, como informações vindas do diagnóstico e tratamentos e treinamentos parentais. O relato a seguir expressa essa análise, tendo sido elaborado a partir de uma imagem que demonstra a reação da personagem Mônica, ao se defender de um dos planos do Cascão e do Cebolinha. Na figura os dois aparecem no chão chorando, após apanhar da Mônica que sai de cena com expressão de quem cumpriu seu papel de se defender, ignorando os dois meninos no chão, na cena tem ainda uma outra personagem que passa olhando curiosa.

> *"A Mônica seria meu esposo e eu meio que ignorando aquilo que as pessoas, os olhares das pessoas pra gente. Hoje em dia eu não tô nem aí. Na verdade, minha preocupação é o bem estar deles. Se as pessoas estão incomodadas, elas que se mudem porque eu não vou deixar de estar onde a gente quer por conta das pessoas não, entendeu? No início, porque tudo era muito novo, eu não sabia como me portar diante de alguns comportamentos dele, ainda mais*

porque ele tinha muitas crises, então eu evitava sair com eles. Não por vergonha, mas por não saber como agir diante disso." (Mãe 1)

"Eu deixei de frequentar eventos, de ir em alguns locais, ou se estava e acontecia, eu ia embora. Quando eu comecei a estudar sobre o autismo e sobre ABA, eu comecei a compreender algumas coisas e quando eu me dei conta de que eu precisava era olhar pro meu filho e não pro que as pessoas pensavam em relação a ele e ele também é parte da sociedade, então ele tinha que tá ali." (Mãe 2)

"Eu comecei pesquisando, fazendo cursos, para poder compreender um pouquinho mais. (Mãe 1) - Eu aprendi muito através dela porque ela que faz os cursos, né?" (Pai 1)

A respeito da relação conjugal, os pais avaliaram também alguns desafios que surgiram com a chegada de seus filhos, o que é demonstrado também em outras pesquisas (Galvadão, 2019; Zandonadi & Aguirres, 2021). Há modificações na relação conjugal com a chegada de um filho, principalmente nos casos da parentalidade atípica, que acentua desafios advindos das demandas da criança. Os pais, porém, também avaliaram com uma perspectiva positiva, que a experiência da coparentalidade com seus filhos autistas proporcionou crescimento não só para as relações parentais, mas também para a relação conjugal (Semensato & Bosa, 2017). Os trechos a seguir demonstram essa avaliação dos pais:

"Cara, eu acho que os meninos até melhoraram, né? Nosso casamento em relação a tudo. A gente se uniu mais. Não que a gente não fosse assim, mas eu acho que aquilo que é bom melhorou." (Mãe 1),

"Eu acho que no início foi bem conturbado, né? A gente, no casamento, até passou por uma crise, mas depois isso aí veio como a (minha esposa) disse, pra fortalecer o matrimônio e nos trazer mais, mais tempo junto eu acho, isso ajudou muito. O (nosso filho) serviu pra deixar a gente mais junto, mais unido né, em prol de um bem comum. Eu acho que o resumo pra mim maior é esse, essa união e essa proximidade que ele nos trouxe." (Pai 2)

Alguns fatores foram destacados pelos pais como sendo importantes para seu desenvolvimento e transformação, como noções de transcendência e espiritualidade e como o fato de compreender seus desafios a partir de explicações religiosas, através de valores e propósitos que estavam de acordo com seus movimentos de fé (Walsh, 2016). Outro fator que apareceu como contribuição para o desenvolvimento dos pais foi o fato de buscarem cuidar também de si mesmos. Os pais relataram que realizaram acompanhamentos profissionais com psicólogos e outros profissionais. A busca de recursos terapêuticos pode ser considerada como estratégia de enfrentamento aos seus desafios, dando suporte para construção de significados e crenças (Lucena et al, 2022):

"A gente pega isso como um bem maior de Deus, que curou a nossa vida né? De muitas coisas e tá nos ajudando a ajudar outras pessoas." (Pai 2),

"Desde coisas que são da nossa criação, do que a gente entende, de desconstruir, de respeitar, de entender, de construir um tempo pra nós também, de entender que a gente tem que ser pai, tem que ser esposo, saber a hora. A terapia está sendo muito importante pra gente." (Mãe 4)

> *"Ah, eu acredito que o amor é a base. E, é óbvio, que a fé. A fé nos sustenta bastante nos momentos de desespero, de queda, de amor enfraquecido né, de medo, então eu acho que essa fé, esse cuidado de Deus conosco, faz com que a gente aceite melhor as coisas e consiga lidar melhor né, com tudo que está por vir." (Mãe 2)*

Além do desenvolvimento e crescimento do subsistema parental/coparental, os participantes também destacaram seu próprio desenvolvimento pessoal, descrevendo transformações que contribuíram em outras esferas da vida e na autoavaliação. Alguns pais relataram que encontraram sentido e motivação e passaram a acreditar mais em seu potencial. Uma mãe em particular relatou que a vivência com seus filhos com TEA fez com que ela encontrasse um objetivo em sua formação e carreira profissional:

> *"Me abriu os olhos para a questão profissional, porque eu sempre quis ser psicóloga, mas eu não sabia qual a área que eu queria seguir. Então quando eu vi o desenvolvimento (do meu filho mais velho) em especial né, porque foi o primeiro, então, pra mim, eu achei que foi uma oportunidade pra eu poder de fato ajudar outras famílias, principalmente famílias que não tem condições financeiras, através de estudo." (Mãe 1)*
>
> *"Então, eu passei a ser uma pessoa que acredita muito mais em mim, a perceber o quanto eu tinha mais força, eu me tornei uma mulher mais dedicada, mais empenhada, eu tinha muito medo das coisas, de falhar muitas vezes, hoje eu enfrento com mais facilidade. Eu me tornei mais positiva, eu comecei acreditar que as coisas podem dar certo" (Mãe 2)*

Os pais relataram mudanças tanto emocionais quanto comportamentais, em algumas características pessoais, como: ansiedade, perfeccionismo, qualificando-se agora como "mais humanos", no sentido de que buscavam compreender mais as pessoas. Também se descreveram como pessoas mais "resilientes", ou seja, que aprenderam a enfrentar os seus desafios e cresceram com eles. Estas avaliações positivas de suas vivências demonstram que os pais conseguiram extrair dos seus desafios sentidos e valores (Walsh, 2016). Os relatos a seguir demonstram como os pais consideraram que a vivência com seus filhos foi capaz de modificar crenças e padrões de comportamentos:

> *"Olha eu me considero um ser humano diferente depois que eu fui mãe mas eu também considero depois do diagnóstico dele. Eu sou muito impaciente, ansiosa. E você precisa ter muita paciência e calma. Não é tudo no meu tempo." (Mãe 3)*
>
> *"Acho que uma das coisas que mudou completamente isso em mim foi a empatia, né? Você se colocar no lugar de outra pessoa. E é uma coisa interessante assim, uma acho que é até uma das uma das palavras aí que compõe aí o texto da da monografia, ali que é a resiliência assim, né? Eu aprendi essa palavra, ela é acho que foi o foi o divisor de águas né? Na minha vida, né? Eu hoje eu carrego isso até no profissional também e em outras relações." (Pai 3)*
>
> *"Pra mim eu aprendi, eu sou uma pessoa muito perfeccionista, né? Eu quero tudo perfeito e sou uma pessoa muito controladora. Eu quero dominar tudo. Então isso foi um grande conflito pra mim. Então eu tive que aprender. Eu estou tendo ainda que aprender. Então eu estou melhorando muito nisso." (Mãe 4)*

Os pais também demonstraram seu desenvolvimento à medida que conseguiram servir de suporte e apoio para outras famílias de crianças com TEA. Quando questionados sobre quais seriam suas dicas para famílias que acabaram de descobrir o diagnóstico de seus filhos, os pais responderam que os orientariam a aceitarem o diagnóstico, permitindo-se vivenciar suas tristezas, mas também avaliá-lo como ponto de partida, sugeriram que buscassem conhecimento sobre o transtorno, profissionais que possam acompanhar a criança e tratamentos adequados, independentemente da idade da criança:

> *"Pros pais poderem ter conhecimento sobre o autismo, pesquisarem, por mais que eles não queiram se especializar, mas para eles terem conhecimento pra correr atrás daquilo que, de fato, é importante para os seus filhos. Muito cuidado com o tipo de clínica que os pais colocam seus filhos, porque algumas prometem tudo, mas, não cumprem nada. Exigir o que é de direito seu, principalmente participar de algumas sessões. Por exemplo, estacionamento para pessoas com deficiência." (Mãe 1)*
>
> *"Eu diria primeiro para se permitir viver esse momento, se a pessoa estiver triste, não tem nada de errado e se sentir triste nesse momento porque foi o que aconteceu comigo eu chorei muito porque eu me senti perdida eu não sabia o que estava por vir né. Mas que ela tivesse consciência eu queria que alguém tivesse dito pra mim que independente do que for acontecer, aquilo ali. o laudo, o diagnóstico, não define a vida do seu filho, não define quem é o seu filho é. Aquilo pode ser um norte pra simplificar a vida do seu filho, pra ajudar a se desenvolver muito melhor." (Mãe 4)*

Além das orientações práticas, os pais passaram também a oferecer orientações para outras famílias, de como elas deveriam enfrentar os desafios que poderiam surgir. Estas orientações relacionam-se principalmente a desafios no convívio social, nas quais os participantes incentivam outros pais a avaliarem as situações com senso de coerência e perspectiva positiva. Este conceito, senso de coerência, de acordo com Walsh (2005), faz referência a ter uma orientação para a vida na qual ela é avaliada como "compreensível, administrável e significativa", na qual se busca esclarecer a natureza dos problemas a fim de superá-los acessando diversos recursos (Walsh, 2005, p. 53). A perspectiva positiva contribui, então, para encarar e superar os desafios de forma ativa, com perseverança, coragem, esperança, otimismo (Walsh, 2005), o que faz com que os pais passem também a buscar apoio em diferentes contextos.

> *"Não baixar a cabeça jamais para as pessoas e ensinar isso aos seus filhos, dizer sempre para os seus filhos o quanto eles são especiais, não no sentido da deficiência, mas como pessoa de fato, o quanto eles são importantes." (Mãe 1)*
>
> *"E que é importante sim ela também ter um acompanhamento psicológico. É fundamental porque senão, é muito importante você ter fé, você ter sei lá sua religião, mas você precisa assim de terapia. Eu vejo muita gente falando assim, ah é fundamental pras crianças, né? Ter estímulo, ter terapia e esquecem dos pais. Sim. Né? Você tem que entender que assim, você ter um filho autista você é uma mãe de uma criança autista. Então você precisa de suporte, você precisa de apoio, você precisa de alguém que saiba te ouvir." (Mãe 4)*
>
> *"Vai dar certo! É uma coisa que dá muita alegria. Né? Que dá muita luta, mas são filhos. Se souber aproveitar o que tem de melhor deles vai ficar bem." (Pai 2)*

Destaca-se, assim, que os pais foram capazes de avaliar seu próprio crescimento, desenvolvimento e transformação, que foram consequências das vivências com seus filhos com TEA. Os processos proximais que aconteceram nas relações parentais, entre pais e filhos e entre o próprio casal parental, possibilitaram o desenvolvimento não somente da criança, mas também dos pais. Neste sentido, pode-se entender a criança com TEA tendo um papel que envolve reciprocidade nas relações com os seus pais, sendo ela também promotora de desenvolvimento dos adultos na relação. Essa perspectiva é pouco notada por pesquisas, que focam ou no desenvolvimento da criança ou na sobrecarga e estresse parental (Micele & Nascimento, 2022; Yunes, 2003). É importante salientar, porém, que a reorganização da rotina e o desenvolvimento do sistema de crenças parental que atribui sentido às adversidades, favorece a vivência dos desafios com perspectiva positiva e com senso de transcendência, é codependente do apoio de outros contextos. Os resultados desta pesquisa se somam aos de outros estudos que afirmam a necessidade do cuidado e auxílio aos cuidadores de crianças com TEA (Cruz et al., 2021; Oliveira et al., 2019; Shaw, 2021).

Conclusões

Os microssistemas familiares são contextos que potencializam o desenvolvimento tanto das crianças (filhos) quanto dos adultos (os pais) e ao se investigar os processos de resiliência na família, devemos investigar os desafios, superações e crescimentos que afetam todos os membros da unidade familiar, como propõe Walsh (2016). Segundo Dias (2011), a família deve ser considerada enquanto uma unidade funcional, que permite aos seus membros a possibilidade de desenvolvimento, na sua relação interna (no microssistema) e externa (com outros contextos), ao exercerem papeis que os possibilitam crescer. Assim, conclui-se que todos os membros da família, crianças e adultos, estão em desenvolvimento nesse contexto de relações proximais.

A chegada de uma criança com TEA à família traz consigo diversos desafios para o microssistema familiar. Estes desafios são advindos não somente das características da criança e por causa do transtorno, mas também da falta de conhecimento sobre o transtorno nos diferentes contextos de convivência, pela dificuldade de acesso a recursos e serviços, além de preconceitos da sociedade e dificuldades na inclusão social (Cabral, Falcke e Marin, 2021; Souza & Duarte, 2022; Souza, Manhães e Souza, 2021; Gomes et al, 2014; Souza & Souza, 2021). Nesse cenário, é importante que as famílias ressignifiquem as expectativas sobre o desenvolvimento da criança, reestruturem a organização familiar e desenvolvam processos de comunicação no microssistema familiar e no mesossistema (outros contextos que convivem com a família), ajustes identificados nos relatos dos pais e mães que mostram processos de resiliência familiar e parental na vivência com a criança com TEA (Walsh, 2016).

Em uma perspectiva positiva, destacam-se os diferentes processos proximais promotores do desenvolvimento para as crianças e adultos que compõem essas relações, tanto considerando as interações com a própria criança, com o casal e outros membros da família, bem como com a rede de apoio. Particularmente considerando a parentalidade, este é um evento entendido transformador para a pessoa que exerce os cuidados, para além da vinculação afetiva, mas também envolvendo novas competências e estratégias (Rodrigo et. al. 2009). Contudo, a criança com TEA demonstra características singulares, exigindo dos adultos cuidadores o desenvolvimento de competências que tem também especificidades. Foi na relação com seus filhos que, em concordância com Martinez, Ávilla e Sanchez (2020), os pais puderam desenvolver novas aprendizagens. Essas foram evidentes na mudança de valores, atitudes e crenças, na aprendizagem de novos conhecimentos, bem como nas aquisições de novas práticas e hábitos. Além disto, os pais aprenderam a administrar e organizar suas famílias, demonstrando a capacidade de serem flexíveis e garantirem, também, certa estabilidade, aspectos importantes para o desenvolvimento das crianças. Os pais enfatizaram nos relatos sua função de proteção e maior dedicação na promoção do desenvolvimento dos filhos. Identificaram que a experiência com os filhos trouxe crescimento e valorização das pequenas conquistas do cotidiano. Foram capazes de avaliar seu próprio crescimento, desenvolvimento e transformação, como consequências das vivências com seus filhos com TEA.

Acrescenta-se que a partir das transformações que identificaram em si e em suas famílias, os pais se sentiram encorajados a acolherem famílias que recentemente descobriram o diagnóstico ou que estavam percebendo as primeiras diferenças no desenvolvimento de seus filhos. No início de sua vivência, os pais eram pessoas que desconheciam o TEA, tinham certas expectativas e crenças a respeito do desenvolvimento humano. Após suas vivências, passaram a estar engajados em lutas sociais pelos direitos das pessoas com deficiência e, especificamente, com TEA, além de contribuírem com outras famílias ao descobrirem o diagnóstico, encontraram sentido e motivação e passaram a acreditar mais em seu potencial.

De fato, muitas pesquisas com o público de famílias de crianças com TEA, avaliam os desafios, estressores e estratégias de enfrentamento diante destes (Braga dos Anjo & Araújo de Moraes, 2021). Contudo, esta pesquisa pretendeu contribuir para focar os aspectos positivos, sadios e de sucesso do microssistema familiar. A atenção para estes aspectos não foi realizada negando os desafios e adversidades. Pelo contrário, através da exposição a estes desafios, identificaram-se diversos recursos, enfrentamentos e crescimentos de toda unidade familiar, e particularmente dos pais e mães. Famílias de crianças com Transtorno do Espectro Autista são famílias que também ensinam a "dominar a arte daquilo que é possível" (Walsh, 2016). Elas aprendem a dar novos significados às crenças e compreensões que poderiam tornar-se fatores de risco, conseguem avaliar muitos de seus desafios como reais, mas administráveis, aprendem a ajustar-se e reajustar-se. Como afirmado por uma mãe desta pesquisa, com suas crianças, essas famílias aprendem a não desistir, mas a se reerguer e continuar caminhando.

REFERÊNCIAS

Aguiar, M, & Pondé, M. (2020). Autism: impact of the diagnosis in the parents. Jornal Brasileiro de Psiquiatria, 69(3), 149-155. https://doi.org/10.1590/0047-2085000000276

Andrade, A., Teodoro, M. (2012). Família e Autismo: Uma revisão de literatura. Contextos Clínicos, (5)2, 133-142.https://doi.org/10.4013/ctc.2012.52.07

Belo, R., Fonseca, T. (2020). A relação entre autismo, família e aprendizagem, em artigos da base de dados Scielo (2003-2019). Temas em Educação e Saúde, 16(1), 118-132. https://doi.org/10.26673/tes.v16i1.13539

Braga dos Anjos, Brenna, & Araújo de Morais, Normanda. (2021). As experiências de famílias com filhos autistas: uma revisão integrativa da literatura. Ciencias Psicológicas, 15(1), e2347. Epub 01 de junio de 2021. https://doi.org/10.22235/cp.v15i1.2347

Brito, M. J. M., Caram, C. S., Moreira, D. A., Rezende, L. C., Cardoso, C. M. L., & Caçador, B. S. (2019). Técnica do gibi como recurso metodológico aplicado na enfermagem. Revista Baiana de Enfermagem. https://doi.org/10.18471/rbe.v33.29895

Bronfenbrenner, U., & Morris, P. (2006). The bioecological model of human development. In W. Damon, & R. M. Lerner (Orgs.), Handbook of child psychology: Theoretical models of human development. 1(6) 793-828.

Cabral, C. S., Falcke, D., & Marin, A. H.. (2021). Relação Família-Escola-Criança com Transtorno do Espectro Autista: Percepção de Pais e Professoras. Revista Brasileira De Educação Especial, 27, e0156. https://doi.org/10.1590/1980-54702021v27e0156

Costa e Silva, K. (2014). Resiliência em mães de filhos com transtorno do espectro autista-TEA. [Dissertação de Mestrado, Pontifícia Universidade Católica].

Creswell, J. W. (2007). Projeto de pesquisa: métodos qualitativo, quantitativo e misto. Artmed.

Cruz, A., Minetto, M., Weber, L., Oliveira, L., Peron, C. (2021). "É tão difícil alguém vestir nossos chinelinhos": relatos de mães de crianças com TEA. International Journal of Developmental and Educational Psychology. 1(1). 85-96.

Dell Prette, A., Del Prette, Z. (2017). Competência social e habilidades sociais: manual teórico-prático. Vozes.

Dessen, M. A., & Polonia, A. da C.. (2007). A família e a escola como contextos de desenvolvimento humano. Paidéia (ribeirão Preto), 17(36), 21–32. https://doi.org/10.1590/S0103-863X2007000100003

Dias, M. (2011). Um olhar sobre a família na perspectiva sistêmica: o processo de comunicação no sistema familiar. Gestão e Desenvolvimento, 19.139-156

Galvadão, A. L. (2019). Dinâmica de casais com filhos com transtorno do espectro autista: desafios e impactos na conjugalidade. Dissertação de Mestrado. Universidade Católica de Brasília.

Gomes, C, Silveira A. (2016). Ensino de habilidades básicas para pessoas com autismo. Appris Editora.

Gomes, P., Lima, L., Bueno, M., Araújo, L., Souza, N. (2015). Autism in Brazil: a systematic review of family challenges and coping strategies. Jornal de Pediatria, 91(2). 111-121. https://doi.org/10.1016/j.jped.2014.08.009

Gorin, M. C., Mello, R., Machado, R. N., Féres-Carneiro, T. (2015). O estatuto contemporâneo da parentalidade. Revista da SPAGESP, 16(2), 3-15. https://pepsic.bvsalud.org/pdf/rspagesp/v16n2/v16n2a02.pdf

Goyos, C. (2019). ABA: Ensino da fala para pessoas com autismo. Edicon.

Líbio, Larissa, & Bosa, Cleonice Alves. (2023). Resiliência familiar no contexto do transtorno do espectro autista: a perspectiva dos irmãos. Psicologia Clínica, 35(3), 449-473. Epub 11 de outubro de 2024. https://doi.org/10.33208/pc1980-5438v0035n03a01

Loos, C. A., de Azevedo Mazza, V., Tonin, L., Weissheimer Kaufmann, G., Marine Pimentel Verga, S., Trevisan Nóbrega Martins Ruthes, V. B., & Dezoti, A. P. (2023). Rede de apoio às famílias de crianças com transtorno do espectro autista. Ciência, Cuidado E Saúde, 22. https://doi.org/10.4025/ciencuidsaude.v22i0.65788

Lucena, G. B., da Silva, T. C., Lopes, L.M. (2024). Os desafios e estratégias adaptativas de famílias frente ao diagnóstico de transtorno do espectro autista. SaúdeUNIFAN, 4(2), 40-50.

Magro, C. (2008). As expectativas de pais de crianças com desordem do espectro autístico quanto ao seu desenvolvimento e escolarização. [Dissertação de Mestrado, Universidade de São Paulo].

Martinez, M.M., Ávilla, M.R., Sánchez, L.P. (2020). Resiliencia materna: recuperación de una historia de resistencia ante el diagnóstico del Trastorno del Espectro Autista(TEA). Revista Dilemas Contemporáneos: Educación, Política y Valores, 22(1), 1-30. https://doi.org/10.46377/dilemas.v8i.2497

Matos, L., Cruz, E., Santos, T., & Silva, S. (2018). Resiliência Familiar: o olhar de professores sobre famílias pobres. Psicologia Escolar e Educacional, 22(3), 493-501. https://doi.org/10.1590/2175-35392018038602

Mercado, Waldileia. (2022). TEA – Diagnóstico precoce com reflexos na qualidade de vida da criança e da família. Research, Society and Development, 1(15). https://doi.org/10.33448/rsd-v11i15.37482

Miceli, C. C. V. ; Nascimento, C. R. R. (2022). Parentalidade após a separação: impactos e desafios da guarda paterna. In: De Marchi,Barbara Frigini; Missawa, Daniela Dadalto Ambrozine; Rossetti, Claudia Broetto (Orgs).. (Org.). Temas Atuais em Desenvolvimento Humano. 1ed. Bauru-SP: Gradus, 2022, v. 1, p. 213-245.

Nascimento, C., Comin, F. (2018). Psicologia e Contextos da Família e da Saúde: cenários em transformação. Revista Família, Ciclos de Vida e Saúde no Contexto Social. 6(4). https://www.redalyc.org/articulo.oa?id=497957635001

Nascimento, C. R. R., & Yunes, M. A. Ma. (2023). O conceito de resiliência parental e suas implicações psicossociais. Psicologia Clínica, 35(3), 499-520. Epub 11 de outubro de 2024.https://doi.org/10.33208/pc1980-5438v0035n03a03

Oliveira, W., Basílio, A., Benites, A., Takahashi, G., Bezerra, S., Santos, M. (2019). Vivências de pais de crianças com espectro autista: um enfoque fenomenológico. Investigação Qualitativa em Saúde. Atas do 8º Congresso Ibero-Americano em Investigação Qualitativa. Lisboa, Portugal.

Oliveira, K. da S., & Nakano, T. de C.. (2018). Avaliação da resiliência em Psicologia: revisão do cenário científico brasileiro. Psicologia em Pesquisa, 12(1), 73-83. https://doi.org/10.24879/2018001200100283

Pessoa, A. (2010). Histórias em quadrinhos: um meio intermidiático. Universidade Presbiteriana Mackenzie. http://www.bocc.ubi.pt/pag/pessoa-alberto-historias-em-quadradinhos.pdf

Portes, J., Vieira, M. (2020). Coparentalidade no contexto familiar de crianças com transtorno do espectro autista. Psicologia em Estudo. 25(1), 1-17. https://doi.org/10.4025/psicolestud.v25i0.44897

Ribeiro, E. C. L., Santos, L. L. N. dos, Monteiro, P. D. S., & Xavier, R. R. (2025). Desenvolvimento psicossocial infantil: a importância da família. Cuadernos De Educación Y Desarrollo, 17(3), e7819. https://doi.org/10.55905/cuadv17n3-090.

Rodrigo, M. J. L., Martín, J. C. Q., Cabrera, E. C. & Máiquez, M. L. C. (2009). Las Competencias Parentales en Contextos de Riesgo Psicosocial. Psychosocial Intervention, 18(2), 113-120. http://www.redalyc.org/articulo.oa?id=179814021003

Rodrigo, M. J. L. (2009). Una mirada integradora de la resiliencia parental: Desde el contexto hasta la mente de las madres y los padres en riesgo psicosocial. Psicologia da Educação, 28, 51-71.

Rodrigo, M. J. L. (2011). La resiliencia parental en situaciones de riesgo psicosocial: Implicaciones para la práctica profesional. In: Almeida, A. & Fernandes, N. (Eds.), Intervenção psicossocial com crianças jovens e famílias. Coimbra: Almedina.

Rooke, M. (2015). Aspectos conceituais e metodológicos da resiliência psicológica: uma análise da produção científica brasileira. Estudos e Pesquisas em Psicologia, 15(2). http://pepsic.bvsalud.org/scielo.php?script=sci_arttext&pid=S1808-42812015000200013

Semensato, M., Bosa, C. (2017). Crenças indicativas de resiliência parental no contexto do autismo. Psicologia: Teoria e Pesquisa, 33,1-10.https://doi.org/10.1590/0102.3772e33416

Seibel, B., Koller, S.. (2015). O conceito de resiliência aplicado ao microssistema familiar, articulações com a teoria bioecológica do desenvolvimento humano. In A resiliência em questão: Perspectivas teóricas, pesquisa e intervenção. Coimbra, R.M., Morais, N.A, (Orgs). 83-98. Artmed.

Silveira, A. (2019). Ensino de habilidades de autocuidados para pessoas com autismo. CEI Desenvolvimento humano.

Souza, H. (2020, Junho 5). Parentalidade, módulo 1. [Vídeo]. Youtube.https://www.youtube.com/watch?v=7fWtKfJSgQw

Souza, W., Duarte, R. (2022). Análise dos impactos do diagnóstico do espectro autista no âmbito familiar: desafios e possibilidades. Research, Society and Development, 11(14).

Souza, C., Manhães, F., Souza, C. (2021). A re(inserção) social de famílias de crianças com transtorno do espectro autista. XVII Jornadas Internacionales de Investigación en Psicología UCES.

Shaw, G. (2021). Relação entre a família, escola, especialistas e o desenvolvimento de pessoas autistas. Perspectivas em diálogo: Revista de Educação e Sociedade, 8(16). 183-201.

Yunes, M. (2003). Psicologia Positiva e resiliência: o foco no indivíduo e na família. Psicologia em Estudo, 8. 75-84.

Walsh, F. (2005). Fortalecendo a resiliência familiar (M. F. Lopes, Trad.). São Paulo: Roca.

Walsh, F. (2016). Resiliência familiar. In F. Walsh. Processos normativos da família: Diversidade e complexidade. 4º edição (pp. 399-427). Porto Alegre: Artmed.

Weissheimer, G., Mazza, V. de A., Freitas, C. A. S. L., & Silva, S. R. da .. (2021). Informational support for families of children with autism spectrum disorder. Revista Gaúcha De Enfermagem, 42, e20200076. https://doi.org/10.1590/1983-1447.2021.20200076

Zandonadi, A.C., Aguirres, A.S. (2021). Mudança do ciclo familiar: o diagnóstico de autismo e os impactos na relação conjugal. Revista Farol, 13(13). 101-116.

06

TERAPIA DE ACEITAÇÃO E COMPROMISSO (ACT) PARA PAIS E CUIDADORES DE CRIANÇAS COM TRANSTORNO DO ESPECTRO DO AUTISMO (TEA)

Mylena Pinto Lima
Fabiana Pinheiro Ramos
Gabriela Esteves Lopes
Luisa Gonçalves Pires

Introdução

A parentalidade é uma jornada inerentemente complexa, mas para pais e cuidadores de crianças com Transtorno do Espectro do Autismo (TEA), os desafios são amplificados. A necessidade de cuidados especializados e terapias contínuas frequentemente leva à exaustão e ao sofrimento psicológico dos cuidadores (Abidin, 1995; Almansour et al., 2013). A literatura científica tem consistentemente demonstrado a sobrecarga e o impacto negativo na saúde mental e qualidade de vida desses pais, que frequentemente relatam sentimentos de culpa, ansiedade e depressão, resultando em um ciclo de estresse crônico (American Psychiatric Association, 2013; Benson, 2006). Nesse contexto, tradicionalmente, as intervenções enfatizam habilidades de manejo comportamental da criança com TEA, negligenciando o bem-estar emocional dos cuidadores (Blackledge & Hayes, 2006).

Considerando a necessidade de intervenção também para a promoção da saúde mental parental, a Terapia de Aceitação e Compromisso (ACT) surge como uma abordagem promissora. A ACT, uma terapia contextual-comportamental, não busca eliminar o sofrimento, mas sim modificar a relação do indivíduo com suas experiências internas e promover ações alinhadas aos seus valores (Bond et al., 2011). Seu objetivo central é aumentar a flexibilidade psicológica – a capacidade de estar presente e engajar-se em comportamentos valorizados, mesmo diante de dificuldades (Byrnes et al., 2021). Assim, este capítulo visa revisar a literatura sobre a aplicação da ACT para pais e cuidadores de crianças com TEA, analisando criticamente os achados, a diversidade metodológica e as implicações práticas para a clínica e pesquisa.

Desafios da Parentalidade de Crianças com Transtornos do Espectro do Autismo

A parentalidade de crianças com Transtorno do Espectro do Autismo (TEA) é uma experiência que, embora possa ser profundamente gratificante, é frequentemente marcada por um conjunto de desafios complexos e persistentes que impactam significativamente o bem-estar dos cuidadores. A natureza muitas vezes disruptiva dos sintomas do TEA impõe demandas contínuas que transcendem as experiências típicas da parentalidade, e exigem uma adaptação constante por parte dos pais e cuidadores.

Um dos desafios mais proeminentes é a sobrecarga de cuidados. Crianças com TEA frequentemente necessitam de assistência intensiva em atividades básicas da vida diária, como alimentação, higiene pessoal, vestuário e mobilidade. Além disso, a rotina diária é frequentemente preenchida com múltiplas terapias especializadas, como fisioterapia, fonoaudiologia, terapia ocupacional, e intervenções comportamentais como a Análise do Comportamento Aplicada (ABA). A coordenação dessas terapias, o transporte para as sessões e o acompanhamento médico constante resultam em uma agenda exaustiva para os pais. Essa rotina pode levar à privação crônica de sono, fadiga física e mental persistente, e, muitas vezes, à negligência das próprias necessidades de saúde e bem-estar dos cuidadores, que priorizam as demandas da criança.

O estresse crônico é uma consequência quase universal para pais de crianças com

TEA. Estudos demonstram consistentemente que esses pais relatam níveis significativamente mais altos de estresse em comparação com pais de crianças com desenvolvimento típico ou mesmo com outras condições crônicas de saúde. Esse estresse é multifacetado e pode ser exacerbado por diversos fatores, incluindo comportamentos desafiadores da criança (como agressão, autoagressão, estereotipias repetitivas), dificuldades de comunicação que impedem a expressão de necessidades e desejos, problemas de sono que afetam toda a família, e a necessidade de constante vigilância para garantir a segurança e o bem-estar da criança. A imprevisibilidade de crises, regressões no desenvolvimento ou a emergência de novos desafios comportamentais contribui para um estado de alerta constante, impedindo que os pais relaxem e se recuperem adequadamente.

O impacto na saúde mental dos cuidadores é uma preocupação séria e bem documentada. Há uma maior prevalência de transtornos de ansiedade e depressão, dentre outros problemas de saúde mental entre pais de crianças com TEA. A ruminação sobre o futuro incerto da criança, o luto pelas expectativas não realizadas em relação ao desenvolvimento do filho, o isolamento social e a percepção de falta de apoio adequado podem agravar esses problemas. Além disso, a estigmatização social e a falta de compreensão por parte da comunidade e até mesmo de amigos e familiares podem levar a sentimentos profundos de vergonha, culpa e inadequação, contribuindo para o sofrimento psicológico.

As dificuldades financeiras são outro desafio premente. Os custos associados a terapias intensivas, medicamentos específicos, equipamentos especializados e adaptações domiciliares podem ser exorbitantes, mesmo com o apoio de planos de saúde ou sistemas públicos de saúde. Muitos pais se veem obrigados a reduzir sua carga horária de trabalho ou até mesmo a abandonar suas atividades profissionais para se dedicar integralmente aos cuidados da criança, o que agrava a pressão financeira e pode levar a um ciclo vicioso de estresse e dificuldades econômicas.

Finalmente, o isolamento social é um desafio significativo que afeta a qualidade de vida dos cuidadores. A dificuldade em encontrar cuidadores qualificados e confiáveis para permitir que os pais tenham um tempo para si, a falta de compreensão e empatia por parte de amigos e familiares que não vivenciam a mesma realidade, e a própria exaustão física e emocional podem levar os pais a se afastarem de suas redes de apoio social. Isso pode resultar em sentimentos de solidão, falta de pertencimento e privação de recursos essenciais para lidar com o estresse e manter o equilíbrio emocional.

Diante desses desafios multifacetados e interconectados, torna-se essencial que as intervenções de apoio a esses pais e cuidadores abordem não apenas as habilidades práticas de manejo dos comportamentos da criança, mas também o bem-estar psicológico, a saúde mental e a capacidade de resiliência dos próprios cuidadores diante das adversidades. A Terapia de Aceitação e Compromisso (ACT), com seu foco na promoção da flexibilidade psicológica e na ação baseada em valores, oferece uma estrutura promissora para atender a essas necessidades complexas, capacitando os pais a navegarem por essa jornada com maior propósito e bem-estar, apesar das dificuldades inerentes. A compreensão aprofundada desses desafios é fundamental para o desenvolvimento e aprimoramento de intervenções eficazes que realmente façam a diferença na vida dessas famílias.

Fundamentos Teóricos da Terapia de Aceitação e Compromisso (ACT)

A Terapia de Aceitação e Compromisso (ACT) é o produto de décadas de pesquisa em análise do comportamento, particularmente no campo do behaviorismo radical e da análise funcional do comportamento. Sua evolução representa uma "terceira onda" nas terapias comportamentais e cognitivas, que se distingue das abordagens anteriores por um foco menos na modificação direta de pensamentos e sentimentos e mais na mudança da relação do indivíduo com sua experiência interna. As primeiras ondas, como a terapia comportamental e a terapia cognitivo-comportamental (TCC), embora eficazes para uma vasta gama de problemas, por vezes encontravam limitações quando os clientes se engajavam em estratégias de controle e evitação experiencial que, paradoxalmente, aumentavam seu sofrimento a longo prazo.

A ACT, dessa maneira, ao invés de tentar eliminar o sofrimento, propõe uma abordagem radicalmente diferente: a aceitação do sofrimento como uma parte inevitável da experiência humana e o compromisso com ações que são significativas e valorizadas, mesmo na presença de dor. Essa perspectiva é particularmente relevante para o contexto do estresse parental em cuidadores de crianças com TEA. O estresse parental não é meramente um conjunto de sintomas; é uma experiência complexa que envolve uma série de pensamentos, sentimentos e sensações físicas desagradáveis. A abordagem tradicional de "combater" ou "eliminar" esse estresse pode levar os pais a uma luta exaustiva e infrutífera contra suas próprias experiências internas, desviando recursos que poderiam ser usados para o cuidado eficaz de seus filhos ou para o autocuidado.

A relevância da ACT para o estresse parental reside em sua capacidade de ajudar os pais a desenvolver uma postura de aceitação em relação ao seu sofrimento, permitindo que eles reconheçam e validem suas emoções difíceis sem serem dominados por elas. Ao invés de se perderem em ruminações sobre o passado ou preocupações com o futuro, a ACT encoraja o mindfulness, ou seja, a atenção plena ao momento presente. Isso permite que os pais estejam mais presentes para seus filhos, para suas próprias necessidades e para as oportunidades de alegria e conexão que podem surgir mesmo em meio às dificuldades.

Além disso, a ACT enfatiza a clarificação de valores. Para pais de crianças com TEA, os valores podem ser uma bússola poderosa em meio à incerteza e ao caos. Quando os pais têm clareza sobre o que é mais importante para eles – seja ser um pai amoroso, paciente, resiliente ou dedicado – eles podem usar esses valores para guiar suas ações, mesmo quando se sentem exaustos e desanimados. A ação comprometida transforma esses valores em comportamentos, permitindo que os pais construam uma vida mais rica e significativa, apesar dos desafios inerentes à sua situação.

Em suma, a ACT oferece uma estrutura terapêutica que se alinha de forma única com as necessidades dos pais e cuidadores de crianças com TEA. Ao promover a flexibilidade psicológica, a ACT capacita esses indivíduos a navegar pelas complexidades da parentalidade com maior resiliência, propósito e bem-estar, transformando a luta contra o sofrimento em um caminho para uma vida mais plena e valorizada. A compreensão do contexto histórico e dos princípios fundamentais da ACT é essencial para apreciar seu potencial terapêutico neste campo desafiador.

Método

Esta revisão narrativa da literatura teve como objetivo descrever a produção científica sobre intervenções com a Terapia de Aceitação e Compromisso (ACT) para cuidadores de crianças com transtornos do desenvolvimento, problemas de comportamento ou problemas de saúde. A busca foi realizada em junho de 2022 nas bases de dados *American Psychological Association (APA PsycInfo), National Library of Medicine (PubMed) e Scientific Electronic Library*

Online (SciELO).

Os descritores utilizados foram: *"Acceptance Commitment Therapy", "ACT", "Parents" e "Caregivers"*, combinados com os operadores booleanos "OR" e "AND", incluindo suas correspondentes em português. Foram incluídos artigos publicados em periódicos científicos entre 2006 e 2022. Os critérios de exclusão abrangeram artigos duplicados, estudos com público diferente de pais e cuidadores de crianças com os transtornos especificados, e artigos com abordagens terapêuticas distintas da ACT. Todas as buscas foram exportadas para o Grafiati® (Grafiati, 2022) e os artigos organizados cronologicamente.

A coleta de dados e a seleção inicial dos artigos foram conduzidas pela primeira autora. Para assegurar a abrangência e minimizar vieses, as demais autoras atuaram como pesquisadoras independentes na revisão e validação dos artigos incluídos. Todos os títulos e resumos foram avaliados conforme os critérios de inclusão, seguidos pela avaliação dos artigos completos. A busca por termos em português não resultou em artigos adicionais. Após a categorização dos estudos selecionados por metodologia, realizou-se a revisão e discussão dos principais resultados.

Resultados

A análise dos estudos selecionados para esta revisão revela um panorama crescente e dinâmico na pesquisa sobre a aplicação da ACT no contexto da parentalidade de crianças com TEA. Observa-se que dentre os 22 estudos selecionados (2006-2022), o primeiro trabalho experimental sobre Treinamento Parental (TP) e ACT foi publicado em 2006 (Blackledge & Hayes, 2006), mas a área ganhou maior atenção quase uma década depois. Um aumento expressivo de publicações ocorreu a partir de 2020.

A maioria dos estudos identificados são pesquisas experimentais (N=12), o que sugere um esforço da comunidade científica em investigar a eficácia e os efeitos causais das intervenções ACT. Essas pesquisas experimentais variam em seus designs, incluindo estudos comparativos baseados em dados de antes e depois da intervenção, ensaios randomizados controlados (ERC), ensaios randomizados abertos, estudos de caso, validação de protocolo de avaliação, e designs experimentais com múltiplas linhas de base ou medidas repetidas. A presença de ERC's, embora em menor número, é um indicativo positivo de rigor metodológico, pois são considerados o padrão ouro para estabelecer a eficácia de intervenções.

Após as pesquisas experimentais, as revisões sistemáticas (N=5) e as metanálises (N=3) representam uma parcela significativa da literatura. Esses tipos de estudos são fundamentais para sintetizar a evidência existente, identificar lacunas na pesquisa e fornecer uma visão mais abrangente sobre o tema. A presença de metanálises, em particular, permite uma análise quantitativa dos resultados de múltiplos estudos, fornecendo estimativas mais precisas dos tamanhos de efeito das intervenções. Há também um estudo que combina revisão sistemática e metanálise (N=1), o que demonstra uma abordagem ainda mais robusta na síntese da evidência.

Outras metodologias menos frequentes incluem a validação de protocolo de avaliação (N=1), estudo de caso (N=1) e pesquisa qualitativa (N=1). Embora em menor número, esses estudos desempenham um papel importante. Estudos de validação de protocolo contribuem para o desenvolvimento de ferramentas de avaliação mais precisas e culturalmente adaptadas. Estudos de caso oferecem insights aprofundados sobre a aplicação da ACT em contextos específicos e as experiências individuais de pais e cuidadores, complementando os dados quantitativos. A pesquisa qualitativa, por sua vez, permite explorar as percepções, experiências e significados atribuídos pelos participantes às intervenções, enriquecendo a compreensão dos processos de mudança.

Variáveis Dependentes e Estratégias de Intervenção

As variáveis dependentes investigadas nos estudos refletem as principais preocupações e objetivos das intervenções ACT para pais e cuidadores. A saúde mental dos pais (N=13) foi a variável mais frequentemente estudada, o que é compreensível dada a alta prevalência de ansiedade, depressão e estresse nessa população. Isso indica um reconhecimento da importância de abordar o bem-estar psicológico dos cuidadores como um componente essencial do cuidado familiar.

Outras variáveis dependentes frequentemente examinadas incluíram mudanças em processos ACT (N=10), como aceitação, desfusão cognitiva e mindfulness, e o aumento da flexibilidade psicológica (N=9). A investigação desses processos é crucial para entender como a ACT funciona e quais mecanismos específicos são responsáveis pelas mudanças observadas. O foco na flexibilidade psicológica é particularmente relevante, pois representa o objetivo central da ACT e está diretamente relacionado à capacidade dos pais de se adaptarem às demandas variáveis da parentalidade de crianças com TEA.

O estresse parental (N=8) também foi uma variável de interesse significativo, refletindo a preocupação central com a sobrecarga experimentada por esses cuidadores. A redução do estresse parental não apenas melhora o bem-estar dos pais, mas também pode ter efeitos positivos na dinâmica familiar e no desenvolvimento da criança. Outras variáveis incluem qualidade de vida (N=6), comportamento parental (N=5), e funcionamento familiar (N=4), demonstrando uma abordagem holística que reconhece a interconexão entre o bem-estar dos pais e o funcionamento familiar geral.

As estratégias de intervenção utilizadas nos estudos mostram uma diversidade de abordagens, refletindo a flexibilidade da ACT em diferentes contextos. Intervenções em grupo (N=8) foram as mais comuns, oferecendo vantagens como apoio peer-to-peer, redução de custos e a oportunidade de aprender com as experiências de outros pais em situações similares. As intervenções individuais (N=6) permitem uma abordagem mais personalizada, adaptada às necessidades específicas de cada família.

Intervenções online (N=4) ganharam destaque, especialmente considerando as limitações de acesso e tempo que muitos pais enfrentam. Essas modalidades oferecem flexibilidade e conveniência, permitindo que os pais participem de suas casas e em horários que se adequem às suas rotinas complexas. Workshops intensivos (N=3) e intervenções mistas (combinando modalidades presenciais e online) (N=1) completam o espectro de abordagens, demonstrando a adaptabilidade da ACT a diferentes formatos de entrega.

A duração das intervenções variou consideravelmente, desde sessões únicas até programas de vários meses, refletindo diferentes filosofias sobre a intensidade e duração necessárias para produzir mudanças significativas. Essa variabilidade também sugere que a ACT pode ser eficaz em diferentes "doses", dependendo das necessidades específicas da população e dos recursos disponíveis.

Discussão

Os achados desta revisão sugerem que a ACT representa uma abordagem promissora para apoiar pais e cuidadores de crianças com TEA. A convergência de evidências de diferentes tipos de estudos – desde ensaios clínicos randomizados até pesquisas qualitativas – aponta para benefícios consistentes em múltiplas dimensões do bem-estar dos cuidadores.

Nesse sentido, um dos aspectos mais notáveis dos achados é a capacidade da ACT de abordar simultaneamente múltiplas áreas de dificuldade experimentadas por esses pais. Ao invés de focar exclusivamente na redução de sintomas específicos, a ACT parece promover uma transformação mais fundamental na relação dos pais com suas experiências de estresse e sofrimento. Isso é particularmente relevante no contexto da parentalidade de crianças com TEA, onde os desafios são frequentemente crônicos e imprevisíveis, exigindo uma capacidade de adaptação contínua.

A ênfase da ACT na aceitação psicológica oferece uma alternativa valiosa às abordagens tradicionais que se concentram na eliminação ou controle do estresse. Para pais de crianças com TEA, que frequentemente enfrentam situações que estão além de seu controle direto, aprender a aceitar suas reações emocionais enquanto se mantêm comprometidos com ações valorizadas pode ser transformador. Isso não significa resignação passiva, mas sim uma forma mais eficaz de engajamento com a realidade de sua situação.

A flexibilidade psicológica, como conceito central da ACT, parece particularmente relevante para essa população. A capacidade de se adaptar a circunstâncias em mudança, de estar presente mesmo em momentos difíceis, e de agir de acordo com valores pessoais, mesmo quando se sente sobrecarregado, são habilidades essenciais para a parentalidade eficaz de crianças com necessidades especiais. Os estudos revisados sugerem que as intervenções ACT podem efetivamente desenvolver essas capacidades.

A diversidade de modalidades de intervenção (individual, grupo, online) que mostraram eficácia é encorajadora, pois sugere que os princípios da ACT podem ser adaptados a diferentes contextos e necessidades. Isso é particularmente importante para pais de crianças com TEA, que frequentemente enfrentam limitações de tempo, recursos financeiros e acesso a serviços. A eficácia demonstrada de intervenções online, por exemplo, oferece uma opção valiosa para famílias que podem ter dificuldade em participar de sessões presenciais devido a responsabilidades de cuidado ou limitações geográficas.

No entanto, é importante reconhecer as limitações da evidência atual. A heterogeneidade metodológica entre os estudos torna difícil fazer comparações diretas e estabelecer diretrizes claras sobre as melhores práticas. Além disso, muitos estudos têm amostras relativamente pequenas e períodos de follow-up limitados, o que restringe nossa compreensão dos efeitos a longo prazo das intervenções ACT.

A necessidade de mais ensaios clínicos randomizados controlados de alta qualidade é evidente. Embora os estudos existentes sejam promissores, a evidência seria fortalecida por pesquisas com designs mais rigorosos, amostras maiores e comparações diretas com outras abordagens de intervenção estabelecidas. Além disso, pesquisas sobre os mecanismos de mudança específicos da ACT nesta população ajudariam a refinar e otimizar as intervenções.

Implicações Práticas

Para a prática clínica, os achados sugerem várias implicações importantes. Primeiro, a ACT pode ser uma adição valiosa ao arsenal de intervenções disponíveis para apoiar pais de crianças com TEA. Sua ênfase no desenvolvimento de habilidades de enfrentamento adaptativas, ao invés de simplesmente reduzir sintomas, alinha-se bem com as necessidades de longo prazo dessa população.

Segundo, a flexibilidade da ACT em termos de modalidades de entrega oferece oportunidades para alcançar pais que podem não ter acesso a serviços tradicionais. Intervenções online, em particular, podem ser uma forma eficaz de fornecer apoio a famílias em áreas rurais ou com recursos limitados.

Terceiro, a natureza transdiagnóstica da ACT significa que ela pode ser útil para pais que enfrentam uma variedade de desafios de saúde mental, não apenas aqueles relacionados especificamente ao estresse parental. Isso pode simplificar o tratamento e reduzir a necessidade de múltiplas intervenções especializadas.

Para os próprios pais, a ACT oferece ferramentas práticas que podem ser aplicadas em situações cotidianas. A capacidade de se desfusionar de pensamentos autocríticos, de praticar mindfulness durante momentos estressantes, e de se reconectar com valores pessoais pode fazer uma diferença significativa na qualidade de vida diária. Por exemplo, um pai pode aprender a notar quando está se envolvendo em ruminações sobre o futuro de seu filho e, ao invés de lutar contra esses pensamentos, pode reconhecê-los como normais e redirecionar sua atenção para ações que estão alinhadas com seus valores de ser um pai presente e amoroso. Isso pode incluir dedicar tempo de qualidade com a criança, mesmo após um dia exaustivo de terapias.

Profissionais de saúde mental, terapeutas ocupacionais, fonoaudiólogos, fisioterapeutas e educadores que trabalham com famílias de crianças com TEA, por sua vez, podem integrar os princípios da ACT em suas práticas. Isso não significa necessariamente que todos precisam se tornar terapeutas ACT, mas sim que a compreensão e a aplicação de conceitos como aceitação, desfusão cognitiva e valores podem enriquecer suas abordagens. Por exemplo, um terapeuta pode ajudar um pai a se desfusionar de pensamentos autocríticos sobre sua capacidade parental, ou um educador pode auxiliar um cuidador a identificar seus valores para guiar suas interações com a escola.

É crucial, no entanto, que a ACT seja vista como parte de uma abordagem de cuidado mais ampla e integrada. Ela não substitui a necessidade de apoio prático, educação sobre as necessidades específicas da criança, acesso a recursos comunitários, grupos de apoio e, quando necessário, outras formas de tratamento médico ou psicológico. A colaboração interdisciplinar é fundamental para atender às necessidades complexas dessas famílias, e a ACT pode ser uma ferramenta poderosa dentro desse ecossistema de apoio.

Conclusão

Esta revisão narrativa da literatura sobre a aplicação da ACT para pais e cuidadores de crianças com TEA oferece uma visão abrangente do estado atual da pesquisa neste campo emergente. Os achados sugerem que intervenções baseadas em ACT podem representar uma abordagem promissora para apoiar essa população vulnerável, oferecendo ferramentas para lidar com os desafios únicos da parentalidade de crianças com necessidades especiais. É importante ressaltar que, embora os resultados sejam encorajadores, a natureza da revisão narrativa e a heterogeneidade dos estudos não permitem conclusões definitivas de causalidade, mas sim indicam uma relação e um potencial terapêutico significativo.

Dessa maneira, as intervenções ACT parecem contribuir para melhorias no bem-estar psicológico dos cuidadores, particularmente na redução do estresse parental, melhoria da saúde mental e aumento da flexibilidade psicológica. A ênfase da ACT na aceitação de experiências difíceis, na clarificação de valores pessoais e na ação comprometida parece particularmente relevante para pais que enfrentam desafios crônicos e muitas vezes imprevisíveis. A capacidade de aceitar o sofrimento inerente à sua situação, sem se deixar consumir por ele, e de agir de acordo com o que é mais importante para eles, sugere um caminho para uma parentalidade mais resiliente e significativa.

As evidências disponíveis sugerem, assim, que a ACT pode oferecer uma estrutura valiosa para ajudar pais e cuidadores a desenvolver uma relação mais adaptativa com suas experiências de estresse e sofrimento. Ao invés de focar na eliminação do sofrimento, a ACT ensina os pais a aceitar suas experiências difíceis enquanto se movem em direção a ações que são consistentes com seus valores mais profundos como pais e cuidadores. Isso pode levar a uma redução da luta interna e a um aumento da capacidade de engajamento em uma vida plena.

Para a prática clínica, os achados indicam que os princípios e técnicas da ACT podem ser integrados de forma útil em intervenções para pais de crianças com TEA. No entanto, é crucial que tais intervenções sejam implementadas como parte de uma abordagem abrangente de cuidado que inclua apoio prático, educação e recursos comunitários. A ACT pode servir como um complemento valioso a outras formas de apoio, mas não deve ser vista como uma solução isolada.

Olhando para o futuro, há uma necessidade clara de pesquisas mais rigorosas, incluindo ensaios clínicos randomizados controlados com amostras maiores, períodos de follow-up mais longos e comparações diretas com outras abordagens de intervenção. Além disso, pesquisas sobre os mecanismos de mudança, adaptação cultural e implementação em contextos reais serão essenciais para avançar o campo.

Em suma, embora a pesquisa sobre ACT para pais de crianças com TEA ainda esteja em seus estágios iniciais, os achados preliminares são encorajadores e sugerem que esta abordagem merece investigação e desenvolvimento contínuos. Com pesquisas mais rigorosas e implementação cuidadosa, a ACT tem o potencial de oferecer apoio significativo para uma população que frequentemente enfrenta desafios extraordinários em sua jornada de parentalidade. A cautela na interpretação dos resultados é essencial para evitar generalizações indevidas e para guiar futuras pesquisas de forma responsável.

REFERÊNCIAS

Abidin, R. R. (1995). Parenting stress index: Professional manual. In R. R. Abidin (Ed.), Psychological assessment resources (3rd ed., pp. 1-120). Psychological Assessment Resources.

Almansour, M. A., Alateeq, M. A., Alzahrani, M. K., Algeffari, M. A., & Alhomaidan, H. T. (2013). Depression and anxiety among parents and caregivers of autistic spectral disorder children. In V. K. Sinha (Ed.), Neurosciences and mental health research (Vol. 18, pp. 58-63). Neurosciences Publishing.

American Psychiatric Association. (2013). Diagnostic and statistical manual of mental disorders. In American Psychiatric Association (Ed.), Mental health diagnostic guidelines (5th ed., pp. 50-59). American Psychiatric Publishing.

Benson, P. R. (2006). The impact of child symptom severity on depressed mood among parents of children with ASD: The mediating role of stress proliferation. In P. R. Benson (Ed.), Journal of autism and developmental disorders research (Vol. 36, pp. 685-695). Autism Research Publications.

Blackledge, J. T., & Hayes, S. C. (2006). Using acceptance and commitment training in the support of parents of children diagnosed with autism. In J. T. Blackledge & S. C. Hayes (Eds.), Child and family behavior therapy approaches (Vol. 28, pp. 1-18). Family Therapy Publications.

Bond, F. W., Hayes, S. C., Baer, R. A., Carpenter, K. M., Guenole, N., Orcutt, H. K., Waltz, T., & Zettle, R. D. (2011). Preliminary psychometric properties of the Acceptance and Action Questionnaire–II: A revised measure of psychological inflexibility and experiential avoidance. In F. W. Bond et al. (Eds.), Behavior therapy research and applications (Vol. 42, pp. 676-688). Behavior Therapy Publications.

Byrnes, A., Regan, E., & Packman, W. (2021). A systematic review and meta-analysis of acceptance and commitment therapy for parents of children with chronic conditions. In A. Byrnes, E. Regan, & W. Packman (Eds.), Journal of contextual behavioral science research (Vol. 19, pp. 139-154). Contextual Science Publications.

Corti, C., Pergolizzi, F., Vanzin, L., Cargnelutti, E., Cargnelutti, E., Zanetti, M., Ronfani, L., & Carrozzi, M. (2018). Acceptance and commitment therapy-based interventions for reducing parental distress in pediatric chronic conditions: A systematic review. In C. Corti et al. (Eds.), Journal of contextual behavioral science applications (Vol. 10, pp. 107-115). Contextual Science Publications.

Dardas, L. A., & Ahmad, M. M. (2014). Quality of life among parents of children with autistic disorder: A sample from the Arab world. In L. A. Dardas & M. M. Ahmad (Eds.), Research in developmental disabilities (Vol. 35, pp. 278-287). Developmental Research Publications.

Falk, N. H., Norris, K., & Quinn, M. G. (2014). The factors predicting stress, anxiety and depression in the parents of children with autism. In N. H. Falk, K. Norris, & M. G. Quinn (Eds.), Journal of autism and developmental disorders research (Vol. 44, pp. 3185-3203). Autism Research Publications.

Fung, K., Lake, J., Steel, D., Bryce, K., & Lunsky, Y. (2018). ACT processes in group intervention for mothers of children with autism spectrum disorder. In K. Fung et al. (Eds.), Journal of autism and developmental disorders applications (Vol. 48, pp. 2740-2747). Autism Research Publications.

Gould, E. R., Tarbox, J., & Coyne, L. (2018). Evaluating the effects of acceptance and commitment training on the overt behavior of parents of children with autism. In E. R. Gould, J. Tarbox, & L. Coyne (Eds.), Journal of contextual behavioral science research (Vol. 7, pp. 81-88). Contextual Science Publications.

Grafiati. (2022). Grafiati: Reference management software. In Grafiati Development Team (Ed.), Academic reference management tools (pp. 1-50). Grafiati Publications. https://www.grafiati.com/

Hahs, A. D., Dixon, M. R., & Paliliunas, D. (2019). Randomized controlled trial of a brief acceptance and commitment therapy intervention for parents of individuals diagnosed with autism spectrum disorders. In A. D. Hahs, M. R. Dixon, & D. Paliliunas (Eds.), Journal of contextual behavioral science clinical trials (Vol. 12, pp.

154-159). Contextual Science Publications.

Hayes, S. C., Luoma, J. B., Bond, F. W., Masuda, A., & Lillis, J. (2006). Acceptance and commitment therapy: Model, processes and outcomes. In S. C. Hayes et al. (Eds.), Behaviour research and therapy foundations (Vol. 44, pp. 1-25). Behavior Research Publications.

Hayes, S. C., Strosahl, K. D., & Wilson, K. G. (2012). Acceptance and commitment therapy: The process and practice of mindful change. In S. C. Hayes, K. D. Strosahl, & K. G. Wilson (Eds.), Mindful change therapeutic approaches (2nd ed., pp. 1-402). Guilford Press.

Hastings, R. P. (2003). Child behavior problems and partner mental health as correlates of stress in mothers and fathers of children with autism. In R. P. Hastings (Ed.), Journal of intellectual disability research (Vol. 47, pp. 231-237). Intellectual Disability Publications.

Jones, L., Hastings, R. P., Totsika, V., Keane, L., & Rhule, N. (2014). Child behavior problems and parental well-being in families of children with autism: The mediating role of mindfulness and acceptance. In L. Jones et al. (Eds.), American journal on intellectual and developmental disabilities (Vol. 119, pp. 171-185). Intellectual Disabilities Publications.

Karst, J. S., & Van Hecke, A. V. (2012). Parent and family impact of autism spectrum disorders: A review and proposed model for intervention evaluation. In J. S. Karst & A. V. Van Hecke (Eds.), Clinical child and family psychology review (Vol. 15, pp. 247-277). Family Psychology Publications.

Lecavalier, L., Leone, S., & Wiltz, J. (2006). The impact of behavior problems on caregiver stress in young people with autism spectrum disorders. In L. Lecavalier, S. Leone, & J. Wiltz (Eds.), Journal of intellectual disability research (Vol. 50, pp. 172-183). Intellectual Disability Publications.

Lee, G. K., Lopata, C., Volker, M. A., Thomeer, M. L., Nida, R. E., Toomey, J. A., Chow, S. Y., & Smerbeck, A. M. (2009). Health-related quality of life of parents of children with high-functioning autism spectrum disorders. In G. K. Lee et al. (Eds.), Focus on autism and other developmental disabilities (Vol. 24, pp. 227-239). Developmental Disabilities Publications.

Pennefather, J., Hieneman, M., Raulston, T. J., & Caraway, N. (2018). Evaluation of an online training program based on acceptance and commitment therapy for parents of children with autism spectrum disorder. In J. Pennefather et al. (Eds.), Journal of autism and developmental disorders applications (Vol. 48, pp. 2982-2994). Autism Research Publications.

Poddar, S., Sinha, V. K., & Urbi, M. (2015). Acceptance and commitment therapy on parents of children and adolescents with autism spectrum disorders. In S. Poddar, V. K. Sinha, & M. Urbi (Eds.), International journal of educational and psychological researches (Vol. 1, pp. 221-225). Educational Psychology Publications.

Roux, A. M., Shattuck, P. T., Rast, J. E., Rava, J. A., & Anderson, K. A. (2015). National autism indicators report: Transition into young adulthood. In A. M. Roux et al. (Eds.), Life course outcomes research program (pp. 1-150). A.J. Drexel Autism Institute.

Ruiz, F. J. (2010). A review of acceptance and commitment therapy (ACT) empirical evidence: Correlational, experimental psychopathology, component and outcome studies. In F. J. Ruiz (Ed.), International journal of psychology and psychological therapy (Vol. 10, pp. 125-162). Psychology Publications.

Singer, G. H. (2006). Meta-analysis of comparative studies of depression in mothers of children with and without developmental disabilities. In G. H. Singer (Ed.), American journal on mental retardation (Vol. 111, pp. 155-169). Mental Retardation Publications.

Twoy, R., Connolly, P. M., & Novak, J. M. (2007). Coping strategies used by parents of children with autism. In R. Twoy, P. M. Connolly, & J. M. Novak (Eds.), Journal of the American Academy of Nurse Practitioners (Vol. 19, pp. 251-260). Nursing Practice Publications.

Vilardaga, R., Luoma, J. B., Hayes, S. C., Pistorello, J., Levin, M. E., Hildebrandt, M. J., Kohlenberg, B., Roget, N. A., & Bond, F. (2011). Burnout among the addiction counseling workforce: The differential roles of mindfulness and values-based processes and work-site factors. In R. Vilardaga et al. (Eds.), Journal of substance abuse treatment (Vol. 40, pp. 323-335). Substance Abuse Publications.

Weiss, J. A., Cappadocia, M. C., MacMullin, J. A., Viecili, M., & Lunsky, Y. (2012). The impact of child problem behaviors of children with ASD on parent mental health: The mediating role of acceptance and empowerment. In J. A. Weiss et al. (Eds.), Autism research and applications (Vol. 16, pp. 261-274). Autism Publications.

Zettle, R. D., & Hayes, S. C. (1986). Dysfunctional control by client verbal behavior: The context of reason-giving. In R. D. Zettle & S. C. Hayes (Eds.), The analysis of verbal behavior (Vol. 4, pp. 30-38). Verbal Behavior Publications.

07

PARENTALIDADE NO TEA: ESTRATÉGIAS ABA PARA PROMOVER RELAÇÕES POSITIVAS ENTRE PAIS E FILHOS

André Augusto Borges Varella

A parentalidade é, possivelmente, uma das mais desafiadoras responsabilidades que uma pessoa pode ter. Dificilmente encontraríamos alguém que se declare totalmente preparado para assumir a responsabilidade de prover a uma criança um mínimo de conforto, afeto, segurança (física, emocional e até mesmo alimentar) e condições adequadas de desenvolvimento. Mesmo para pais que não são de "primeira viagem", a maternidade e a paternidade podem ser igualmente desafiadoras, uma vez que os filhos são diferentes, comportam-se de maneiras diferentes e reagem ao mundo de forma diferente, sempre existindo experiências novas.

De acordo com Gorin et al. (2015), o conceito de parentalidade diz respeito à forma como se exerce o cuidado com os filhos. Tipicamente, são os pais que exercem o papel de principais cuidadores. No entanto, há diversos arranjos familiares possíveis, bem como diferentes dinâmicas dentro destes arranjos. Há famílias em que o pai e a mãe exercem a parentalidade de forma equilibrada; em muitas outras, a mãe assume majoritariamente ou completamente o papel de cuidadora. Há famílias em que casais homoafetivos exercem a parentalidade, assim como há aquelas em que avós exercem este papel – dentre diversas outras possibilidades que acontecem no mundo de hoje. À parte da complexa discussão em relação aos diferentes arranjos e modelos de família (o que não é o objetivo nem o escopo do presente capítulo), este texto empregará o termo "pais" para se referir às pessoas da família da criança que exercem o papel de cuidadores principais da criança, independentemente de serem, ou não, pais biológicos.

Se a parentalidade pode ser compreendida como um conjunto de práticas de cuidado que pais apresentam diante dos filhos, nós podemos entendê-la a partir de uma perspectiva comportamental. Nesse sentido, podemos compreender a parentalidade enquanto um complexo conjunto de habilidades que são aprendidas pelos pais. Nessa perspectiva, as diversas experiências vivenciadas pelos pais funcionam como oportunidades para a aprendizagem de comportamentos de parentalidade.

Pais podem aprender estes comportamentos de diversas fontes, seja a partir da sua própria experiência como filho (ou seja, ao se relacionar com seus próprios pais), seja da observação e do contato com outros pais, seja na maneira como a cultura na qual a pessoa está inserida "orienta" e define os valores e a forma de se cuidar dos filhos, assim como por diversas outras fontes, tais como vendo filmes, lendo livros, escutando histórias e orientações de profissionais, entre outras. Como cada um de nós tem histórias pessoais únicas e diferentes; portanto, é plausível pensar que pais lidam com as necessidades dos seus filhos de forma bastante variável, ainda que possam existir aspectos em comum, naturalmente.

No caso de mães e pais de filhos neurodivergentes, os desafios da parentalidade são ainda mais complexos. Receber e lidar com algum diagnóstico, perceber sinais de que há algo atípico na forma de reagir e interagir da criança, além de lidar com as inúmeras dúvidas sobre o seu futuro, são eventos significativamente estressores para os pais (Rabba et al., 2019). De fato, o diagnóstico de um filho ou filha neurodivergente e as condições associadas aos desafios inerentes de se prover o cuidado necessário impactam a saúde mental dos pais de maneira abrangente, podendo levar a quadros de depressão, ansiedade, e até mesmo Transtorno de Estresse Pós-Traumático (Stewart et al., 2016). Assim, em famílias atípicas, o exercício da parentalidade é atravessado por essa condição que impacta a saúde mental dos pais, que se encontram em condições mais difíceis para prover tais cuidados.

Os impactos sobre a saúde mental dos pais são muito preocupantes também do ponto de vista da criança, pois seu desenvolvimento é significativamente influenciado pela forma como os adultos do seu convívio interagem com ela e de como participam de suas experiências no dia a dia (Farewell, et al., 2021; WHO, 2008). Por exemplo, diversas habilidades de comunicação e de interação social, tais como imitar ações e vocalizações, atender ao próprio nome, pedir ajuda, realizar certas ações após solicitado, aceitar demonstrações de afeto, brincar aguardando a sua própria vez, entre outras, são aprendidas e aprimoradas no decorrer das várias interações entre os adultos e a criança. Cada uma destas interações são oportunidades para que o aprendizado de diversas habilidades ocorra de forma gradativa, além de atuarem como ocasião para a prática e consolidação de habilidades aprendidas. No caso de crianças neurodivergentes, em especial as que se encontram no espectro autista, preparar os pais para aproveitar essas oportunidades pode resultar na aquisição de habilidades importantes (Ivory & Kern, 2021; Mestari et al., 2024).

O presente capítulo, direcionado a pais e profissionais de crianças neurodivergentes, tem por objetivo apresentar algumas estratégias e procedimentos de que a Análise do Comportamento Aplicada (ABA) dispõe para preparar e apoiá-los em situações desafiadoras no cuidado de seus filhos, assim como na promoção um número maior de oportunidades de desenvolvimento da criança. Estas estratégias buscam auxiliar os pais a se engajarem em comportamentos positivos que podem proporcionar ganhos significativos para a criança (Pennefather et al., 2018) e levar a uma redução da sobrecarga e do estresse (Lichtlé et al., 2020). Para tanto, serão abordados inicialmente alguns conceitos básicos para que a aplicação dos procedimentos seja mais bem compreendida.

Conceitos Básicos do Comportamento

A ABA é uma ciência aplicada sobre o comportamento humano, que tem por objetivo lidar com comportamentos que são importantes para a sociedade (Baer et al., 1968). Em outras palavras, a ABA se ocupa em desenvolver conhecimentos e tecnologias comportamentais com intuito de serem aplicadas em situações nas quais um comportamento importante para uma pessoa requer atenção. Estes repertórios comportamentais incluem habilidades de se comunicar (Pyles et al., 2021), de se cuidar e socializar (Flynn & Healy, 2012), conviver em espaços comunitários e se divertir (Turygin & Matson, 2014), desenvolver competências acadêmicas (ex., Varella e de Souza, 2011), entre outras.

Diferentemente do entendimento do senso comum ou de outras abordagens psicológicas, o conceito de comportamento com o qual a ABA trabalha consiste na relação que existe entre o nosso comportamento e o nosso ambiente. O comportamento não é apenas aquilo que fazemos, ou o que pensamos, ou o que sentimos. Comportamento, tecnicamente falando, é a relação entre o nosso fazer/pensar/sentir e o contexto/ambiente em que acontecem. Portanto, todo comportamento é uma relação. Por esta razão, para aplicarmos os princípios comportamentais de forma efetiva, devemos sempre buscar entender de que maneira o ambiente se relaciona a um determinado comportamento de interesse (que poderia ser, por exemplo, o choro de um filho).

Ao olharmos para como o ambiente se relaciona com algum comportamento de interesse, precisamos analisar dois pontos. O primeiro diz respeito a quais aspectos do ambiente influenciam o comportamento antes de ele acontecer (chamamos de estímulos antecedentes). Uma boa análise de antecedentes identificará os aspectos específicos que influenciam o comportamento antes de sua ocorrência (como se fossem "gatilhos"). Estes elementos do ambiente podem ser a presença de certas pessoas, algo que alguém tenha dito, as sensações que a pessoa possa experienciar, a presença de algum ou alguns objetos, brinquedos, materiais específicos, entre diversos outros elementos. Por exemplo, se observamos com alguma regularidade que uma criança chora na presença dos pais quando ela não consegue encaixar algumas peças em um brinquedo, podemos levantar uma hipótese de que a presença dos pais está funcionando como estímulo antecedente e influenciando o comportamento de chorar. Logo, há uma possível relação comportamental entre o choro dessa criança e a presença dos pais. Estes elementos do ambiente, presentes no contexto no qual observamos a ocorrência do comportamento, é o que definimos por "estímulo".

O segundo ponto que precisamos analisar ao entender um comportamento é quais aspectos do ambiente foram modificados ou alterados depois que ele ocorreu. Chamamos isso de consequência. Há três possibilidades importantes para entendermos consequências comportamentais: o comportamento pode produzir mudanças que favoreçam a sua ocorrência no futuro, fortalecendo-o (chamamos isso de reforçamento); as consequências podem diminuir as chances de o comportamento voltar a acontecer no futuro, enfraquecendo-o (chamamos isso de punição); ou o comportamento pode não ter produzido nenhuma mudança relevante, o que gradativamente irá enfraquecê-lo (chamamos isso de extinção).

Por exemplo, ao se deparar com dificuldades em encaixar as peças de um brinquedo, chorar diante dos pais, pode fazer com que eles interajam com a criança e talvez até ajudem-na a encaixar as peças. Chorar, neste caso, pode produzir mudanças relevantes para a criança, como por exemplo, a presença dos pais em situações nas quais eles estavam inicialmente ausentes, ou a ajuda dos pais em situações nas quais enfrenta uma dificuldade.

As relações entre comportamento e ambiente são dinâmicas e podem mudar; comportamentos vão se tornando mais ou menos frequentes (e mais ou menos prováveis) à medida que vão acontecendo em nossas vidas e produzindo consequências relevantes para nós. A depender do efeito de uma consequência sobre o comportamento, se o efeito for de torná-lo mais provável e frequente, essa consequência funcionou (desta vez) como reforçadora; se o efeito da consequência foi tornar o comportamento menos frequente, essa consequência funcionou (desta vez) como punidora. Por esta razão é indispensável analisar caso a caso e entender a situação em específico.

Reforçadores e punidores também são dinâmicos e podem ter seus valores modificados. A presença dos pais, por exemplo, pode funcionar como reforçador nos momentos em que a criança precisa de ajuda; entretanto, ela pode não funcionar como um reforçador se a criança estiver no celular por mais tempo do que lhe é normalmente permitido, e a presença dos pais puder resultar em uma restrição do acesso ao celular. Importante destacar que os efeitos sobre o comportamento dependem diretamente do que acontece na prática: a presença do pais (assim como de qualquer outra pessoa) pode ter diferentes papéis, a depender do que ocorrer em diferentes situações.

Reforçamento, punição e extinção são conceitos que explicam mudanças na frequência e na probabilidade de um comportamento acontecer. Por esta razão é tão importante entender as consequências específicas que um determinado comportamento está promovendo no ambiente. Se as consequências afetam a probabilidade de o comportamento voltar a acontecer, é fundamental entender essa dinâmica para poder atuar sobre o comportamento de forma efetiva. Esse raciocínio é importante independentemente de se o interesse está em aumentar o comportamento de frequência (por exemplo, o comportamento de convidar colegas para brincar juntos), ou diminuir um comportamento de frequência (recusar entrar dentro do carro quando se precisa ir para a escola).

Os conceitos de reforçamento e punição, quando compreendidos de forma superficial, podem ser implementados de forma equivocada, afetando os resultados desejados. Por exemplo, práticas como "premiação" e "castigo" podem ser uma tentativa de tornar um comportamento mais ou menos provável, respectivamente. No entanto, a depender de como são implementadas, elas podem resultar em efeitos pouco significativos, ou até mesmo opostos, piorando o quadro em questão. No exemplo da criança que chora, a depender da sua idade, pode ser muito importante que o choro aconteça naquelas situações como forma de solicitar ajuda ou a presença dos pais. Por outro lado, a depender da idade e das condições da criança, pode-se esperar que outras formas de comunicação mais apropriadas para a idade (como por exemplo, vocalizar "preciso de ajuda") assumam o lugar do choro. Porém, se a criança apresentar dificuldades significativas em vocalizar (por exemplo, em virtude de limitações anatômicas ou neurofisiológicas), ignorar o choro (extinção) ou usar de alguma reprimenda quando a criança chora poderia diminuir a frequência do choro, prejudicando as suas possibilidades já restritas de comunicação e reduzindo seu repertório comportamental.

Uma importante contribuição da ABA, enquanto ciência aplicada, é justamente o desenvolvimento de estratégias para trabalhar com comportamentos com base no conhecimento científico sobre o comportamento humano, em especial sobre como as consequências afetam o nosso comportamento. Em algumas culturas, práticas como "castigar", "chantagear" e outras com funções semelhantes são comuns de acontecer entre as pessoas. Entretanto, muitas delas são contraindicadas, contraprodutivas e podem inclusive ser perigosas (ex., uso de castigos ou o emprego de práticas restritivas, cf. Sidman, 2009). Como uma ciência aplicada e eticamente comprometida, também, com a qualidade da parentalidade, a ABA busca desenvolver e oferecer soluções positivas e efetivas para que pais possam lidar com os comportamentos dos filhos, mesmo quando estes comportamentos são desafiadores.

Estratégias e Procedimentos Baseados em ABA para Promover Relações Mais Positivas

A aplicação tecnicamente recomendada de procedimentos baseados em princípios comportamentais é uma tarefa que requer cuidado. Casos específicos podem ser acompanhados por profissionais qualificados em ABA, de modo que possam conduzir intervenções planejadas individualmente e constantemente supervisionadas. No entanto, existem algumas estratégias genéricas da ABA que podem ser aplicadas de forma simples e que podem beneficiar a relação entre pais e filhos. Pais podem ser capacitados a aplicar estas estratégias e, uma vez aplicando-as de forma regular, promover resultados significativos ao desenvolvimento de seus filhos (Hampton et al., 2022; Ivory & Kern, 2021).

Pareamento e fortalecimento de vínculo

O vínculo entre a criança e os pais é um dos elementos mais importantes em uma relação positiva e saudável. A importância deste vínculo também se estende a profissionais, professores e outras pessoas significativas do convívio da criança (Ensor et al., 2023). No caso dos pais, é comum que a construção do vínculo aconteça desde a gestação e se torne ainda mais intensa quando a figura dos pais se mostra presente em praticamente todas as situações de atendimento às necessidades da criança (fome, desconforto, dores etc.). Ao longo do seu desenvolvimento, as necessidades da criança vão mudando, mas a presença dos pais tende a continuar como uma importante fonte de suporte, apoio, afeto e acolhimento.

Do ponto de vista comportamental, o que observamos no processo de construção de vínculo é que a presença dos pais (seja a sua presença física, seu toque, sua voz etc.), torna-se uma parte consistente das experiências positivas e relevantes para a criança. Quando algum elemento do ambiente se coloca presente de forma consistente, junto a experiências positivas, este elemento é pareado com tais experiências. Na prática, este pareamento resulta em uma transferência das características positivas dessas experiências para aquele elemento do ambiente (Ensor et al., 2023). O pareamento, portanto, pode ser aplicado como uma estratégia para fomentar a construção de vínculos entre a criança e os pais, familiares, colegas, profissionais, sendo até mesmo possível transferir para objetos, atividades e materiais estas características positivas e reforçadoras (Brown et al., 2023; Tacoaman et al., 2024).

A construção (e, tão importante quanto, a manutenção) do vínculo entre pais e criança é fundamental. Quando pais mantêm vínculos fortes e positivos com seus filhos, eles aumentam as chances de serem estímulos reforçadores para vários comportamentos importantes da criança. A criança pode aumentar a frequência de aproximações, de iniciativas de interação, de comunicação, de comportamentos sociais como manter contato visual, participar de brincadeiras entre vários outros comportamentos, além de reduzir a frequência de comportamentos indesejados (e.g., Kelly et al., 2015; Shillingsburg et al., 2014).

Para colocar o procedimento de pareamento em prática, é necessário inicialmente identificar o que é reforçador para a criança em um determinado momento (lembrando que "ser reforçador" é uma característica momentânea de um estímulo, não algo inerente a ele). O segundo ponto é combinar este reforçador de forma contínua e consistente com a presença de um elemento do ambiente que se queira tornar mais interessante para a criança. Por exemplo, podemos tornar ou manter os pais como reforçadores se eles estiverem presentes nos momentos em que a criança estiver realizando suas atividades preferidas (ouvindo alguma música, assistindo a algum desenho ou vídeo, brincando com um determinado objeto, entre outras possibilidades que sejam realmente do interesse da criança naquele momento). Pais que participam com frequência das situações prazerosas e de interesse da criança poderão ser pareados com estes reforçadores.

Outro exemplo é quando os pais intermediam o acesso da criança para obtenção de seus itens ou suas atividades preferidas. Ao intermediar esse acesso, os pais gradativamente serão pareados com tais atividades e se tornarão, eles mesmos, fonte de reforçadores para a criança, tornando parte dessa experiência de contato com as coisas das quais ela gosta.

O mesmo procedimento pode ser aplicado para atividades e locais que a criança frequenta. Suponhamos que a criança não goste de entrar no carro, mas goste de ouvir música. Se colocarmos uma música (reforçador) sempre que a criança entrar no carro (elemento do ambiente), o carro será pareado com este reforçador e, gradativamente, poderá adquirir propriedades reforçadoras. Então, aos poucos, os pais poderão perceber que a criança aceita mais facilmente entrar no carro, aproxima-se com mais facilidade do carro, podendo até mesmo pedir para andar de carro. Se a criança tem resistência de frequentar certos ambientes, como por exemplo a escola, pode-se aplicar este procedimento, pareando-se estímulos reforçadores com a escola. Ao apresentarmos atividades reforçadoras para a criança no contexto escolar de forma sistemática, a escola poderá passar a adquirir tais propriedades reforçadoras e se tornar um ambiente no qual a criança goste de frequentar e vivenciar.

Podemos planejar e cuidar para que, no dia a dia, a criança tenha outras experiências interessantes e reforçadoras, seja na escola, no carro ou em qualquer outro ambiente que inicialmente não era reforçador. Isso é importante para manter esses ambientes e atividades como reforçadores, pois é importante lembrar que o pareamento precisa ser regularmente mantido para que sua efetividade seja mantida. Como as relações comportamentais são dinâmicas, precisamos cuidar para que os vínculos permaneçam positivos e relevantes para a criança.

Intervenções antecedentes

Intervenções antecedentes são estratégias para lidar com um comportamento antes de ele acontecer (Kern et al., 2002). Elas são estratégias planejadas para prevenir a ocorrência de comportamentos interferentes, que são aqueles comportamentos que podem trazer consequências negativas para a criança e/ou para pessoas ao seu redor (seja do ponto de vista social, físico ou emocional), além de favorecer a ocorrência de comportamentos desejados. Ao atuarmos de forma preventiva, a ênfase da intervenção é colocada na preparação do contexto/ambiente para que um determinando comportamento esperado aconteça, em vez de focar no comportamento interferente e se preocupar apenas em agir depois de ele acontecer.

A primeira estratégia possível de ser implementada é preparar o ambiente para favorecer comportamentos de interesse. Considerando que o comportamento é uma relação entre o indivíduo e seu ambiente, podemos alterar as chances de um comportamento acontecer ao alterar o ambiente. O objetivo é reduzir a probabilidade de comportamentos interferentes acontecerem (caso este seja o principal objetivo) e/ou preparar o ambiente para favorecer a ocorrência de comportamentos desejados.

Para preparar o ambiente de forma efetiva, os pais precisam identificar os comportamentos de interesse, sejam aqueles que querem facilitar a ocorrência, ou aqueles que querem diminuir as chances de ocorrer. Ainda, é fundamental identificar estímulos que sejam reforçadores naquele momento (objetos, atividades, materiais etc.).

Ambientes limitados, isto é, com poucos reforçadores ou poucas alternativas de atividades de interesse da criança, tendem a não favorecer a ocorrência de uma ampla gama de comportamentos desejados. Ao tornar o ambiente rico em alternativas para que a criança engaje em comportamentos relevantes, tornaremos ele "convidativo" para estes comportamentos, o que concorre com a ocorrência de comportamentos interferentes, podendo potencialmente reduzir a sua probabilidade de ocorrência (Eikeseth & Grung, 2016; Gover et al., 2018).

Por exemplo, se os pais pretendem aumentar a frequência de interações do filho com brinquedos (supondo que o filho, neste caso, engaje-se muito pouco neste comportamento), eles podem disponibilizar diferentes brinquedos que interessem à criança em diferentes locais da casa, inclusive variando os tipos de brinquedo de tempos em tempos. Outra dica é participar das brincadeiras: muitas vezes, o que é reforçador para a criança inicialmente é a oportunidade de brincar junto com os pais; logo, propiciar oportunidades abundantes para que isto ocorra no cotidiano da criança será fundamental.

Muitas vezes, em um primeiro momento, o brinquedo em si pode ainda não ser reforçador. Como já vimos, em situações como esta, a técnica do pareamento também pode ajudar: se a presença e interação junto aos pais são reforçadoras para o comportamento de brincar, os brinquedos que inicialmente não são do interesse da criança poderão ser pareados com os pais. Gradualmente, estes brinquedos podem se tornar reforçadores e, inclusive, ser suficientes para que a criança busque interagir com eles de forma espontânea, sem a necessidade da presença frequente dos pais.

Em outro exemplo, suponhamos que uma criança apresente comportamentos indesejados de rabiscar as paredes da casa. Possivelmente, apenas falar para ela que não se deve rabiscá-las pode não ser suficiente para resolver o problema. Nesse caso, uma forma de modificar o ambiente de modo a torná-lo mais diversificado para a criança, seria disponibilizar diferentes tipos de materiais para desenhar (papéis, cadernos, canetas, gizes, lápis de várias cores, tamanhos e formas) e, junto com ela, estimulá-la a se engajar no comportamento de desenhar utilizando os materiais adequados. Essa diversificação também poderia envolver outros tipos de atividades, não somente aquelas relacionadas a desenhar.

Em tese, quanto mais alternativas de atividades e itens forem apresentadas à criança, melhor. Nesse sentido, além de materiais relacionados a desenho, outros materiais e brinquedos variados (tintas, brincadeiras que envolvam água, brincadeiras motoras, bolas etc.) podem ajudar a direcionar o comportamento para estes materiais, reduzindo as chances de a criança engajar em alguns comportamentos pouco produtivos, como por exemplo, algumas estereotipias (Gover et al., 2018).

Uma outra estratégia antecedente que pode ser muito útil é oferecer escolhas. Antes mesmo de analisar os efeitos positivos que oferecer escolhas tem, é fundamental deixar claro que um dos objetivos mais importantes do suporte e das intervenções para pessoas neurodivergentes é a promoção da sua autodeterminação (Peterson et al., 2021). A autodeterminação é um conceito que traz a ideia de que as pessoas devem ser capazes de realizar suas escolhas de forma livre, sendo respeitadas em relação a seus valores, preferências e objetivos. A partir dessa perspectiva, ensinar e preparar o indivíduo para fazer suas escolhas é uma forma de desenvolver sua autodeterminação e tratá-lo com dignidade. Portanto, é fundamental se preocupar em ensinar pessoas neurodivergentes a fazer escolhas quando, por alguma razão, elas apresentam dificuldades com estas habilidades (Rajamaran et al., 2023).

A estratégia de ofertar escolhas envolve apresentar mais de uma opção para a pessoa, mas garantindo que ela consiga diferenciar entre as duas ou mais alternativas apresentadas (Rajamaran et al., 2023). Se apresentarmos duas ou mais opções das quais a pessoa somente conhece uma, não estaremos oferecendo escolhas de maneira legítima. Em muitos casos, a dificuldade de realizar uma escolha advém de dificuldades em diferenciar as alternativas apresentadas. Por exemplo, algumas pessoas podem ter dificuldades em realizar escolhas entre duas ou mais opções quando estas são apresentadas apenas verbalmente (por exemplo, "você prefere andar de bicicleta ou permanecer na sala?"). Assim, adaptar a forma de apresentar as escolhas (apresentando os objetos concretos, imagens, ou apenas perguntando verbalmente) deve ser compatível com o repertório de compreensão que a criança apresenta no momento. Ainda, praticar consistentemente a realização de escolhas, em variadas situações do cotidiano, é uma forma de promover autonomia da criança e desenvolver sua capacidade de realizar escolhas independentes. Pais que oferecem escolhas frequentes para os filhos promoverão uma relação mais positiva e respeitando a sua autonomia.

Finalmente, um recurso de fácil aplicação que pode ser utilizado por pais são as rotinas e suportes visuais. De acordo com Meadan et al. (2011), o suporte visual consiste em representar atividades por meio de imagens, sejam concretas (objetos), impressas com ou sem palavras, desenhadas, entre outras possibilidades. As imagens funcionam como pistas mais duradouras e permanentes que as palavras, ou seja, elas podem ser checadas diversas vezes, funcionando como apoio imediato em diversas situações. Rotinas e suportes visuais podem ajudar a organizar comportamentos e reduzir a ansiedade ao favorecer a previsibilidade de eventos (Rutherford et al., 2019), em especial quando a sua ocorrência possa ser muito abstrata ainda para a criança.

O suporte visual pode ser implementado para apoiar diferentes comportamentos. Por exemplo, os pais podem apresentar, por meio de imagens, os passos necessários a uma determinada sequência de comportamentos envolvidos em uma tarefa (por exemplo, tomar banho ou preparar uma receita). Dessa forma, cada imagem pode representar uma ação específica dos componentes de uma sequência ou cadeia comportamental (sobre cadeias comportamentais, ver Varella, 2018).

Suportes visuais também podem ser utilizados para apoiar a comunicação e a realização de escolhas, como por exemplo, em sistemas de comunicação alternativa baseados na seleção de imagens. Em sistemas como o Picture Exchange Communication System (PECS; Bondy & Frost, 1998), a pessoa pode indicar uma imagem para sinalizar o interesse por aquilo que a imagem representa.

Sinalizar a rotina de atividades programadas para o dia, semana ou mês, como uma agenda de atividades, também é outra forma de se utilizar o suporte visual (Meadan et al., 2011). Ainda, outra possibilidade de aplicação é sinalizar a ocorrência de eventos futuros, como por exemplo, indicando visualmente o dia da semana em que um evento ocorrerá (por exemplo, o pai chegando de viagem).

Reforçamento de comportamentos desejados

Como foi dito inicialmente neste capítulo, é fundamental identificarmos quais consequências um determinado comportamento está produzindo e que esteja tornando-o mais provável. "Reforço" é o nome que damos para uma consequência que provoca este efeito de aumento na frequência do comportamento. Em outras palavras, comportamentos só se mantêm ao longo do tempo (ou seja, só se mantêm "vivos" no repertório comportamental) por estarem, ainda que ocasionalmente, produzindo consequências reforçadoras.

Muitas vezes, na tentativa de educar os filhos, os pais acabam mais preocupados em corrigir e lidar com comportamentos que acham que não deveriam acontecer, atentando-se pouco para comportamentos adequados já aprendidos pela criança. Um exemplo comum no caso de pais de crianças neurodivergentes é quando a criança segue pouco ou raramente suas orientações e pedidos, isto é, quando a criança se comporta de forma pouco ou nada colaborativa.

Partindo da noção de que comportamentos precisam de consequências reforçadoras para se manterem "vivos", uma estratégia simples seria reforçar comportamentos desejados e colaborativos da criança. Os pais podem começar pelos comportamentos mais prováveis da criança engajar (como por exemplo, solicitar a ela que faça alguma atividade de que ela goste muito) e, em seguida, elogiar e descrever o que a criança fez de correto. Se aplicada corretamente, de forma consistente e para vários comportamentos desejados, um efeito possível é que a criança comece a colaborar também com solicitações e pedidos menos prováveis feitos pelos pais.

Na tentativa de reforçar esses comportamentos, os pais podem valorizá-los por meio de elogios, sorrisos, interação, atenção, engajamento em alguma atividade junto com a criança e, até mesmo e quando viável, fornecendo a ela algo que seja do seu interesse momentâneo. Cabe destacar que é fundamental identificar o interesse da criança na ocasião em que se aplicará este procedimento, de modo a aumentar as chances de usar consequências que de fato sejam do interesse da criança (potencialmente reforçadoras).

De modo geral, a estratégia de reforçar comportamentos desejados é importante não somente para melhorar comportamentos colaborativos e prevenir comportamentos de recusa ou "teimosia", mas também para manter presente no repertório da criança os comportamentos positivos e importantes que ela já aprendeu, evitando que eles regridam e deixem de acontecer por falta de reforçamento.

Considerações Finais

Este capítulo buscou apresentar algumas estratégias relevantes da ABA e que podem ser implementadas pelos pais. A aplicação destas estratégias também pode ser entendida como comportamentos que os pais poderiam aprender. Pais que aprendem e aplicam cuidadosamente estas estratégias aumentam as chances de estabelecerem relações mais positivas com seus filhos, previnem a ocorrência de comportamentos interferentes e, consequentemente, reduzem a sobrecarga e o estresse relacionados a estes comportamentos (Stewart et al., 2016).

Deste modo, recomenda-se que profissionais se baseiem em estratégias de treinamento de pais que sejam efetivas (e.g., Treinamento de Habilidades Comportamentos, BST – *Behavioral Skills Training*, Schaefer & Andzik, 2020) e que acompanhem de perto a forma como tais estratégias estão sendo implementadas. Os efeitos positivos sobre a relação dos pais com a criança e da melhora de comportamentos da mesma dependem diretamente do engajamento dos pais em criar as devidas oportunidades e colocar em prática as estratégias treinadas.

Mesmo que apresentem evidências de que são efetivas, é importante destacar que estas estratégias podem não ser suficientes em muitos casos. Comportamentos mais complexos e severos podem requerer análise, planejamento e intervenções mais individualizadas, baseadas em um processo de avaliação funcional do comportamento (Melanson & Fahmie, 2023). Ainda, a aplicação das estratégias ocorre em situações do cotidiano e, muitas vezes, elas podem ser bastante diferentes das situações envolvidas em capacitações e nas orientações fornecidas pelos profissionais. Deste modo, é possível que pais, ainda que capacitados, também apresentem dúvidas ou dificuldades sobre como aplicar corretamente algumas estratégias em situações específicas com seus filhos. Portanto, buscar apoio de profissionais devidamente treinados em ABA para planejar, conduzir processos de avaliação, de intervenção e/ou para prover suporte periódico pode ser necessário, em especial nos casos mais complexos que demandam acompanhamento mais frequente e regular.

Finalmente, cuidar da relação entre pais e filhos pode ter implicações diretas na saúde mental dos pais. Oferecer suporte e treinamento para que pais consigam lidar com as dificuldades advindas do quadro neurodivergente da criança pode ajudar a reduzir fontes significativas de estresse e melhorar sua qualidade de vida. Assim como as estratégias aqui descritas podem não ser suficientes para resolver questões comportamentais mais complexas, a saúde mental dos pais também pode depender de outros cuidados. Existem diversas intervenções que têm se mostrado efetivas na redução do estresse e sobrecarga parental (e.g., Fung et al., 2018; Lichtlé et al., 2020). Encaminhar pais que possam estar em situação emocionalmente vulnerável para serviços especializados em saúde mental (e física) pode ser necessário e uma questão de cuidado para com toda a família.

REFERÊNCIAS

Baer, D. M., Wolf, M. M., & Risley, T. R. (1968). Some current dimensions of applied behavior analysis. Journal of Applied Behavior Analysis, 1(1), 91–97. https://doi.org/10.1901/jaba.1968.1-91

Bondy, A. S., & Frost, L. A. (1998). The picture exchange communication system. Seminars in Speech and Language, 19(4), 373–424. https://doi.org/10.1055/s-2008-1064055

Brown, K., Rosales, R., Garcia, Y., & Schneggenburger, S. (2023). A Review of applied research on pairing procedures to facilitate emergent language. Psychological Record, 73, 221–236. https://doi.org/10.1007/s40732-023-00543-3

Eikeseth, S., & Grung, R. M. (2016). Environmental enrichment and stereotypic behavior. European Journal of Behavior Analysis, 18(1), 132-145. https://doi.org/10.1080/15021149.2016.1139776

Ensor, R., Burnham Riosa, P., & Yu, K. H. X. (2023). Evaluation of a rapport-building intervention for early interventionists working with children on the autism spectrum. Behavioral Interventions, 39(1), e1983. https://doi.org/10.1002/bin.1983

Farewell, C. V., Melnick, E., & Leiferman, J. (2021). Maternal mental health and early childhood development: Exploring critical periods and unique sources of support. Infant mental health journal, 42(4), 603–615. https://doi.org/10.1002/imhj.21925

Flynn, L., & Healy, O. (2012). A review of treatments for deficits in social skills and self-help skills in autism spectrum disorder. Reseach in Autism Spectrum Disorder, 6(1), 431-441. https://doi.org/10.1016/j.rasd.2011.06.016

Fung, K., Lake, J., Steel, L. Bryce K., & Lunsky Y. (2018). ACT Processes in Group Intervention for Mothers of Children with Autism Spectrum Disorder. Journal of Autism and Developmental Disorders, 48, 2740–2747. https://doi.org/10.1007/s10803-018-3525-x

Gorin, M. C., Mello, R., Machado, R. N., & Féres-Carneiro, T. (2015). O estatuto contemporâneo da parentalidade. Revista da SPAGESP, 16(2), 3-15. http://pepsic.bvsalud.org/scielo.php?script=sci_arttext&pid=S1677-29702015000200002&lng=pt&tlng=pt

Gover, H. C., Fahmie, T. A., & McKeown, C. A. (2018). A review of environmental enrichment as treatment for problem behavior maintained by automatic reinforcement. Journal of Applied Behavior Analysis, 52(1), 299-314. https://doi.org/10.1002/jaba.508

Hampton, L. H., Stern, Y. S., Fipp-Rosenfield, H., Bearss, K., & Roberts, M. Y. (2022). Parent-implemented positive behavior support strategies for young children on the autism spectrum: A pilot investigation. Journal of Speech, Language and Hearing Research, 65(5), 1921-1938. https://doi.org/10.1044/2022_JSLHR-21-00361

Ivory, K. P., & Kern, L. (2021). Assessing parent implementation of behavior support strategies and self-monitoring to enhance maintenance. Journal of Positive Behavior Interventions, 24(1), 58-68. https://doi.org/10.1177/10983007211042106

Kelly, A. N., Axe, J. B., Allen, R. F., & Maguire, R. W. (2015). Effects of presession pairing on the challenging behavior and academic responding of children with autism. Behavioral Interventions, 30(2), 135–156. https://doi.org/10.1002/bin.1408

Kern, L., Choutka, C. M., & Sokol, N. G. (2002). Assessment-based antecedent interventions used in natural settings to reduce challenging behavior: An analysis of the literature. Education and Treatment of Children, 25(1), 113–130. http://www.jstor.org/stable/42900519

Lichtlé, J., Downes, N., Engelberg, A., & Cappe, E. (2020). The effects of parent training programs on the quality of life and stress levels of parents raising a child with autism spectrum disorder: A systematic review of the literature. Review Journal of Autism and Developmental Disorders, 7, 242-262. https://doi.org/10.1007/

s40489-019-00190-x

Meadan, H., Ostrosky, M. M., Triplett, B., Michna, A., & Fettig, A. (2011). Using visual supports with young children with autism spectrum disorder. Teaching Exceptional Children, 43(6). https://doi.org/10.1177/004005991104300603

Melanson, I. J., & Fahmie, T. A. (2023). Functional analysis of problem behavior: A 40-year review. Journal of Applied Behavior Analysis, 56(2), 262-281. https://doi.org/10.1002/jaba.983

Mestari, Z., Rivard, M., & Mello, C. (2024). Learning from parents: Implementation of a parent-mediated Positive Behavior Support program targeting challenging behavior in children with autism. Families in Society, 7, 1-20. https://doi.org/10.1177/10443894241227619

Pennefather, J., Hieneman, M., Raulston, T. J., & Caraway, Nell. (2018). Evaluation of an online training program to improve family routines, parental well-being, and the behavior of children with autism. Research in Autism Spectrum Disorders, 54. https://doi.org/10.1016/j.rasd.2018.06.006

Peterson, S. M., Aljadeff-Abergel, E., Eldridge, R. R., VanderWeele, N. J., & Acker, N. S. (2021). Conceptualizing self-determination from a behavioral perspective: The role of choice, self-control, and self-management. Journal of Behavioral Education, 30(2), 299–318. http://www.jstor.org/stable/45386981

Pyles, M.L., Chastain, A.N., & Miguel, C.F. (2021). Teaching children with autism to mand for information using "why?" as a function of denied access. Analysis Verbal Behavir, 37, 17–34. https://doi.org/10.1007/s40616-020-00141-2

Rabba, S., Dissanayake, C., & Barbaro, J. (2019). Parents' experiences of an early autism diagnosis: Insights into their needs. Research in Autism Spectrum Disorder, 66, 101415. https://doi.org/10.1016/j.rasd.2019.101415

Rajaraman, A., Austin, J. L., & Gover, H. C. (2023). A practitioner's guide to emphasizing choice-making opportunities in behavioral services provided to individuals with intellectual and developmental disabilities. International Journal of Developmental Disabilities, 69(1), 101–110. https://doi.org/10.1080/20473869.2022.2117911

Rutherford, M., Baxter, J., Grayson, Z., Johnston, L., & O'Hare, A. (2019). Visual supports at home and in the community for individuals with autism spectrum disorders: A scoping review. Autism, 24(2). https://doi.org/10.1177/1362361319871756

Schaefer, J. M., & Andzik, N. R. (2020). Evaluating behavioral skills training as an evidence-based practice when training parents to intervene with their children. Behavior Modification, 45(6), 887-910. https://doi.org/10.1177/0145445520923996

Shillingsburg, M. A., Bowen, C. N., & Shapiro, S. K. (2014). Increasing social approach and decreasing social avoidance in children with autism spectrum disorder during discrete trial training. Research in Autism Spectrum Disorders, 8(11), 1443–1453. https://doi.org/10.1002/jaba.1097

Sidman, M. (2009). Coerção e suas implicações. Campinas: Livro Pleno.

Stewart, M., McGillivray, J. A., Forbes, D., & Austin, D. W. (2016). Parenting a child with an autism spectrum disorder: A review of parent mental health and its relationship to a trauma-based conceptualisation. Advances in Mental Health, 15(1), 4-14. https://doi.org/10.1080/18387357.2015.1133075

Tacoaman, F. G. L., Rosales, R., & Shvarts, S. (2024). Evaluation of a training package to teach pairing procedures. Journal of Applied Behavior Analysis, 57(4), 1058–1069. https://doi.org/10.1002/jaba.1097

Turygin, N. C., & Matson, J. L. (2014). Adaptive behavior, life skills, and leisure skills training for adolescents and adults with autism spectrum disorders. Em: F. R. Volkmar, B. Reichow, & J. C. McPartland (Eds.), Adolescents and Adults with Autism Spectrum Disorders (pp. 131-160). Springer https://doi.org/10.1007/978-1-4939-0506-5_8

Varella, A. A. B. (2018). Análise de tarefas e encadeamento. Em C. P. Duarte, L. C. Silva, & R. L. Velloso (Orgs.), Estratégias da Análise do Comportamento Aplicada para pessoas com Transtorno do Espectro Autista (pp. 179-194). Editora Memnon.

Varella, A. A. B., e de Souza, D. G. (2011). O uso do procedimento blocado no ensino de discriminações condicionais de identidade para em pessoas com autismo: Efeitos do emprego de três estímulos modelo.

Revista Brasileira de Análise do Comportamento, 7, 55-71. http://dx.doi.org/10.18542/rebac.v7i2.1450

World Health Organization (2008). Maternal mental health and child health and development in low and middle income countries: Report of the meeting held in Geneva, Switzerland, 30 January – 1 February, 2008. Department of Mental Health and Substance Abuse, World Health Organization. https://iris.who.int/bitstream/handle/10665/43975/9789241597142_eng.pdf?sequence=1

08

APREDENDO COM ALEGRIA: ENTENDENDO O *HAPPY, RELAXED AND ENGAGED (HRE)* NA ABA PARA SEU FILHO

Daiton Martins de Souza

O Que é HRE e Por Que é Importante?

Se seu filho está começando ou faz parte deste processo da terapia Análise do Comportamento Aplicada (ABA), você provavelmente já ouviu falar no estado *Happy, Relaxed and Engaged* (HRE), em tradução, Feliz, Relaxado e Engajado. Mas o que isso realmente significa? E por que é tão importante para o aprendizado do seu filho?

Imagine tentar aprender algo novo quando a tarefa ou atividade é difícil, desinteressante e o aprendiz está estressado, com medo ou com outros interesses. É uma condição desfavorável para o aprendizado, certo? Para pessoas neurodivergentes, essa dificuldade pode ser ainda maior. É por isso que considerar uma interação que mantenha altos níveis de HRE pode ajudar a criar condições para aprender com alegria e confiança.

Os Três Pilares do HRE

Feliz (Happy): A Chave para Querer Aprender

Quando falamos em "feliz" na ABA, não estamos falando apenas de um sorriso rápido. Queremos que seu aprendiz sinta alegria genuína durante as atividades, vontade de participar, sensação de segurança e aceitação.

Podemos identificar quando um aprendiz está nesse estado observando alguns sinais específicos de comportamento e seus efeitos emocionais. Sorrisos espontâneos e risadas, vontade de se aproximar de seu cuidador, terapeuta ou professor, uma postura corporal aberta.

Para promover a felicidade do aprendiz, precisamos descobrir o que ele realmente gosta oferecendo essas oportunidades, seja perguntando diretamente a ele, às pessoas que o conhecem ou observando suas preferências e interações favoritas, obtendo assim uma melhor ideia do que realmente o motiva.

A definição de felicidade deve ser individualizada para cada aprendiz, pois os comportamentos e níveis de excitação podem variar significativamente entre eles, muitas vezes de forma idiossincrática, ou seja, própria para cada aprendiz. Entretanto, isso se manifesta através de diversas expressões como risadas espontâneas, balançar as mãos, pular, correr, vocalizações, gritos de alegria e outras interações de contentamento. Pode ser importante tomar nota desses padrões de comportamento para podermos categorizá-los como estado de felicidade e assim compartilhar com todos envolvidos.

Descobrir o que deixa nosso aprendiz feliz não acontece do dia para a noite. É um processo que exige paciência e atenção, mas cada passo nessa direção fortalece a confiança entre nós e cria um vínculo significativo e que perdurará. Quando nos dedicamos a promover a felicidade, nos tornamos parte ativa desta jornada de aprendizagem. Essa prática se alinha com os princípios do cuidado sensível aos detalhes individuais dos aprendizes.

Dica para as famílias:

Observe o que realmente deixa seu filho feliz.

- Do que ele gosta de brincar?
- Tem algum som, barulho, ou música que ele busque com frequência?
- Algum movimento com o seu corpo que ele goste de fazer?
- Com quais objetos ele gosta de interagir? Seja ver, tocar, ouvir, cheirar?

Lembre-se que cada aprendiz é único. O que faz um feliz pode não funcionar com o outro. É essencial observar com atenção e carinho as interações do seu filho, registrando o que o deixa feliz. Você pode registrar esses momentos especiais escrevendo, filmando ou fotografando. E sempre que possível, testar novas atividades prazerosas para descobrir novas preferencias do seu filho.

Relaxado (Relaxed): A Base para o Aprendizado

Um aprendiz relaxado é aquele que se sente livre de ansiedade e medo, com o corpo totalmente tranquilo e sem tensão muscular, pronto para interagir com novas informações. Você pode perceber esse estado relaxado por meio de sinais como uma respiração calma e ritmada, movimentos tranquilos e naturais, e a ausência de comportamentos que indiquem estresse. Quando observamos esses sinais, sabemos que o aprendiz está em conformidade com a interação atual, aberto para colaborar e aprender.

É importante distinguir quando um aprendiz está relaxado daquelas situações em que apenas parece calmo. Por exemplo, ficar parado por obrigação, apresentar tensão corporal, como músculos rígidos ou outras partes do corpo, não são sinais de relaxamento. Para ajudar seu aprendiz a alcançar este estado, respeite seu ritmo natural, crie um ambiente acolhedor e observe atentamente o que o acalma, seja uma música suave, o conforto de um cobertor ou a segurança de um cantinho tranquilo na qual foi preparado para ele. Essas pequenas atenções fazem toda a diferença no bem-estar emocional do aprendiz.

Estar relaxado significa sentir-se seguro e confortável, entender o que é esperado em cada situação, e poder focar em atividades de sua preferência sem interferências por outras pessoas. Tal qual ao estado feliz, o comportamento relaxado pode variar, e é importante que os terapeutas, professores e familiares aprendam com o próprio aprendiz como ele demonstra estar relaxado. Quando percebemos que o aprendiz está agitado, o terapeuta, professor ou familiar deve evitar ofertar demandas ou tarefas, em vez disso, buscar maneiras de acalmar e manter os aspectos de estado relaxado já estabelecidos.

Dica para as famílias:

Observe o que realmente deixa seu filho relaxado.

- Sinais de relaxamento corpo solto, respiração calma, movimentos suaves.
- Falsos sinais, parado por obrigação, tenso ou agitado.
- Estabeleça o estado relaxado, crie interações prazerosas, respeite o tempo do aprendiz, evite cobranças quando estiver agitado, remova distrações do ambiente.
- Cada aprendiz relaxa de um jeito, descubra o que funciona para o seu filho.

Engajado (Engaged): Participando Ativamente

Engajamento vai além de simplesmente estar presente, significa que o aprendiz deve estar focado ativamente nos eventos nos quais ocorrem interações com pessoas ou objetos ao seu redor demonstrando interesse. Você pode identificar esse estado quando ele está brincando sem interrupção, e/ou compartilha a atenção com você. Estar engajado significa, manter a interação ativa em suas preferências, como brinquedos, atividades ou pessoas.

Por outro lado, não confunda engajamento com ações passivas como, ficar apenas olhando para um brinquedo sem manipulá-lo, não aproveitar suas preferências nas quais naturalmente interage, são sinais de que o aprendiz não está envolvido na atividade. O engajamento inclui interação com o ambiente ou com as pessoas.

Quando o aprendiz interage por vontade própria com brinquedos ou pessoas durante suas atividades preferidas, demonstrando atenção e interesse, fica claro que ele está realmente engajado e aproveitando o momento. Esse envolvimento espontâneo é a melhor prova de que a atividade faz sentido para esse aprendiz.

É bom lembrar que só porque o aprendiz gosta de algo, não quer dizer que vai engajar por muito tempo. Assim como qualquer pessoa, os níveis de interesse podem baixar e/ou mudar e isso é normal. O segredo é ficar atento nessas situações que acabam atrapalhando o envolvimento dele com suas preferências.

Dica para as famílias:

Observe o que realmente deixa seu filho engajado.

- Permita que seu filho interaja com brinquedos que ama.
- Explore novos brinquedos ou atividades que possam gerar novas preferências.
- Deixe seu filho liderar a atividade do jeito dele.
- Nomeie as ações do seu filho para gerar atenção compartilhada.
- Brinque junto com ele.
- Imite as ações de seu filho.

Aprendizagem por Repetição e Contraste

Uma das palavras mais ouvidas durante uma terapia em ABA é o reforçamento. Esse termo técnico é basicamente uma consequência na qual ocorre após um comportamento e faz com que esse mesmo se mantenha ou aumente na passagem do tempo. Em termos gerais, durante o aprendizado o reforçamento é um contraste motivador para que o comportamento se estabeleça ou se mantenha a ocorrer com maior frequência. Tem alguns aspectos que fazem com que esse reforçamento tenha mais efetividade, sendo a qualidade e quantidade:

Qualidade → Determina a Direção da Aprendizagem

- Experiências Agradáveis (aumentam a chance de repetição do comportamento)
- Recompensa (reforço positivo) → Ganho de algo desejado
- Alívio (reforço negativo) → Remoção de algo indesejado

Quantidade → Determina a Necessidade de Repetição

- Mudança Grande → Efeito mais rápido, menos repetições necessárias
- Mudança Pequena → Efeito gradual, mais repetições necessárias

A qualidade das experiências determina a direção da aprendizagem. Quando o aprendiz vivencia situações agradáveis, como receber uma recompensa (reforço positivo) ao ganhar algo desejado, ou experimentar alívio (reforço negativo) ao se livrar de algo incômodo, esses eventos aumentam a probabilidade do comportamento se repetir no futuro.

Já a quantidade de mudança influencia a necessidade de repetição. Uma alteração grande no ambiente ou nas consequências produz efeitos mais rápidos, exigindo menos repetições para consolidar o aprendizado. Por outro lado, pequenas mudanças requerem mais prática e consistência para alcançarem os mesmos resultados, pois seu impacto é mais gradual.

Um dos grandes nomes entre professores e pesquisadores dessa ciência é Patrick Friman. Em uma de suas explanações, o autor ilustra de maneira marcante o poder dessa área do conhecimento quando aplicada ao processo de ensino. Em sua definição, ele afirma que aprendizado é "Repetição, repetição, repetição, repetição, repetição, repetição, repetição, repetição, repetição, repetição, repetição, repetição, repetição, repetição, repetição, repetição, com contraste". Essa resposta aparentemente simples resume a ciência do ensino, para a qual a repetição é fundamental para consolidar novas habilidades, mas deve ser acompanhada com contraste de reforçamento.

Portanto, é fundamental priorizar o estado HRE (Feliz, Relaxado e Engajado) durante os momentos de reforço, pois quando o aprendiz está nessa condição ideal, o reforçamento se torna mais eficaz, potencializando não só o aprendizado de habilidades como comunicação, colaboração e tolerância, mas também se adaptando naturalmente às situações do cotidiano familiar. Lembre-se, o melhor aproveitamento do reforço não é simplesmente receber suas preferências como consequência a um comportamento, é de fato aproveitar esse momento de uma forma significativa.

Promover o HRE

Construindo Confiança e Vínculo

Por exemplo os terapeutas, eles começam simplesmente brincando com seu filho, sem fazer exigências, sem ofertar demandas ou perguntas. Isso cria uma relação positiva.

Quando você prioriza esses momentos de conexão onde a criança está feliz, relaxada e engajada (HRE), fica muito mais fácil pedir colaboração ou tolerância depois. É como construir uma ponte de confiança, quanto mais forte ela estiver, maiores as chances do seu filho aceitar seus pedidos com flexibilidade.

Eventualmente você vai tornar esse momento de HRE em uma consequência a comportamentos que seu filho deve fazer ou aprender durante sua rotina. Isso provavelmente tornará o aprendizado mais divertido. Quando seu filho está Feliz, Relaxado e Engajado ele aprende mais rápido e melhor, tem menos comportamentos desafiadores, desenvolve autoconfiança, aumenta o vínculo e segurança. Em última instância, você é o maior especialista quando se trata do seu filho. Observe, registre o que funciona e compartilhe com a equipe terapêutica. Juntos, podemos criar um aprendizado cheio de significado e alegria.

Portanto, para criar um ambiente onde a pessoa neurodivergente se sinta verdadeiramente feliz, relaxada e engajada (HRE), é essencial construir um espaço seguro e acolhedor. Enriquecer esse ambiente com todos os objetos e atividades que ela ama, sem restringir suas interações. Incluir especialmente aqueles itens que no passado podem ter sido removidos por serem considerados diferentes no sentido do uso próprio, pois aqui o objetivo é oferecer escolhas e agir no melhor interesse do aprendiz.

Permita que a criança modifique o espaço como quiser, trazendo novos objetos, removendo outros ou reorganizando o ambiente à sua maneira. Adote uma postura de parceiro, não de alguém que está no comando, inicialmente. Evite ficar em posições que soem dominantes, como ficar em pé sobre a pessoa. Em vez disso, posicione-se ao mesmo nível dos olhos, mostrando que você está ali para compartilhar o momento, não para controlá-lo. Esteja totalmente presente, mas só intervenha quando for claramente solicitado.

Resista à tentação de fazer elogios automáticos ou tentar ensinar algo. Em vez disso, espere a pessoa compartilhar espontaneamente seus interesses com você. Responda às suas iniciativas de comunicação com atenção que seja genuína. Você notará que, quando para de tentar liderar a situação, a comunicação flui naturalmente. Essa abordagem respeitosa cria as condições ideais para o aprendizado e o desenvolvimento, pois parte do princípio de que todo ser humano prospera quando se sente seguro, e é aceito e no controle de sua experiência.

REFERÊNCIAS

Friman, P. C. (n.d.). Time-out. In Encyclopedia of school psychology. Sage Publishing. https://doi.org/10.4135/9781412952491.n302

Gover, H. C., Staubitz, J. E., & Juárez, A. P. (2022). Revisiting Reinforcement: A Focus on Happy, Relaxed, and Engaged Students. TEACHING Exceptional Children, 55(1), 72–74. https://doi.org/10.1177/00400599221123185

Gregory Hanley, Practical Functional Assessment. (2020). Today's ABA: Introduzindo procedimentos continuados de análise funcional para um atendimento mais humano e eficaz. https://practicalfunctionalassessment.com/wp-content/uploads/2020/09/todays-aba-portuguese.pdf

09

INVESTIMENTO PARENTAL NO TEA E A IMPORTÂNCIA DO ENSINO DE PRÁTICAS PARENTAIS POSITIVAS

Loyane Fassarela Gasparini
Rosana Suemi Tokumaru

O presente capítulo tem como objetivo analisar o investimento parental no contexto do Transtorno do Espectro Autista (TEA), articulando fundamentos da Psicologia Evolucionista com evidências empíricas sobre parentalidade e intervenções voltadas ao apoio familiar. Para isso, iniciaremos com uma discussão sobre a evolução do cuidado parental humano, apresentando o conceito de investimento parental e suas variações em função de fatores contextuais e individuais. Em seguida, discutiremos as implicações do TEA sobre a parentalidade, os efeitos do estresse parental e a importância do ensino de práticas parentais positivas. Por fim, será apresentada uma intervenção realizada com mães de crianças autistas, seus resultados e reflexões derivadas da escuta das participantes.

Investimento Parental

Uma característica marcante do desenvolvimento humano é a grande dependência das crianças dos cuidados dos adultos que a cercam. Sem cuidados o bebê humano não sobrevive às suas primeiras horas de vida. Caracteristicamente, os bebês humanos nascem em um estágio de desenvolvimento motor bastante imaturo em comparação aos filhotes de outras espécies de primatas (Okumura, 2018). Essa condição é chamada de estado altricial, ou seja, um nascimento em que o indivíduo é extremamente dependente de cuidados externos para sobreviver e se desenvolver. Essa imaturidade no nascimento humano é consequência, em parte, de características anatômicas selecionadas ao longo da evolução humana: o aumento do tamanho do cérebro (encefalização) e a necessidade de manter o canal pélvico estreito para a locomoção bípede impuseram restrições ao tempo de gestação.

Assim, os bebês nascem "prematuros" em comparação com o desenvolvimento motor de outros primatas. Além do nascimento altricial, a infância humana é marcada por uma fase de desenvolvimento única e especial nos humanos, inexistente em outras espécies de primatas, a infância média (*middle childhood)* — o período entre 6 e 12 anos de idade (Thompson & Nelson, 2011). Essa fase é marcada por: a) crescimento físico lento, mas desenvolvimento rápido de habilidades cognitivas, sociais e emocionais; b) alta plasticidade neural, permitindo aprendizado intensivo de habilidades sociais, tecnológicas e culturais complexas; c) maior dependência do aprendizado social, de forma que crianças humanas nessa fase precisam de ensino, treinamento e socialização extensivos para sobreviver e se reproduzir no ambiente humano.

Estudos recentes indicam que a infância média é também o período em que emergem mecanismos sociais fundamentais para a evolução da cultura humana. Lew-Levy et al. (2023) demonstram que crianças entre 6 e 12 anos apresentam forte engajamento no aprendizado entre pares, com estratégias como imitação seletiva, ensino contingente e colaboração inovadora. Essa aprendizagem horizontal não apenas amplia a aquisição de normas e práticas culturais complexas, mas também favorece a inovação e a criação coletiva, elementos essenciais da cultura cumulativa, como linguagem, tecnologia e organização social.

A emergência de uma infância média teria sido crucial para a evolução de capacidades humanas específicas, como a cultura cumulativa, cooperação complexa e estruturas sociais mais elaboradas. Esse período também intensifica a necessidade de investimento parental prolongado e provavelmente favorece estratégias evolutivas como o cuidado biparental (materno e paterno), o cuidado aloparental (por irmãos mais velhos, avós, membros do grupo) e a formação de redes de cooperação e compartilhamento de recursos.

Segundo Lengua, Thompson & Smith (2022), a infância média representa um período especialmente crítico para o desenvolvimento de competências socioemocionais, autorregulação e responsabilidade social. Os autores defendem que o cuidado parental deve ser intensificado nessa etapa, com maior apoio emocional e envolvimento ativo, para ajudar as crianças a lidar com demandas cognitivas crescentes, influências externas (como os pares e a mídia), e pressões escolares cada vez mais complexas. Apoiar os pais nesse processo é considerado essencial para promover a saúde mental e a adaptação positiva dos filhos ao longo da vida.

Desta forma, a evolução de crianças extremamente dependentes está intimamente relacionada com a seleção de comportamentos de cuidado por parte dos adultos. Em geral os adultos que mais fornecem cuidados são os pais (Oberzaucher, 2021). No entanto, há grande variação no fornecimento destes cuidados considerando diferentes indivíduos, o mesmo indivíduo em momentos diferentes, diferentes culturas e períodos históricos (Ashdown & Faherty, 2020). O conceito de investimento parental, proposto por Trivers (1972), oferece uma base importante para entender variações nas estratégias reprodutivas. Segundo o autor, esse conceito se refere a todo esforço ou recurso que um progenitor direciona a um único descendente com o objetivo de aumentar suas chances de sobrevivência e sucesso reprodutivo, ainda que isso reduza a capacidade de investir em outros descendentes.

Esse investimento pode se manifestar de diferentes formas, como cuidados diretos (alimentação, proteção, educação) ou indiretos (apoio financeiro, suporte emocional e social). A ideia central é que pais possuem recursos limitados, como tempo, energia e atenção, e, portanto, precisam fazer escolhas sobre onde e em quem investir. Ao dedicar recursos a um descendente específico, os pais aumentam as chances de que esse filho alcance a maturidade e se reproduza com sucesso, o que também contribui para a transmissão de seus próprios genes.

No entanto, essa dedicação envolve custos evolutivos, pois implica deixar de investir em outros descendentes ou em futuras oportunidades de reprodução. Esse dilema entre investir em um filho ou distribuir os recursos entre vários é o que caracteriza o *trade-off* do investimento parental. O termo trade-off se refere ao dilema enfrentado pelos organismos para distribuir energia, tempo e esforço entre diferentes funções — por exemplo, entre crescimento, manutenção do corpo, reprodução atual ou investimento em futuras oportunidades. Não se trata de uma escolha consciente, mas de um resultado de pressões seletivas que moldaram mecanismos adaptativos capazes de ajustar a alocação de recursos de forma a maximizar a sobrevivência e o sucesso reprodutivo.

Em suma, a teoria de Trivers nos ajuda a compreender que as decisões parentais envolvem um equilíbrio estratégico entre maximizar o sucesso reprodutivo da prole e preservar recursos para outros potenciais investimentos. A definição de investimento parental representou um avanço significativo para o estudo do comportamento de cuidado ao estabelecer uma distinção entre "cuidado" e "investimento". Cuidado é qualquer comportamento dos pais que melhora a aptidão da prole (Clutton-Brock, 1991), enquanto investimento parental se refere apenas àqueles comportamentos que envolvem custos para o sucesso reprodutivo futuro dos pais (Trivers, 1972).

Essa perspectiva alinhou o conceito de investimento parental à teoria da seleção individual, afastando interpretações baseadas no benefício para a espécie. Em vez disso, o investimento passou a ser visto como uma estratégia adaptativa que favorece a propagação dos próprios genes. A definição também proporcionou um critério objetivo para mensurar o impacto do investimento: o sucesso reprodutivo da prole e dos cuidadores. Isso permitiu comparar níveis de investimento entre indivíduos e ao longo da vida reprodutiva de um mesmo indivíduo, considerando efeitos sobre o sucesso reprodutivo direto e indireto. Na psicologia, esse enfoque tem sido fundamental para investigar como a ontogênese influencia o investimento parental, dado que os recursos investidos em uma prole afetam a capacidade de investir em proles futuras (Belsky, 2010).

O investimento parental humano é altamente variável e sensível a diversos fatores. A partir de uma perspectiva evolucionista, entende-se que o comportamento de cuidado – embora frequentemente assumido pelos pais – pode envolver outros cuidadores e varia conforme os custos e benefícios para o sucesso reprodutivo de quem cuida. Mecanismos psicológicos moldados ao longo da evolução regulam esse comportamento, respondendo a condições como as características do cuidador (ex.: sexo e parentesco), da criança (ex.: idade e ordem de nascimento) e do ambiente (ex.: recursos disponíveis e normas culturais) (Tokumaru et al., 2018).

Essa variabilidade é explicada pelo fato de que os pais, ao investirem em seus filhos, enfrentam um dilema: maximizar a sobrevivência e reprodução de cada descendente sem comprometer suas chances de gerar e cuidar de futuros filhos. Embora cada filho compartilhe cerca de 50% dos genes dos pais, o valor reprodutivo individual pode variar, o que leva os pais a direcionarem recursos de forma seletiva. Por outro lado, cada prole tem 100% de interesse em si mesma e, portanto, é favorecida a extrair o máximo possível de investimento. Isso gera conflitos entre pais e filhos, especialmente em três aspectos: quanto tempo e quanto recurso um filho deve receber e quanto altruísmo ele deve demonstrar a seus irmãos. Esses conflitos se intensificam entre irmãos, que competem por recursos parentais em função do espaçamento e da ordem de nascimento (Tokumaru et al., 2018).

A partir dessa perspectiva, a teoria do investimento parental oferece um arcabouço para compreender a variação no cuidado dispensado a crianças com deficiência. Em termos evolucionistas, o valor reprodutivo de uma criança, ou seja, a probabilidade de que ela atinja a maturidade e se reproduza, influencia a quantidade de recursos que os pais estão dispostos a investir. Crianças com condições que podem comprometer sua sobrevivência ou reprodução futura, como algumas deficiências físicas ou cognitivas, tenderiam, em princípio, a receber menor investimento parental, dada sua expectativa reduzida de retorno reprodutivo. No entanto, a evidência empírica sugere que a relação entre deficiência e cuidado parental é modulada por uma série de fatores contextuais, em consonância com o que se denomina modelo contingente de investimento parental.

A teoria do investimento parental contingente, proposta por Bugental e Beaulieu (2003), é uma extensão da teoria clássica do investimento parental que introduz um modelo condicional de tomada de decisão por parte dos pais. Em vez de assumir que os fatores que influenciam o investimento (como os recursos parentais e o potencial reprodutivo da criança) se somam de maneira linear, o modelo contingente propõe uma lógica do tipo "se: então", de forma que o comportamento parental varia conforme a interação entre esses dois fatores centrais.

De acordo com esse modelo, quando os pais dispõem de poucos recursos, tendem a investir menos (ou até negligenciar) crianças com baixo potencial reprodutivo, já que os custos desse cuidado são elevados e os benefícios em termos de sucesso reprodutivo são limitados. No entanto, quando os pais dispõem de muitos recursos, o padrão se inverte: eles tendem a investir mais justamente nas crianças com baixo potencial reprodutivo, pois têm capacidade de oferecer cuidados intensivos a essas crianças sem comprometer o investimento em outros filhos. Esse investimento adicional pode aumentar as chances de que crianças com maiores vulnerabilidades sobrevivam até a idade reprodutiva, o que ainda contribui positivamente para o sucesso reprodutivo dos pais.

Essa abordagem é particularmente útil para compreender a variação do investimento parental em crianças com deficiência, incluindo aquelas com Transtorno do Espectro Autista (TEA). Crianças com TEA podem demandar níveis mais elevados de cuidado, recursos financeiros, tempo e suporte emocional dos cuidadores, sendo muitas vezes percebidas como tendo menor potencial reprodutivo do ponto de vista biológico ou funcional. Essa abordagem é particularmente útil para compreender por que o investimento parental em crianças com deficiência não segue um padrão único.

O modelo contingente propõe que os pais ajustem suas decisões de cuidado com base em dois fatores principais: (1) os recursos disponíveis (como tempo, dinheiro, apoio social) e (2) o potencial reprodutivo percebido da criança. Por exemplo, crianças com autismo podem ser vistas como tendo menor potencial reprodutivo, por exigirem cuidados intensivos e apresentarem desafios funcionais. Segundo o modelo contingente, pais com poucos recursos tendem a investir menos nessas crianças, pois o custo do cuidado é alto e o retorno reprodutivo esperado é baixo. Já pais com mais recursos conseguem investir mais, mesmo em crianças com maiores vulnerabilidades, porque têm condições de oferecer cuidados intensivos sem prejudicar o investimento em outros filhos. Esse investimento pode, inclusive, aumentar as chances de sobrevivência e desenvolvimento da criança com vulnerabilidades, contribuindo para o sucesso reprodutivo dos pais.

Assim, o modelo contingente ajuda a explicar por que algumas famílias investem intensamente em crianças com deficiência, enquanto outras enfrentam dificuldades para manter esse cuidado. Essa lógica condicional ("se: então") permite compreender a variabilidade interindividual, ou seja, as diferenças entre famílias no modo como cuidam de crianças com deficiência. Essa variabilidade não se deve apenas às características da criança, mas também às condições específicas de cada família, como renda, apoio social, crenças culturais e vínculos afetivos. Em outras palavras, não há uma resposta única ou universal: o comportamento parental varia de acordo com o contexto.

Um estudo empírico conduzido por Beaulieu e Bugental (2008) testou esse modelo de maneira prospectiva. As autoras utilizaram a condição prematura ao nascimento como um indicativo de risco reprodutivo da criança, e os sintomas depressivos pós-parto das mães como um indicador de recursos psicológicos reduzidos. Os resultados confirmaram a previsão do modelo: (1) mães com poucos recursos investiram mais em crianças de baixo risco do que nas de alto risco, e (2) mães com maiores recursos demonstraram maior investimento em crianças de alto risco do que nas de baixo risco. Além disso, mães primíparas mais velhas (em contraste com mães mais jovens ou com múltiplos filhos) também apresentaram maior investimento em filhos de alto risco. O estudo reforça a proposta de que o investimento parental segue uma lógica contingente mais complexa e sensível às condições contextuais e características individuais da díade mãe-filho.

Nesse sentido, compreender os fatores que modulam o investimento parental torna-se especialmente relevante em contextos em que as demandas por cuidado são ampliadas, como no caso de crianças com deficiências. Entre essas condições, destaca-se o Transtorno do Espectro Autista (TEA), caracterizado por desafios específicos que impactam intensamente a dinâmica familiar e o comportamento parental. A seguir, discutiremos o autismo e seus desdobramentos sobre a parentalidade.

Autismo

O Transtorno do Espectro Autista (TEA), é um transtorno do desenvolvimento caracterizado por dificuldades em duas áreas principais: a comunicação social, que envolve a interação com outras pessoas, e a presença de comportamentos, interesses e atividades repetitivas ou restritas (American Psychiatric Association [APA], 2013). Estima-se que a prevalência do transtorno do espectro autista entre crianças nos Estados Unidos seja significativa, com dados recentes indicando que aproximadamente 1 em cada 31 crianças de 4 a 8 anos foi diagnosticada com autismo (Shaw et al., 2025). Esses números evidenciam o impacto dessa condição em muitas famílias, reforçando a importância de compreender suas características para oferecer o suporte adequado às crianças e seus pais. No Brasil, o Censo 2022 do IBGE aponta que cerca de 2,4 milhões de pessoas foram diagnosticadas com autismo, destacando a relevância do tema no contexto nacional.

O autismo é categorizado em três níveis de suporte, conforme definido pelo DSM-5 (APA, 2013). Esses níveis variam de acordo com a necessidade de assistência para a realização de atividades diárias e a interação social: Nível 1: Necessita de suporte leve, com dificuldades moderadas na comunicação e na adaptação a mudanças. Nível 2: Exige suporte substancial, apresentando desafios mais significativos na interação social e na flexibilidade cognitiva. Nível 3: Requer suporte muito substancial, com dificuldades graves na comunicação, comportamentos restritos e repetitivos acentuados e maior dependência dos cuidadores. Assim, pessoas com TEA nos níveis 2 e 3 dependem significativamente mais de suporte para atividades cotidianas, reforçando o papel essencial dos cuidadores para o seu desenvolvimento e bem-estar. Considerando os diferentes níveis de suporte exigidos pelas crianças com TEA, torna-se fundamental compreender de que forma os pais experienciam e organizam o cuidado cotidiano, especialmente diante das exigências que o diagnóstico impõe.

Parentalidade em Pais de Crianças com TEA

Uma grande parte das pessoas diagnosticadas com autismo precisa de um apoio contínuo. Este apoio é necessário desde a infância, o que mostra o papel fundamental dos cuidadores ao longo do desenvolvimento infantil. Esses dados ressaltam a importância de oferecer uma atenção especial aos pais de pessoas com TEA, a fim de compreender como a parentalidade se manifesta nesse contexto. Esta compreensão pode possibilitar a identificação e o desenvolvimento de estratégias eficazes que auxiliem os pais a enfrentar os desafios da parentalidade neste contexto de forma adequada.

Quando recebem o diagnóstico de TEA, as famílias enfrentam diversas mudanças. Faz-se necessário ajustar expectativas, adaptar planos e modificar a rotina para atender às necessidades específicas da criança, como a realização de terapias nas áreas de psicologia, fonoaudiologia, terapia ocupacional e psicopedagogia. Além disso, muitas vezes, é preciso se afastar do trabalho para dedicar mais tempo aos cuidados diários. Essas adaptações também podem gerar desafios financeiros (Ebert et al., 2015; Oliveira et al., 2017). Além dos impactos na rotina familiar, a saúde emocional dos cuidadores também sofre, levando a sobrecarga e estresse (Estes et al., 2013). Ademais, Feinberg et al. (2012) demonstraram que as tarefas entre os pais não são compartilhadas de forma igualitária, com uma maior tendência de que a mãe assuma a maior parte das atividades e se tornem com maior sobrecarga. Entender esses desafios é essencial para oferecer o apoio necessário e garantir que esses pais e cuidadores se sintam amparados durante essa jornada.

O estresse parental em cuidadores de crianças e adolescentes com TEA pode ter diversos efeitos negativos, afetando tanto a saúde física quanto a mental. Alguns dos principais impactos incluem problemas de saúde mental, impactos na saúde física (insônia, dores musculares, fadiga), prejuízos nas relações familiares (desgaste emocional, conflitos conjugais, distanciamento social), redução na qualidade de vida devido à sobrecarga de responsabilidades e a falta de apoio adequada; além de outras características na própria criação do filho.

O estresse parental tem sido associado a práticas parentais mais autoritárias e a comportamentos punitivos, o que afeta tanto os próprios pais quanto os filhos. Quando os pais estão angustiados, tendem a se tornar menos sensíveis aos comportamentos de seus filhos e, consequentemente, mais propensos a adotar práticas disciplinares mais coercitivas. Essas abordagens podem reforçar comportamentos indesejáveis nas crianças, o que, por sua vez, aumenta a frequência desses comportamentos (Ben-Sasson & Carter, 2012; Lunkenheimer et al., 2016).

Algumas intervenções visam apoiar esses pais, incluindo grupos de apoio, terapia individual ou familiar, programas de conscientização sobre o tema e oficinas de parentalidade positiva. Diante dos desafios descritos, práticas parentais positivas emergem como estratégias promissoras para reduzir o estresse dos cuidadores e promover o desenvolvimento das crianças. A seguir, discutimos os fundamentos da parentalidade positiva e os efeitos das intervenções baseadas nessa abordagem.

Ensino de Práticas Parentais Positivas

A parentalidade positiva é o vínculo contínuo entre pais e filhos, que envolve cuidar, ensinar, guiar, ouvir e atender às necessidades da criança de maneira constante. Ela se baseia no apoio e em um ambiente de respeito, criando um espaço seguro onde a criança pode crescer, fortalecer sua autoestima e ganhar confiança, promovendo um desenvolvimento saudável e feliz (Seay et al., 2014). Esse tipo de parentalidade é composto por cinco aspectos fundamentais que atendem às necessidades da criança: incentivar seu desenvolvimento, manter uma comunicação afetiva, aplicar disciplina positiva, compreender suas necessidades físicas e garantir sua segurança — cuidando da saúde e bem-estar dela em todas as situações. Os princípios da parentalidade positiva incluem resolver os problemas juntos, criar rotinas, dar espaço para a criança brincar e explorar, ouvi-la com empatia e orientá-la com calma, e, por fim, ajudá-la a construir suas próprias habilidades e competências (Kadzin, 2009).

O ensino da parentalidade e das práticas positivas permite ajudar os pais a desenvolverem estratégias para melhor lidar com situações estressantes de forma eficaz e com menor desgaste. Tais práticas podem trazer diversos benefícios aos envolvidos, como melhorias no comportamento das crianças (Altafim & Linhares, 2020), aumento da autoconfiança dos cuidadores em suas habilidades parentais (como lidar com birras) e redução de estilos parentais disfuncionais, como a disciplina permissiva e a disciplina autoritária, marcada pelo uso de raiva e irritabilidade (Sanders et al., 2014).

Um exemplo é o programa *Triple P Online* (TPOL), que oferece capacitação para pais, com o objetivo de reduzir problemas de comportamento na infância por meio de práticas parentais positivas (Sanders et al., 2012). Seus princípios incluem criar um ambiente seguro e estimulante, proporcionar um espaço de aprendizado positivo, aplicar a disciplina de forma construtiva, ter expectativas realistas e cuidar do bem-estar dos próprios pais (Sanders et al., 2004). O *Stepping Stones Triple P* (SSTP) é uma variação desse programa, adaptado para crianças com atrasos no desenvolvimento, mantendo a base teórica. Ele ensina os pais a lidarem com os problemas comportamentais de seus filhos sem recorrer a métodos severos, promovendo uma regulação emocional mais saudável. Além disso, esse programa inclui reflexões sobre os desafios enfrentados pelos pais de crianças com deficiência, considerando o contexto de comunidade e o apoio familiar (Sanders et al., 2004).

Diferentes estudos acerca dos programas de parentalidade positiva têm mostrado ótimos resultados em diferentes áreas. Dentre os benefícios, aponta-se a melhora do comportamento social e emocional das crianças, melhora nas práticas parentais como confiança parental (como lidar com birras dos filhos), relações parentais e ajustamento parental (Sanders et al., 2012). Identificou-se também diminuição dos estilos parentais disfuncionais, como disciplina permissiva e disciplina autoritária com o uso de raiva e irritabilidade (Sanders et al., 2014), além de incentivarem a adoção de intervenções baseadas em evidências (Sanders, 2023). Observou-se ainda o fortalecimento de competências parentais e estratégias parentais positivas, capacitando os pais para um melhor exercício da parentalidade e auxiliando no desenvolvimento adequado dos filhos (Benedetti et al., 2020; Coutinho et al., 2012; Souza et al., 2021).

Para crianças com atraso no desenvolvimento as intervenções demonstram ser eficazes no maior ajustamento emocional dos pais (entendido como seu bem-estar psicológico, satisfação com a vida e capacidade de lidar de forma saudável com as demandas da parentalidade), na redução de práticas parentais disfuncionais e na diminuição das dificuldades comportamentais e emocionais das crianças. Além disso, observou-se uma correlação negativa entre o ajustamento dos pais e o uso de práticas parentais coercitivas (Sanders et al., 2022).

Em um estudo voltado para mães de crianças com TEA de idades entre 06 e 15 anos, Navroodi et al. (2018) verificaram a eficácia de um treinamento parental positivo. Os resultados demonstraram que o treinamento pode gerar um impacto nas dimensões de esperança e satisfação das mães. Em outro estudo realizado com pais de crianças de 02 a 12 anos com diagnóstico de autismo demonstrou-se diminuição no estresse parental, na intensidade de comportamentos problemáticos das crianças, maior sensação de competência parental e o melhor funcionamento familiar (Zand et al., 2018). Tendo em vista as melhorias de comportamento acerca dos programas descritos, desenvolvemos e aplicamos uma intervenção adaptada para mães de crianças com TEA, cujos detalhes metodológicos e principais resultados serão apresentados a seguir.

Uma Intervenção Baseada em Práticas Parentais Positivas para Pais de Crianças com TEA

Não encontramos no Brasil uma intervenção em parentalidade positiva desenhada especificamente para atender a pais de crianças e adolescentes com TEA. Dessa forma, replicamos uma intervenção originalmente planejada para pais de crianças com desenvolvimento típico, realizando adaptações para atender às especificidades do desenvolvimento atípico. A intervenção original (Ramos et al., 2023) consiste em 8 (oito) encontros, com duração de uma hora e 30 minutos com temas específicos previamente determinados, os temas principais não foram alterados, apenas adaptados a forma de abordá-los com o público de mães de crianças autistas.

A seguir serão apresentados o tema geral de cada encontro e a principal adaptação realizada:

1. Parentalidade positiva (expectativas e realidades): desmistificando a parentalidade positiva e discutindo estratégias de parentalidade no contexto do TEA abrangendo as dificuldades de comunicação e fala;
2. Autocuidado relacionado à saúde mental: abordando estratégias para o autocuidado frente a sobrecarga de demandas com filhos e rotina intensa de terapias;
3. Coparentalidade: com subtemas acerca da falta de rede de suporte e enfrentamento de preconceito;
4. Marcos do desenvolvimento e expectativas: influência do comportamento dos pais no ensino de autonomia, importância de apoio visuais (como quadrado de tarefas e rotinas), estratégias para diminuir a dependência das crianças de dicas totais e como lidar com as estereotipias;
5. Influências da parentalidade e os estilos parentais;
6. Práticas educativas positivas - regras e limites: discutindo o papel do transtorno sobre o comportamento da criança e o comportamento infantil;
7. Práticas educativas positivas - afeto e habilidades sociais: discutindo as dificuldades sociais da parentalidade no contexto do TEA;
8. Encerramento com a reflexão sobre todo o processo.

A intervenção foi realizada por meio da discussão das questões específicas trazidas pelos pais de crianças com TEA em cada um dos temas propostos (Gasparini et al., 2023), com aprovação pelo Comitê de Ética em Pesquisa com Seres Humanos da Universidade Federal do Espírito Santo (UFES), sob o número 5.965.681, com CAAE 50637321.1.1001.5542.

Os temas foram desenvolvidos de forma interativa, buscando promover o engajamento das participantes e facilitar a compreensão dos conteúdos relacionados à parentalidade e ao autismo. Para isso, foram utilizados vídeos gratuitos e de uso livre, selecionados por sua linguagem acessível e relevância para os tópicos abordados. Além disso, foram aplicadas dinâmicas em grupo, com o uso de materiais simples como folhas de papel e lápis, favorecendo a troca de experiências, a expressão individual e a interação entre as participantes. Estratégias de "quebra-gelo" foram empregadas no início dos encontros para criar um ambiente acolhedor e estimular a participação ativa.

A cada encontro, os temas principais foram discutidos em grupo, incentivando a reflexão coletiva e o compartilhamento de vivências. Como forma de continuidade e reforço dos aprendizados, foram propostas atividades para casa, como exercícios de automonitoramento, que incentivavam as mães a observar e refletir sobre suas práticas parentais no cotidiano. A seleção dos participantes foi realizada de forma online, utilizando flyers divulgados em redes sociais (Instagram, facebook e WhatsApp); além de convites enviados por e-mail para alunos e funcionários da Universidade Federal do Espírito Santo. Ao aceitarem o convite, os participantes recebiam um link para um questionário, contendo os instrumentos a serem preenchidos online por meio da plataforma Limesurvey.

Os instrumentos incluíram escalas, para avaliar dificuldades e capacidades da criança com TEA, investimento parental na criança com TEA, aspectos da parentalidade e ajustamento familiar, engajamento paterno e questões sociodemográficas após completarem o questionário. Os participantes recebiam mensagens de texto com informações sobre as datas e horários da intervenção.

Das 664 pessoas que acessaram a pesquisa e iniciaram as respostas do questionário, apenas 20 as concluíram. Destas, apenas 10 mostraram interesse e disponibilidade para iniciar a intervenção, mas apenas cinco realmente iniciaram e permaneceram até a conclusão da intervenção. As mães que não participaram da intervenção após mostrarem interesse justificaram a decisão pela falta de tempo, dificuldade de lidar com os filhos durante as sessões e pelo nível de autismo dos filhos que demandava suporte contínuo ao longo do dia.

A intervenção foi conduzida por uma psicóloga formada e especialista em intervenções para crianças com TEA, juntamente com uma graduanda em psicologia que atuava como co-terapeuta. Ambas estavam envolvidas ativamente em todas as sessões, alternando-se na condução das diferentes etapas, como dinâmicas, discussões e esclarecimento de dúvidas. Durante as discussões sobre os temas, a psicóloga também se encarregava de registrar por escrito as falas das mães.

Após a intervenção, os pais participaram de uma nova aplicação dos mesmos instrumentos utilizados na avaliação inicial. Os dados coletados antes e após a intervenção foram organizados e inseridos em um software específico para análise estatística. Por meio desse programa, realizamos comparações entre as respostas pré e pós-intervenção, utilizando testes estatísticos adequados para identificar diferenças. Essa análise permitiu mensurar o impacto das oficinas sobre os pais, evidenciando possíveis mudanças nas variáveis estudadas em decorrência da intervenção.

A partir dessa análise, dois resultados importantes foram encontrados. O primeiro se refere à redução das práticas parentais disfuncionais, o que é um reflexo positivo da intervenção. Esse resultado é semelhante ao que foi encontrado por Sanders (2022) e sugere que a diminuição dessas práticas está relacionada à ênfase nos efeitos negativos das abordagens mais autoritárias, além da introdução de novas estratégias positivas de parentalidade, muitas das quais as mães não conheciam no início. Durante os encontros, as mães notaram mudanças em seu próprio comportamento semana a semana, fruto do automonitoramento e das tarefas de casa atribuídas pelas mediadoras.

O segundo resultado importante foi o aumento no investimento parental em convivência, indicando que após a intervenção, houve uma melhoria na interação e convivência familiar. Esse aumento pode ser explicado pela atenção dada não apenas ao relacionamento com as crianças, mas também ao convívio com outros familiares, ajudando a criar um ambiente mais harmônico. A discussão sobre coparentalidade e estilos parentais ofereceu novas perspectivas e estratégias para lidar com conflitos. As mães compartilharam que falar sobre convivência foi essencial, pois elas enfrentavam desafios semelhantes, como a falta de rede de apoio, dificuldades nas divisões de tarefas e a rejeição do diagnóstico de autismo por outros familiares.

Os relatos das mães revelam com clareza não apenas os desafios da parentalidade no contexto do TEA, mas também os efeitos subjetivos da intervenção. A seguir, sintetizamos os principais aprendizados obtidos ao longo do processo. Contudo, é importante reconhecer que esses resultados se baseiam exclusivamente em relatos verbais, o que pode limitar a abrangência das conclusões. Assim, recomenda-se que pesquisas futuras incluam também medidas diretas do comportamento, a fim de complementar e aprofundar a compreensão dos efeitos observados. A seguir, sintetizamos os principais aprendizados obtidos ao longo do processo.

Ouvindo as Mães

Entre os diversos temas discutidos, o que mais chamou a atenção das participantes foi o segundo encontro, sobre o autocuidado. Durante essa sessão, as mães demonstraram um grande interesse em conversar sobre as dificuldades que enfrentam para cuidar de si mesmas. Muitas relataram que não conseguem dedicar tempo para o autocuidado devido à sobrecarga de responsabilidades com seus filhos com TEA, que exigem cuidados extras, como terapias e consultas médicas.

Algumas falas que ficaram marcadas foram: *"Até para ir ao médico é difícil ter tempo"*, *"É muito difícil se cuidar quando não se tem tempo, preciso da rotina de levar meu filho em todas as terapias, escola, médicos, único momento de fazer atividade física é se eu acordar às quatro da manhã"*, *"Já deixei de frequentar vários lugares devido a preconceitos e olhares de outras pessoas que não entendem meu filho"*, *"Sempre muita cobrança, sua própria, família, terapeuta do filho. Como ter tempo para tudo isso e ainda se cuidar?"*. Estas falas indicam o quanto a mãe, como principal cuidadora, coloca de lado suas necessidades físicas e emocionais em prol do cuidado com os filhos. Ainda em relação entre o autocuidado e a sobrecarga de funções, algumas mães se inscreveram para participar das oficinas, mas desistiram antes do início devido a tal sobrecarga de responsabilidades e a necessidade de dar suporte ao filho ao longo do dia.

Outros pontos observados nas falas das mães foram a desinformação e equívocos recorrentes relacionados aos temas trabalhados na intervenção. Por exemplo, acerca da parentalidade positiva uma das mães perguntou: *"se na parentalidade positiva existiriam regras ou limites"*. Ao discutir o tema sobre marcos do desenvolvimento, algumas mães perguntaram se o autismo teria cura e quais as causas do transtorno. Neste mesmo tema, notamos uma grande diferença entre a oficina com pais de crianças típicas e a com pais de crianças atípicas. As mães de crianças com TEA, embora tenham dúvidas a respeito do autismo (o que causa o autismo, se há cura, mitos sobre o TEA), estavam sensíveis às dificuldades e as limitações do filho, aceitavam o diagnóstico e buscavam elogiar e reconhecer os ganhos graduais de seu filho. As falas seguintes são exemplos disto: *"O tempo do meu filho é bem diferente do meu"* e *"Ele (o filho da participante) está cada dia mais fazendo tudo com autonomia, fico muito orgulhosa, eu sei que é um processo gradual"*. Nestes relatos observamos as mães sempre atentas e relatando os ganhos diários dos filhos, comemorando cada conquista e buscando elogiar constantemente. Por outro lado, mães de crianças típicas nas oficinas apresentaram menos elogios e maior cobrança.

O Que Aprendemos

Sabemos que a descoberta do autismo em seus filhos pode trazer profundas mudanças na rotina dos cuidadores, e que pais de crianças com TEA enfrentam um nível maior de estresse e sobrecarga em comparação aos pais de outras crianças, com ou sem diagnóstico. Aspectos da parentalidade são desafiadores para todos os pais, mas para aqueles de crianças atípicas, esses desafios podem ser ainda mais intensos, refletindo diretamente na saúde mental e física dos pais, além de impactar as práticas parentais e o desenvolvimento de seus filhos. Existem, felizmente, intervenções que ensinam a parentalidade positiva, oferecendo estratégias de enfrentamento para lidar com as diversas situações cotidianas e promovendo uma melhor qualidade de vida para essas famílias.

Na oficina adaptada para mães de crianças autistas, observamos avanços tanto na convivência entre as crianças e seus pais quanto na relação com outros familiares, além de uma diminuição nas práticas parentais coercitivas. Um tema recorrente nas falas dessas mães foi o déficit de autocuidado. Como principais cuidadoras, elas muitas vezes colocam as necessidades de seus filhos em primeiro lugar, negligenciando o cuidado emocional e físico de si mesmas. Compreendemos a importância de olhar para essas mães, não apenas em relação à parentalidade positiva, mas também oferecendo um espaço para que possam ser ouvidas e acolhidas, buscando formas de resgatar o autocuidado para cuidar do outro.

REFERÊNCIAS

Altafim, E. R., & Linhares, M. B. M. (2020). Intervenção preventiva em práticas parentais utilizando o programa ACT para educar crianças em ambientes seguros. In S. R. F. Enumo, T. L. Dias, & F. P. Ramos (Orgs.), Intervenções psicológicas para promoção de desenvolvimento e saúde na infância e adolescência (pp. 325–346). Appris.

American Psychiatric Association. (2013). Diagnostic and statistical manual of mental disorders (5th ed.). Arlington, VA: Author.

Ashdown, B. K., & Faherty, A. N. (2020). Parents and caregivers across cultures: Positive development from infancy through adulthood. Springer. https://doi.org/10.1007/978-3-030-35590-6

Ben-Sasson, A., & Carter, A. S. (2012). The application of the first year inventory for ASD screening in Israel. Journal of Autism and Developmental Disorders, 42(9), 1906–1916. https://doi.org/10.1007/s10803-011-1436-1

Benedetti, T. B., Rebessi, I. P., & Neufeld, C. B. (2020). Programas de orientação de pais em grupo: Uma revisão sistemática. Psicologia: Teoria e Prática, 22(1), 399–430. https://doi.org/10.5935/1980-6906/psicologia.v22n1p399-430

Beaulieu, D. A., & Bugental, D. (2008). Contingent parental investment: an evolutionary framework for understanding early interaction between mothers and children. Evolution and Human Behavior, 29(4), 249–255. https://doi.org/10.1016/j.evolhumbehav.2008.01.002

Belsky, J. (2010). Childhood experience and the development of reproductive strategies. Psicothema, 22(1), 28–34. http://www.ncbi.nlm.nih.gov/pubmed/20100424

Bugental, D. B., & Beaulieu, D. A. (2003). A bio-social-cognitive approach to understanding and promoting the outcomes of children with medical and physical disorders. Advances in Child Development and Behavior, 31, 329–364.

Clutton-Brock, T. H. (1991). The evolution of parental care. Princeton University Press.

Coutinho, I.; Seabra-Santos, M. & Gaspar, F. (2012). Educação parental com famílias maltratantes: Que potencialidades? Análise Psicológica, 4(XXX), 405-420.

Ebert, M., Lorenzini, E., & Silva, E. F. da. (2015). Mothers of children with autistic disorder: perceptions and trajectories. Revista Gaúcha de Enfermagem, 36(1), 49–55. https://doi.org/10.1590/1983-1447.2015.01.43623

Estes, A., Olson, E., Sullivan, K., Greenson, J., Winter, J., Dawson, G., & Munson, J. (2013). Parenting-related stress and psychological distress in mothers of toddlers with autism spectrum disorders. Brain and Development, 35(2), 133–138. https://doi.org/10.1016/j.braindev.2012.10.004.

Feinberg, M. E., Brown, L. D., & Kan, M. L. (2012). A multi-domain self-report measure of coparenting. Parenting: Science and Practice, 12(1), 1–21. https://doi.org/10.1080/15295192.2012.638870

Gasparini, L. F. (2023). Efeitos da Intervenção em Parentalidade Positiva Sobre o Investimento Parental de Pais De Crianças com Autismo [Dissertação de Mestrado, Programa de Pós-Graduação em Psicologia, Universidade Federal do Espírito Santo].

Instituto Brasileiro de Geografia e Estatística (IBGE). (2023). Censo 2022 identifica 2,4 milhões de pessoas diagnosticadas com autismo no Brasil. Agência IBGE Notícias. https://agenciadenoticias.ibge.gov.br/agencia-noticias/2012-agencia-de-noticias/noticias/43464-censo-2022-identifica-2-4-milhoes-de-pessoas-diagnosticadas-com-autismo-no-brasil

Kadzin, A. E. (2009). The Kazdin method for parenting the defiant child. Mariner Books.

Lengua, L. J., Thompson, S. F., & Smith, M. R. (2022). Parenting That Promotes Positive Social, Emotional and Behavioral Development in Middle Childhood. The Cambridge Handbook of Parenting, 213–235. https://doi.org/10.1017/9781108891400.013

Lew-Levy, S., van den Bos, W., Corriveau, K., Dutra, N., Flynn, E., O'Sullivan, E., Pope-Caldwell, S., Rawlings,

B., Smolla, M., Xu, J., & Wood, L. (2023). Peer learning and cultural evolution. Child Development Perspectives, 17(2), 97–105. https://doi.org/10.1111/CDEP.12482

Lunkenheimer, E., Lichtwarck-Aschoff, A., Hollenstein, T., Kemp, C. J., & Granic, I. (2016). Breaking Down the Coercive Cycle: How Parent and Child Risk Factors Influence Real-Time Variability in Parental Responses to Child Misbehavior. Parenting, science and practice, 16(4), 237–256. https://doi.org/10.1080/15295192.2016.1184925

Navroodi, S. O., Nicknam, M., Ahmadi, A., Roodbarde, F. P., & Azami, S. (2018). Examining the Effectiveness of Group Positive Parenting Training on Increasing Hope and Life Satisfaction in Mothers of Children with Autism. Iranian Journal of Psychiatry. https://www.ncbi.nlm.nih.gov/pmc/articles/PMC6037574/#B30.

Oberzaucher, E. (2021). Parental Investment Theory. Encyclopedia of Evolutionary Psychological Science, 5718–5722. https://doi.org/10.1007/978-3-319-19650-3_242

Okumura, M. (2018). Conceitos relacionados à evolução humana. In M. E. Yamamoto & J. V. Valentova (Eds.), Manual de Psicologia Evolucionista (pp. 75–97). UFRN.

Oliveira, E. N., Silva, A. M. de P., Ribeiro, M. A., Lopes, R. E., Queiroz, I. F. R., Furtado, J. P. R. X., Oliveira, L. da S., & Felipe, A. T. P. (2017). A Dinâmica Familiar Diante Da Pessoa Com Transtorno Do Espectro Autista. Revista de Pesquisa Em Saúde, 18(3), 151–156.

Ramos, F, P., Menezes, M., Bossardi, C. N., Tokumaru, R. S., & Pereira, K. M. S.. (2023). Oficina de parentalidade positiva: manual da intervenção para profissionais. Vitória, ES : UFES, Pró-Reitoria de Extensão. ISBN: 978-85-65276-67-2

Sanders, M. R. (2023). The Triple P system of evidence-based parenting support: Past, present, and future directions. Clinical Child and Family Psychology Review, 26(4), 880–903. https://doi.org/10.1007/s10567-023-00441-8

Sanders, M. R., Baker, S., & Turner, K. M. T. (2012). A randomized controlled trial evaluating the efficacy of Triple P Online with parents of children with early-onset conduct problems. Behaviour Research and Therapy, 50(11), 675–684. https://doi.org/10.1016/j.brat.2012.07.004

Sanders, M., Hoang, N. P. T., Hodges, J., Sofronoff, K., Einfeld, S., Tonge, B., & Gray, K. (2022). Predictors of Change in Stepping Stones Triple Interventions: The Relationship between Parental Adjustment, Parenting Behaviors and Child Outcomes. International Journal of Environmental Research and Public Health, 19(20). https://doi.org/10.3390/ijerph192013200.

Sanders, M. R., Mazzucchelli, T. G., & Studman, L. J. (2004). Stepping Stones Triple P: The theoretical basis and development of an evidence-based positive parenting program for families with a child who has a disability. Journal of Intellectual and Developmental Disability, 29(3), 265–283.

Sanders, M. R., Morawska, A., Haslam, D. M., Filus, A., & Fletcher, R. (2014). Parenting and family adjustment scales (PAFAS): Validation of a brief parent-report measure for use in assessment of parenting skills and family relationships. Child Psychiatry and Human Development, 45(3), 255–272. https://doi.org/10.1007/s10578-013-0397-3.

Seay, A., Freysteinson, W. M., & McFarlane, J. (2014). Positive Parenting. Nursing Forum, 49(3), 200–208. https://doi.org/10.1111/nuf.12093.

Souza, A. B. M., Mendes, D. M. L. F., & Kappler, S. R. (2021). Estratégias de regulação emocional maternas e de crianças: Revisão da literatura. Gerais: Revista Interinstitucional de Psicologia, 14(spe), 1–22. https://doi.org/10.36298/gerais202114e17001

Shaw, K. A., Williams, S., Patrick, M. E., Valencia-Prado, M., Durkin, M. S., Howerton, E. M., Ladd-Acosta, C. M., Pas, E. T., Bakian, A. v., Bartholomew, P., Nieves-Muñoz, N., Sidwell, K., Alford, A., Bilder, D. A., DiRienzo, M., Fitzgerald, R. T., Furnier, S. M., Hudson, A. E., Pokoski, O. M., … Maenner, M. J. (2025). Prevalence and Early Identification of Autism Spectrum Disorder Among Children Aged 4 and 8 Years — Autism and Developmental Disabilities Monitoring Network, 16 Sites, United States, 2022. MMWR. Surveillance Summaries, 74(2), 1–22. https://doi.org/10.15585/MMWR.SS7402A1

Thompson, J. L., & Nelson, A. J. (2011). Middle Childhood and Modern Human Origins. Human Nature,

22(3), 249–280. https://doi.org/10.1007/s12110-011-9119-3

Tokumaru, R. S., Defelipe, R. P., & Vieira, M. L. (2018). Investimento parental humano. In M. E. Yamamoto & J. V. Valentova (Eds.), Manual de Psicologia Evolucionista (1st ed., pp. 386–409). EDUFRN. https://repositorio.ufrn.br/jspui/handle/123456789/26065

Tokumaru, R. S., de Mendonça, J. S., & Bussab, V. S. R. (2018). Investimento parental em famílias em situações adversas. In M. E. Yamamoto & J. V. Valentova (Eds.), Manual de Psicologia Evolucionista (1st ed., pp. 386–409). EDUFRN. https://repositorio.ufrn.br/jspui/handle/123456789/26065

Trivers, R. (1972). Parental Investment and Sexual Selection. In B. Campbell (Ed.), Sexual Selection And the Descent of Man: 1871-1971 (1st ed., pp. 136–179). Aldine Publishing Company.

Zand, D. H., Bultas, M. W., McMillin, S. E., Halloran, D., White, T., McNamara, D., & Pierce, K. J. (2018). A Pilot of a Brief Positive Parenting Program on Children Newly Diagnosed with Autism Spectrum Disorder. Family Process, 57(4), 901–914. https://doi.org/10.1111/famp.12334

10

TREINAMENTO PARENTAL NO TRANSTORNO DO ESPECTRO AUTISTA (TEA): ANÁLISES E INTERVENÇÕES COMPORTAMENTAIS

Juliana Nogueira da Gama
Letícia Devens Vieira

Introdução

A parentalidade no contexto do Transtorno do Espectro Autista (TEA) impõe desafios singulares às famílias, exigindo estratégias adaptativas que transcendam o cuidado cotidiano e envolvam habilidades específicas de mediação comportamental, emocional e social (Bearss et al., 2015; Koegel et al., 2001). O diagnóstico de TEA mobiliza não apenas uma reorganização da rotina familiar, mas também uma transformação nas práticas parentais, na forma de comunicação, nas expectativas de desenvolvimento e na maneira como os pais se relacionam com os serviços de saúde e educação.

Dentro deste panorama, a Análise do Comportamento Aplicada (ABA) tem se consolidado como uma abordagem eficaz e baseada em evidências para o ensino de habilidades e manejo de comportamentos em crianças com TEA (Cooper et al, 2020; Skinner, 1953). O envolvimento ativo da família, especialmente dos pais ou responsáveis legais, nesse processo não é apenas desejável, mas fundamental para a eficácia e sustentabilidade das intervenções. O treinamento parental tem demonstrado ser uma estratégia poderosa para promover a generalização e manutenção de repertórios adquiridos em ambiente clínico, além de potencializar o vínculo afetivo e reduzir o estresse familiar (BACB, 2022; Bearss et al., 2015).

Programas de intervenção precoce e contínua tornam-se mais efetivos quando os cuidadores são preparados para aplicar estratégias comportamentais de forma consistente no cotidiano da criança (Kazdin, 1997; Rogers et al., 2020). Assim, este capítulo tem como objetivo discutir as particularidades da parentalidade no contexto do autismo, apresentar os principais impactos familiares associados ao diagnóstico e propor intervenções fundamentadas na ABA, com ênfase no treinamento parental como ferramenta de empoderamento e sustentação dos avanços terapêuticos.

Ganhos significativos na ABA, tanto na aquisição de habilidades quanto na redução de comportamentos interferentes, requerem intervenções com alta carga horária semanal, muitas vezes inacessível às famílias com recursos limitados. O treinamento parental é uma excelente ferramenta e solução para este desafio, possibilitando a aplicação da intervenção ABA não só em ambiente natural, como em vários contextos, multiplicando assim as horas de atendimento de um indivíduo por meio da atuação de seu próprio cuidador. Além disso, a generalização das habilidades aprendidas torna-se mais fácil, já que estas estão sendo aprendidas e praticadas no ambiente natural (Bordini et al., 2024).

Fundamentos Teóricos do Treinamento Parental em ABA

Historicamente, a Análise do Comportamento Aplicada (ABA) tem sido aplicada com sucesso em contextos clínicos, educacionais e comunitários, contribuindo para avanços significativos na aquisição de habilidades e na redução de comportamentos interferente em indivíduos com desenvolvimento atípico (Cooper et al., 2020). A extensão dessas práticas ao ambiente familiar emerge como uma estratégia central para potencializar a eficácia das intervenções, especialmente quando os pais ou responsáveis são capacitados como agentes diretos na implementação dos procedimentos (Bearss et al., 2015).

Programas de Treinamento Parental para crianças com TEA incorporam diversos componentes, como fundamentos da modificação do comportamento, instrução didática, simulações de papéis, práticas supervisionadas, tarefas para casa e visitas domiciliares estruturadas (Bearss et al., 2013; Bearss et al., 2015; Johnson et al., 2007). Estes programas baseiam-se em princípios da ABA, como reforçamento positivo, modelagem, encadeamento, discriminação e generalização (Skinner, 1953; Cooper et al., 2020). Estes conceitos são ensinados aos cuidadores com o objetivo de promover comportamentos socialmente significativos, ampliar repertórios adaptativos e apoiar o desenvolvimento global da criança. Ao compreender e aplicar esses princípios, os pais tornam-se mais eficazes e responsivos às necessidades individuais dos filhos, favorecendo um ambiente familiar estruturado, previsível e rico em oportunidades de aprendizagem.

Além disso, o envolvimento ativo dos pais no processo terapêutico proporciona aumento significativo nas oportunidades de ensino incidental, favorecendo a manutenção e generalização dos comportamentos aprendidos (Koegel et al., 2001). A consistência entre os ambientes clínico e doméstico fortalece os efeitos da intervenção e reduz a dependência exclusiva dos serviços especializados, promovendo maior autonomia da família e sustentabilidade dos resultados terapêuticos a longo prazo.

A sustentação para o envolvimento parental também se ancora em evidências que demonstram ganhos emocionais e relacionais. Pais que participam ativamente do processo terapêutico relatam maior senso de autoeficácia, redução dos níveis de estresse, melhoria na relação com os filhos e maior engajamento no processo educacional da criança (Bearss et al., 2015; Kazdin, 1997). Assim, o treinamento parental em ABA não apenas favorece a aprendizagem infantil, como também atua como um dispositivo de empoderamento familiar e fortalecimento dos vínculos afetivos.

A aplicação dos fundamentos teóricos da ABA no contexto familiar demanda, contudo, uma abordagem sensível e colaborativa por parte dos profissionais, que devem considerar as especificidades culturais, socioeconômicas e emocionais de cada família. O sucesso do treinamento parental depende, portanto, de uma aliança terapêutica sólida, da adaptação das estratégias às demandas cotidianas dos cuidadores e da oferta de suporte técnico contínuo (BACB, 2022).

Modelos de Treinamento Parental Baseados em ABA

Diversos modelos foram desenvolvidos com base nos princípios da ABA, adaptando estratégias para o contexto familiar. A escolha do modelo deve levar em consideração variáveis como idade da criança, intensidade e frequência dos comportamentos interferentes, nível de apoio familiar, disponibilidade de recursos e familiaridade com os princípios da ABA. A seguir, destacam-se os principais modelos.

Behavioral Parent Training (BPT):

Aplicação Prática do Behavioral Parent Training (BPT)

O *Behavioral Parent Training (BPT)* é um modelo estruturado que visa capacitar os pais a lidarem com comportamentos desafiadores, especialmente externalizantes, por meio do ensino de técnicas baseadas nos princípios da Análise do Comportamento Aplicada. Sua aplicação segue etapas bem definidas, que podem ser adaptadas para diferentes formatos (individual, em grupo ou *online*).

1. Avaliação Inicial e Definição de Metas: A aplicação do BPT começa com uma avaliação funcional dos comportamentos interferentes e a identificação das prioridades da família. Essa etapa permite personalizar o plano de intervenção e estabelecer metas claras e mensuráveis (Scahill et al., 2023).
2. Educação dos Pais sobre ABA: Os pais são introduzidos aos princípios básicos da ABA, como reforçamento positivo, extinção e consequências naturais. Essa etapa é essencial para que os cuidadores compreendam o racional das estratégias e se engajem na intervenção (Uhm et al., 2023).
3. Treinamento em Estratégias Comportamentais: Os pais aprendem a aplicar técnicas como instruções eficazes, reforçamento diferencial e uso adequado de consequências. O ensino pode incluir vídeos, modelagem ao vivo e dramatizações (Sukhodolsky et al., 2022).
4. Prática Supervisionada com Feedback: Durante as sessões, os pais praticam as estratégias com apoio do terapeuta, que fornece feedback corretivo e reforço para aumentar a confiança e a fidelidade da aplicação (Scahill et al., 2023).
5. Generalização das Habilidades: Os pais são encorajados a aplicar as estratégias em diferentes contextos (casa, escola, comunidade), promovendo a generalização e manutenção dos comportamentos-alvo (Uhm et al., 2023).
6. Monitoramento do Progresso: São utilizados registros comportamentais e avaliações periódicas para monitorar o progresso da criança e ajustar o plano de intervenção conforme necessário.

Estudos recentes reforçam a eficácia do BPT em diferentes populações. O protocolo RUBI-PT, por exemplo, adaptado para telemedicina, demonstrou ser efetivo na redução de comportamentos desafiadores em crianças com TEA (Scahill et al., 2023). Outros estudos mostram que o BPT reduz o estresse parental e melhora as práticas educativas, mesmo em formatos breves (Sukhodolsky et al., 2022) ou aplicados a crianças com TDAH (Uhm et al., 2023).

RUBI Autism Network:

O *RUBI Autism Network Parent Training Program* é um protocolo manualizado de treinamento parental desenvolvido para crianças com Transtorno do Espectro Autista (TEA) e comportamentos disruptivos. O programa foi inicialmente validado em ensaios clínicos randomizados e, mais recentemente, adaptado com sucesso para contextos comunitários e plataformas de teleatendimento (Scahill et al., 2023).

Composto por 11 sessões principais (e até 2 sessões adicionais, se necessário), o RUBI-PT é estruturado e baseado em princípios da ABA. O foco principal está no ensino de estratégias comportamentais que os pais possam aplicar diretamente no cotidiano da criança, com o objetivo de reduzir comportamentos interferentes e aumentar habilidades adaptativas.

Etapas de Implementação Prática do RUBI-PT:

1. Avaliação Inicial e Estabelecimento de Metas: A intervenção tem início com uma análise funcional dos comportamentos disruptivos da criança, seguida pela identi-

ficação das prioridades da família. São definidos objetivos terapêuticos específicos e mensuráveis (Scahill et al., 2023).

2. Educação dos Pais: Os pais recebem instrução sobre os fundamentos da ABA, a função dos comportamentos e a lógica das intervenções propostas, como reforçamento diferencial e extinção planejada (Bearss et al., 2015).
3. Treinamento em Estratégias Específicas: O programa ensina aos pais técnicas práticas como instruções eficazes, reforço positivo, uso de antecedente preventivo e manejo de crises. Cada técnica é modelada pelo terapeuta e praticada pelos pais durante a sessão (Rogers et al., 2020).
4. Prática Supervisionada e Feedback: Durante as sessões, os pais aplicam as estratégias com a criança e recebem feedback imediato. O terapeuta utiliza exemplos concretos e ajustes individualizados conforme a necessidade de cada família.
5. Generalização das Habilidades: As estratégias são aplicadas em diferentes contextos da rotina familiar. O terapeuta orienta os pais sobre como adaptar as técnicas para outros ambientes e situações (Scahill et al., 2023).
6. Acompanhamento e Sessões Complementares: Caso haja necessidade, sessões adicionais são ofertadas para lidar com questões específicas como alimentação seletiva, higiene, sono ou treinamento do uso do banheiro.

Estudos recentes demonstram que o RUBI-PT é eficaz na redução de comportamentos disruptivos, melhora a autoeficácia dos pais, reduz o estresse parental e é altamente viável tanto em formato presencial quanto remoto (Scahill et al., 2023; Rogers et al., 2020). O RUBI destaca-se por sua estrutura acessível, aplicabilidade comunitária e base científica robusta.

ACT-Based Parent Training

O *ACT-Based Parent Training* é uma intervenção que combina o ensino de práticas da ABA com estratégias da Terapia de Aceitação e Compromisso (ACT). O modelo busca capacitar os pais não apenas tecnicamente, mas também emocionalmente, promovendo maior persistência, flexibilidade psicológica e consistência na aplicação das estratégias comportamentais com seus filhos (Fleming et al., 2023; Byrne et al., 2021).

Etapas de Implementação:

1. Psicoeducação sobre ABA e Função dos Comportamentos: Os pais são introduzidos aos princípios fundamentais da ABA, como reforçamento e análise funcional, para compreenderem a função dos comportamentos desafiadores.
2. Treinamento em Mindfulness e Aceitação: Técnicas de atenção plena são ensinadas para ajudar os cuidadores a reconhecer e lidar com emoções difíceis sem reagir impulsivamente ou abandonar estratégias ineficazes (Gould et al., 2022).
3. Alinhamento com Valores Pessoais: Os pais identificam seus valores fundamentais na criação dos filhos, utilizando esses valores como base para escolhas comportamentais consistentes e conscientes.
4. Ação com Compromisso: Mesmo diante de frustrações e estresse, os pais são encorajados a agir de forma alinhada a seus valores, utilizando práticas comportamentais fundamentadas na ABA.
5. Treino de Habilidades Comportamentais: São abordadas estratégias como instruções eficazes, reforçamento diferencial, extinção e prevenção de crises, sempre

conectadas aos valores e à realidade emocional dos pais.
6. Monitoramento e Reflexão: Os pais são orientados a refletir sobre suas práticas, observar avanços nos comportamentos da criança e também nas suas próprias reações emocionais (Fleming et al., 2023).

Estudos recentes indicam que o *ACT-Based Parent Training* é eficaz na redução do estresse parental, no aumento da flexibilidade psicológica e na melhoria da adesão às práticas comportamentais em contextos familiares de alta demanda (Byrne et al., 2021; Gould et al., 2022; Fleming et al., 2023).

Practical Functional Assessment (PFA) e Skill-Based Treatment (SBT) no Treinamento Parental

Nos últimos anos, o modelo desenvolvido por Gregory Hanley, conhecido como Practical Functional Assessment (PFA) seguido pelo Skill-Based Treatment (SBT), tem ganhado notoriedade como uma abordagem segura, humanizada e altamente eficaz para a redução de comportamentos graves em crianças com autismo e outros transtornos do neurodesenvolvimento. Essa abordagem se distingue por priorizar a segurança, o empoderamento da criança e a construção de habilidades socialmente relevantes por meio do Ensino de Comunicação Funcional (FCT) (Hanley et al., 2014; Rajaraman et al., 2022).

APLICAÇÃO NO TREINAMENTO PARENTAL

Embora a avaliação funcional prática e o SBT sejam conduzidos por analistas do comportamento, o envolvimento dos cuidadores é um componente fundamental do modelo. Recentemente, estudos têm demonstrado como os pais podem ser ensinados a aplicar protocolos de FCT e de tolerância a negações dentro do contexto familiar (Rajaraman et al., 2021).

Etapas da Implementação com Pais:

1. Entrevista Inicial (IISCA Adaptada): Os pais participam de uma entrevista com o terapeuta para identificar situações relevantes, itens reforçadores e condições em que o comportamento interferente ocorre, o que informa o desenho do contexto de avaliação.
2. Modelagem da FCT pelo terapeuta: O terapeuta ensina à criança uma resposta de comunicação funcional (ex: pedir uma pausa ou atenção) no lugar do comportamento interferente, em ambiente seguro e reforçador.
3. Treinamento dos Pais: Os pais observam o procedimento e são posteriormente treinados em como implementar as contingências reforçadoras, realizar as sessões em casa, e promover generalização para outras rotinas.
4. Ensinando Tolerância à Frustração: De forma sistemática, os cuidadores aprendem a aplicar condições de "negação segura" e a reforçar respostas de espera e cooperação da criança.

Monitoramento e *Feedback* Contínuo: Os pais são acompanhados por meio de registros e sessões supervisionadas, com ajustes conforme necessário.

Pesquisas recentes mostram que cuidadores treinados nesse modelo obtêm alta fidelidade de implementação, reduzem significativamente comportamentos interfernetes e reportam aumento na sensação de controle e competência parental (Rajaraman et al., 2021; Hanley et al., 2014).

Modelos de Intervenções que Contemplam Treino Parental Baseados em ABA

Pivotal Response Training (PRT)

O *Pivotal Response Training (PRT)* é uma intervenção baseada nos princípios da ABA, com foco em áreas-chave do desenvolvimento chamadas de "comportamentos pivôs". Entre essas áreas estão a motivação, a auto-iniciação e a responsividade múltipla. O objetivo do PRT é produzir mudanças generalizadas no comportamento da criança ao ensinar habilidades fundamentais que afetam múltiplos domínios do desenvolvimento (Koegel et al., 2001).

A implementação do PRT segue um conjunto estruturado de etapas:

1. Identificação de Comportamentos Pivôs: A equipe identifica habilidades centrais que, quando ensinadas, impactarão amplamente o repertório comportamental da criança. As mais frequentes são a iniciativa social, a responsividade e a autorregulação (Koegel et al., 2020).
2. Avaliação Inicial e Estabelecimento de Objetivos: São avaliadas as habilidades atuais da criança e definidos objetivos baseados em comportamentos funcionais e relevantes para a rotina da família (Gengoux et al., 2015).
3. Ensino Centrado na Motivação: As instruções são inseridas em atividades preferidas pela criança e a resposta correta leva ao acesso imediato ao reforçador natural. A criança deve estar ativamente engajada e ter a oportunidade de fazer escolhas (Koegel et al., 2016).
4. Reforçamento Natural: O reforço está diretamente relacionado ao comportamento-alvo. Por exemplo, se a criança solicita um brinquedo, o reforço é o acesso ao brinquedo solicitado (Koegel et al., 2001).
5. Generalização e Variabilidade: As habilidades são ensinadas em diferentes contextos, com pessoas e materiais variados. A variação ajuda na generalização e reduz a dependência de instruções específicas (Koegel et al., 2019).
6. Envolvimento dos Pais: Os pais são treinados para aplicar as estratégias do PRT em casa, promovendo consistência e oportunidades de aprendizagem naturalística. O uso de vídeo-feedback e da supervisão remota têm mostrado eficácia no apoio às famílias (Vernon et al., 2012).

Estudos recentes demonstram que o PRT promove ganhos substanciais na linguagem espontânea, no engajamento social e na redução de comportamentos interferentes em crianças com TEA (Gengoux et al., 2015; Koegel et al., 2019). Além disso, a abordagem centrada na motivação e no reforço natural torna o processo mais atrativo e funcional para a criança, além de fortalecer a relação entre pais e filhos durante as interações de ensino.

Early Start Denver Model (ESDM)

O *Early Start Denver Model* (ESDM) é uma abordagem de intervenção precoce voltada para crianças pequenas com TEA, geralmente entre 12 e 48 meses de idade. Desenvolvido por Sally Rogers e Geraldine Dawson, o ESDM combina princípios da ABA com abordagens de desenvolvimento e técnicas de ensino naturalista (Rogers & Dawson, 2010).

Etapas para Implementação Prática do ESDM:

1. Avaliação Inicial: A implementação começa com uma avaliação abrangente do desenvolvimento da criança. Utiliza-se a *ESDM Curriculum Checklist* para identificar o repertório existente e os déficits em áreas como linguagem, cognição, motricidade, habilidades sociais e adaptativas (Vivanti et al., 2014).
2. Elaboração de Plano Individualizado: Com base nos dados da avaliação, a equipe elabora um plano individualizado de intervenção com metas específicas de curto prazo. Essas metas são integradas à rotina da criança e visam promover habilidades funcionais (Dawson et al., 2010).
3. Integração da Intervenção à Rotina: O ensino é realizado em contextos naturais, como durante as refeições, brincadeiras ou cuidados pessoais. Os profissionais utilizam estratégias lúdicas, sensíveis à motivação da criança, promovendo aprendizado espontâneo e significativo (Rogers et al., 2012).
4. Participação Ativa dos Pais: Os cuidadores são treinados para aplicar as estratégias do ESDM no cotidiano. Isso amplia o número de oportunidades de ensino e favorece a generalização das habilidades (Vivanti et al., 2016).
5. Coleta de Dados e Monitoramento Contínuo: A cada sessão, são coletados dados sistemáticos sobre o desempenho da criança. Os dados são analisados para ajustes frequentes no plano de ensino, garantindo que o progresso seja contínuo e individualizado (Rogers & Dawson, 2010).

O ESDM possui grande respaldo empírico para intervenção precoce em TEA. Estudos demonstram ganhos significativos em linguagem receptiva e expressiva, comportamento social, cognição e QI, além de alta satisfação dos pais com o modelo (Dawson et al., 2010; Vivanti et al., 2014).

Componentes Práticos do Treinamento Parental

A partir da análise dos modelos apresentados, é possível identificar componentes comuns que orientam a estrutura dos programas de treinamento parental baseados em ABA. Esses componentes funcionam como pilares para a prática eficaz, independentemente do modelo adotado:

- Avaliação Funcional e Individualizada: Todos os modelos iniciam com uma análise das necessidades da criança e prioridades familiares.
- Educação dos Pais sobre ABA: A formação teórica básica sobre análise do comportamento é constante.
- Treinamento Prático de Estratégias Comportamentais: Técnicas como reforçamento, extinção e instruções eficazes são ensinadas com suporte técnico.
- Prática Supervisionada e Feedback Contínuo: A aplicação prática com observação direta e correções é parte essencial.
- Generalização das Habilidades: Ênfase na transferência das habilidades para múltiplos contextos da rotina.

- Participação Ativa e Sustentável dos Pais: O envolvimento emocional, motivacional e técnico dos cuidadores é considerado central.
- Monitoramento e Ajustes: A coleta e análise contínua de dados guiam a tomada de decisões.

A seguir, apresenta-se um quadro comparativo dos diversos modelos ABA de Treinamento Parental:

Modelo	*Foco Principal*	*Participação dos Pais*	*Estratégias-Chave*
BPT	Manejo de comportamentos externalizantes	Treinamento direto, prática supervisionada	Reforçamento, extinção, instruções eficazes
PRT	Comportamentos pivôs como motivação e iniciativa	Aplicação em casa com apoio técnico	Reforço natural, motivação, generalização
ESDM	Intervenção precoce naturalista	Integração à rotina, aplicação pelos pais	Interação lúdica, ensino incidental, responsividade
RUBI	Comportamentos disruptivos em TEA	Aplicação supervisionada com plano estruturado	Manual estruturado, FBA, protocolos de manejo
ACT-Based	Flexibilidade emocional + ABA	Envolvimento emocional e técnico	Mindfulness, valores, ações com compromisso
PFA + SBT	Comportamentos graves + FCT	Modelagem e generalização supervisionada	IISCA, FCT, tolerância, reforço progressivo

Evidências Empíricas e Resultados Esperados

A literatura científica oferece suporte robusto à eficácia do treinamento parental baseado em ABA, especialmente em programas voltados para crianças com TEA. Estudos clássicos e contemporâneos destacam a importância do envolvimento familiar como fator crítico para a promoção de repertórios adaptativos, redução de comportamentos disruptivos e manutenção de ganhos terapêuticos a longo prazo (Bearss et al., 2015; Koegel et al., 2001; Hanley et al., 2014).

Ensaios clínicos randomizados com modelos como o *RUBI-PT* indicam reduções significativas em comportamentos interferentes, maior engajamento dos pais e aumento na sensação de competência parental (Scahill et al., 2023). Modelos como o *PRT* e o *ESDM* demonstram ganhos consistentes em linguagem, habilidades sociais e cognição, especialmente quando iniciados precocemente (Dawson et al., 2010; Gengoux et al., 2015). Adicionalmente, intervenções que incorporam elementos de aceitação e compromisso (*ACT-Based Training*) revelam benefícios emocionais expressivos, como redução do estresse parental e maior adesão ao tratamento (Byrne et al., 2021; Gould et al., 2022).

Nesse contexto, pesquisas brasileiras também vêm contribuindo com adaptações culturais e validações de modelos de treinamento parental, indicando efeitos positivos em serviços clínicos, escolares e no sistema público de saúde (Bosa & Callias, 2000; Paula et al., 2011; Ribeiro & Freitas, 2019; Bordini et al., 2024). Cuidadores relatam, de forma recorrente, melhoria na relação com os filhos, maior autonomia na gestão de comportamentos e impacto positivo na qualidade de vida familiar.

Assim, essas evidências reforçam a necessidade de incorporar o treinamento parental como componente fundamental de programas de intervenção em ABA, especialmente quando se busca sustentabilidade, inclusão e empoderamento das famílias.

Barreiras Culturais, Socioeconômicas e Considerações Éticas

Apesar das evidências robustas a favor do treinamento parental em ABA, sua implementação enfrenta diversos desafios práticos, culturais e éticos. Tais obstáculos devem ser cuidadosamente considerados para garantir intervenções eficazes, sensíveis e sustentáveis.

No Código de Ética para Analistas do Comportamento, o *Behavior Analyst Certification Board* (BACB) enfatiza considerações éticas cruciais relacionadas à participação dos pais na implementação de intervenções baseadas em ABA. Essas atualizações destacam a importância de garantir que os pais recebam treinamento adequado, supervisão contínua e apoio profissional ao atuarem como implementadores das estratégias terapêuticas.

Entre os principais pontos abordados, destaca-se a necessidade de evitar relações duplas que possam comprometer a objetividade do tratamento, assegurar que os pais atuem dentro de sua competência e manter a integridade e a eficácia das intervenções. Além disso, o código reforça a importância de adaptar as intervenções às necessidades culturais e contextuais da família, promovendo um ambiente terapêutico ético e eficaz (BACB, 2024).

É relevante destacar que, no contexto brasileiro, observa-se uma elevada demanda por serviços baseados em ABA, contrastando com a escassez de profissionais devidamente certificados para prestar intervenções diretas. Essa realidade impõe um dilema ético significativo: o que seria mais prejudicial — capacitar os pais para atuarem diretamente com seus filhos ou permitir que estes permaneçam sem acesso a uma intervenção de qualidade?

Sabemos que as condições sociais e econômicas das famílias impactam diretamente a adesão e continuidade do treinamento parental. Famílias com menos recursos financeiros, tecnológicos, ou de transporte podem ter dificuldades em comparecer às sessões, implementar os ensinamentos, ou meramente terem acesso à intervenção (Rogers et al., 2020). Além disso, valores culturais, bem como níveis de escolaridade, influenciam a percepção dos cuidadores sobre o comportamento infantil, disciplina e participação em programas terapêuticos estruturados (Byrne et al., 2021).

Embora o treinamento parental seja frequentemente utilizado como uma estratégia complementar para promover a generalização de habilidades previamente adquiridas com o apoio de profissionais especializados, em contextos de carência significativa de recursos humanos e financeiros, essa abordagem pode representar uma alternativa viável e baseada em evidências. Assim, o treinamento de pais, quando bem estruturado, pode proporcionar acesso a intervenções cientificamente fundamentadas, contribuindo potencialmente para a melhoria da qualidade de vida tanto do indivíduo quanto de sua família.

Conclusão

O treinamento parental se consolida como uma estratégia essencial dentro da Análise do Comportamento Aplicada (ABA), não apenas por seu potencial de ampliação do alcance das intervenções, mas também pelo impacto direto que exerce na vida cotidiana das famílias. Ao capacitar os pais como agentes de mudança, o treinamento parental promove maior consistência entre os ambientes terapêutico e doméstico, fortalece vínculos familiares e amplia a autonomia dos cuidadores frente aos desafios do desenvolvimento infantil.

A literatura científica revisada neste capítulo respalda fortemente a eficácia dessa abordagem, evidenciando benefícios em múltiplas dimensões: aquisição de habilidades sociais e comunicativas, redução de comportamentos interferentes, elevação da qualidade de vida e fortalecimento do senso de autoeficácia parental. A diversidade de modelos – como o BPT, PRT, ESDM, RUBI, ACT-Based e PFA/SBT – demonstra a versatilidade da ABA ao se adaptar às características, demandas e valores de cada família, sempre com base em evidências sólidas e princípios éticos claros.

Portanto, a prática do treinamento parental deve ser guiada por sensibilidade cultural, compromisso ético e competência técnica. Cabe aos analistas do comportamento a responsabilidade de construir parcerias colaborativas com os cuidadores, atuando não apenas como especialistas, mas como facilitadores de um processo de transformação contínua. Em um cenário de crescente demanda por práticas efetivas e humanizadas, o treinamento parental emerge como um caminho promissor e indispensável para o cuidado integral de crianças com desenvolvimento atípico.

REFERÊNCIAS

BACB – Behavior Analyst Certification Board. (2022). Ethics code for behavior analysts. https://www.bacb.com/ethics/

Bearss, K., Johnson, C., Smith, T., Lecavalier, L., Swiezy, N., Aman, M., … & Scahill, L. (2015). Effect of parent training vs parent education on behavioral problems in children with autism spectrum disorder: A randomized clinical trial. JAMA, 313(15), 1524–1533. https://doi.org/10.1001/jama.2015.3150

Behavior Analyst Certification Board. (2024). Ethics code for behavior analysts. https://www.bacb.com/ethics/ethics-code-for-behavior-analysts/

Bordini, D., Moya, A. C., Asevedo, G. R. C., Paula, C. S., Brunoni, D., Brentani, H., Caetano, S. C., Mari, J. J., & Bagaiolo, L. (2024). Exploring the acquisition of social communication skills in children with autism: Preliminary findings from applied behavior analysis (ABA), parent training, and video modeling. Brain Sciences, 14(2), 172. https://doi.org/10.3390/brainsci14020172

Bosa, C. A., & Callias, M. (2000). Autismo: Intervenções psicoeducacionais baseadas em treinamento de pais. Psicologia: Reflexão e Crítica, 13(1), 111–124. https://doi.org/10.1590/S0102-79722000000100009

Byrne, R., Preece, D., Lydon, H., & Healy, O. (2021). Parent training in applied behavior analysis and acceptance and commitment therapy: A systematic review. Research in Autism Spectrum Disorders, 88, 101856. https://doi.org/10.1016/j.rasd.2021.101856

Cooper, J. O., Heron, T. E., & Heward, W. L. (2020). Applied behavior analysis (3rd ed.). Pearson.

Dawson, G., Rogers, S., Munson, J., Smith, M., Winter, J., Greenson, J., … & Varley, J. (2010). Randomized, controlled trial of an intervention for toddlers with autism: The Early Start Denver Model. Pediatrics, 125(1), e17–e23. https://doi.org/10.1542/peds.2009-0958

Fleming, J., Storch, E. A., & Wood, J. J. (2023). Emotion regulation-focused parent training for parents of children with autism spectrum disorder: A randomized controlled trial. Journal of Autism and Developmental Disorders, 53, 467–481. https://doi.org/10.1007/s10803-022-05630-2

Gengoux, G. W., Abrams, D. A., Schuck, R., Millan, M. E., Libove, R., Ardel, C., & Hardan, A. Y. (2015). A pivotal response treatment package for children with autism spectrum disorder: An RCT. Pediatrics, 135(3), e527–e535. https://doi.org/10.1542/peds.2014-1518

Gould, E. R., Tarbox, J., & Coyne, L. (2022). Improving psychological flexibility in parents of children with autism using acceptance and commitment therapy. Behavior Analysis in Practice, 15, 353–362. https://doi.org/10.1007/s40617-021-00615-1

Hanley, G. P., Jin, C. S., Vanselow, N. R., & Hanratty, L. A. (2014). Producing meaningful improvements in problem behavior of children with autism via synthesized analysis and skill-based treatment. Journal of Applied Behavior Analysis, 47(1), 16–36. https://doi.org/10.1002/jaba.106

Kazdin, A. E. (1997). Parent management training: Treatment for oppositional, aggressive, and antisocial behavior in children and adolescents. Oxford University Press.

Koegel, R. L., Ashbaugh, K., Koegel, L. K., Detar, W., & Regester, A. (2019). A tutorial on motivational procedures in pivotal response treatment. Journal of Autism and Developmental Disorders, 49(6), 2335–2345. https://doi.org/10.1007/s10803-018-03857-0

Koegel, R. L., Koegel, L. K., & McNerney, E. K. (2001). Pivotal areas in intervention for autism. Journal of Clinical Child Psychology, 30(1), 19–32. https://doi.org/10.1207/S15374424jccp3001_3

Koegel, R. L., Koegel, L. K., Ashbaugh, K., Navab, A., & Koegel, B. L. (2016). Improving empathic communication skills in adults with autism spectrum disorder. Journal of Autism and Developmental Disorders, 46(3), 878–888. https://doi.org/10.1007/s10803-015-2612-2

Paula, C. S., Fombonne, E., Gadia, C., Tuchman, R., Rosanoff, M., … & Mercadante, M. T. (2011). Autism in Brazil: Perspectives from science and society. Revista de Saúde Pública, 45(5), 985–998. https://doi.org/10.1590/

S0034-89102011005000055

Rajaraman, A., Kodak, T. M., & Hanley, G. P. (2021). Caregiver-implemented skill-based treatment for severe problem behavior: Evaluation of fidelity, outcomes, and social validity. Journal of Applied Behavior Analysis, 54(3), 1046–1064. https://doi.org/10.1002/jaba.852

Rajaraman, A., Pritchett, J. W., & Hanley, G. P. (2022). A guide to functional communication training informed by practical functional assessment. Behavior Analysis in Practice, 15(3), 766–778. https://doi.org/10.1007/s40617-021-00651-x

Ribeiro, M. B., & Freitas, L. C. (2019). Treinamento de pais em análise do comportamento aplicada para crianças com TEA: Revisão de literatura brasileira. Revista Brasileira de Terapia Comportamental e Cognitiva, 21(3), 34–45.

Rogers, S. J., & Dawson, G. (2010). Early Start Denver Model for young children with autism: Promoting language, learning, and engagement. Guilford Press.

Rogers, S. J., Vismara, L., Dawson, G., Estes, A., Lord, C., Green, J., … & Scahill, L. (2020). Enhancing the precision of early intervention in autism: A pilot randomized clinical trial. Autism, 24(5), 1236–1247. https://doi.org/10.1177/1362361320912145

Rogers, S. J., Vismara, L., Wagner, A. L., McCormick, C., Young, G. S., & Ozonoff, S. (2012). Autism treatment in the first year of life: A pilot study of infant start, a parent-implemented intervention for symptomatic infants. Journal of Autism and Developmental Disorders, 44(12), 2981–2995. https://doi.org/10.1007/s10803-014-2202-y

Scahill, L., Aman, M. G., Lecavalier, L., Bearss, K., & Johnson, C. (2023). RUBI-PT: Parent training via telemedicine for children with autism spectrum disorder. Journal of Autism and Developmental Disorders. Advance online publication. https://www.ncbi.nlm.nih.gov/pmc/articles/PMC10177738/

Skinner, B. F. (1953). Science and human behavior. Free Press.

Sukhodolsky, D. G., Bloch, M. H., Panza, K. E., & Reichow, B. (2022). A brief group parent training program for children with autism spectrum disorder: Preliminary results. Journal of Child and Family Studies, 31(2), 456–467. https://www.ncbi.nlm.nih.gov/pmc/articles/PMC9055015/

Uhm, K. E., Lee, J., & Kim, J. (2023). Behavioral parent training for school-aged children with ADHD: A systematic review. Children, 10(3), 450. https://pubmed.ncbi.nlm.nih.gov/38083879/

Vernon, T. W., Koegel, R. L., Dauterman, H., & Stoller, J. (2012). An early social engagement intervention for young children with autism and their parents. Journal of Autism and Developmental Disorders, 42(12), 2702–2717. https://doi.org/10.1007/s10803-012-1535-7

11

ENSINANDO MÃES DE CRIANÇAS COM TEA A AVALIAR A FUNÇÃO DOS COMPORTAMENTOS INTERFERENTES DE SEUS FILHOS: ANÁLISE DE CASO

Talyta Cristine de Assis Santos
Fabiana Pinheiro Ramos
Mylena Pinto Lima

Comportamento Interferentes no TEA e Impactos na Família

Além das características específicas do Transtorno do Espectro Autista (TEA), crianças com este diagnóstico podem apresentar comportamentos de birras, agressivos ou autolesivos, que acarretam prejuízos no processo de aprendizagem, nas habilidades diárias e nas interações sociais (Bearss et al., 2015; Edwards et al., 2019; Guimarães et al., 2018). Tais comportamentos são chamados pela literatura de comportamentos interferentes e são caracterizados por uma classe de respostas que interferem e prejudicam o processo de ensino/aprendizagem da criança (Vasconcelos, 2020). A presença frequente e/ou intensa destes comportamentos pode acarretar múltiplos prejuízos no processo de desenvolvimento (Bagaiolo et al., 2018; Naito, 2017).

A ocorrência destes comportamentos pode, além disso, culminar com o isolamento de amigos e outras pessoas que não compreendem o diagnóstico, bem como contribuir para o aumento da carga de cuidados, o que afeta a percepção de autoeficácia e resolução de problemas dos cuidadores e eleva o nível de estresse e tensão entre os pais (Iadarola et al., 2017; Meimes et al., 2015, Vasconcelos, 2020). Essas dificuldades afetam os cuidadores, uma vez que, para além dos desafios diários associados ao diagnóstico, também será necessário o treino em habilidades de manejo dos comportamentos interferentes de seus filhos. Nesse sentido, intervenções que contribuem para redução dos comportamentos interferentes das crianças podem minimizar o estresse dos pais, e melhorar sua capacidade de lidarem com comportamentos interferentes de seus filhos (Iadarola et al., 2017).

Gerenciar terapias, administrar medicamentos, lidar com a sobrecarga de trabalho e ter menos tempo para atividades de lazer são desafios constantes para aquelas pessoas que se dedicam integralmente ao cuidado dos filhos com TEA (Pinto & Constantinidis, 2020). Nesse contexto, a existência de comportamentos interferentes torna a situação ainda mais desafiadora para os cuidadores. Esses elementos contribuem para o elevado nível de estresse e sobrecarga, principalmente da figura materna (Brito & Faro, 2020; Keen et al., 2010; Meimes et al., 2015; Pinto et al., 2016).

Como potencial alternativa para tais problemas, a inserção dos cuidadores na intervenção vem sendo aperfeiçoada e discutida pois contribui para o acesso ao tratamento adequado, sobretudo nas situações em que os recursos financeiros e humanos são escassos (Andrade et al., 2016; Barboza, 2019; Ferreira et al., 2016). O treinamento parental possibilita, segundo Guimarães et al. (2018) "o aumento na intensidade da intervenção, a melhora na qualidade da interação cuidador-criança a partir da aprendizagem de princípios comportamentais, e o aumento na probabilidade de generalização da habilidade ensinada" (p. 42). A intervenção via cuidadores pode, dessa forma, prepará-los para se tornarem agentes ativos no desenvolvimento de seus filhos e proporcionar um contexto para reforçar comportamentos ensinados no ambiente clínico, contribuindo para a generalização (Andrade et al, 2016, Elder et al., 2011 e Oliveira-Franco, 2022).

Além dos benefícios para criança, o treinamento parental pode propiciar melhora no senso de autoeficácia dos cuidadores, diminuição do estresse parental, bem como favorecer as habilidades de comunicação e interação dos cuidadores, contribuindo para o exercício eficaz da sua parentalidade. Outro aspecto de melhora em tais treinamentos é a responsividade dos pais em relação aos filhos, ou seja,"a ação cotidiana de responder às solicitações da criança, valorizando suas potencialidades e atentos às suas necessidades" (Oliveira-Franco, 2022, p.20).

Nesse cenário, os programas de treinamento parental para manejo de comportamentos interferentes visam ensinar aos pais estratégias alternativas para lidarem com tais aspectos, além de aprenderem como implementar técnicas comportamentais utilizando procedimentos baseados em evidências, em diferentes ambientes (Reyno & McGrath, 2006). Isso contribui para a diminuição da ocorrência destes comportamentos, o que sinaliza a importância de educar e instrumentalizar os pais sobre como gerenciar e manejar os comportamentos interferentes de seus filhos (Bearss et al., 2015; Edwards et al., 2019; Elder et al., 2011; Iadarola et al., 2017; Reyno & McGrath, 2006). Assim, esse capítulo apresenta uma proposta de treinamento para identificação da função de comportamentos interferentes em crianças com TEA, baseado na análise funcional do comportamento.

Análise Funcional de Comportamentos Interferentes

As estratégias para realizar o manejo dos comportamentos interferentes, de acordo com a Análise Aplicada do Comportamento (*Applyed Behaviour Analysis – ABA*) estão diretamente relacionadas à função do comportamento, ou seja, quais são as variáveis que controlam esse comportamento? (Bagaiolo et al., 2018; Guimarães et al., 2018; Naito, 2017; Vasconcelos, 2020). Assim, para garantir a redução dos comportamentos interferentes, é fundamental compreender a relação funcional entre os eventos antecedentes e consequentes do comportamento, por meio da avaliação funcional (Brito, Marcon et al., 2020; Edwards et al., 2019; Rajaraman & Jessel, 2023). Esta pode ser descrita como o processo de coleta de informações sem que haja manipulação do ambiente, podendo ser indireta, por meio de entrevistas, escalas e questionários, ou de forma direta, por meio de observações da criança em ambiente natural (Britto, Alves et al., 2020).

Em contrapartida, a análise funcional se refere ao método utilizado para identificar variáveis que mantêm um comportamento, por meio da manipulação de variáveis ambientais hipotéticas que mantém tal comportamento, e que são sistematicamente controladas e testadas (Britto, Alves et al., 2020; Dracobly & Smith, 2012; Ribeiro et al., 2018). Consiste, assim, no planejamento de eventos antecedentes, que possam evocar o comportamento avaliado, seguido da apresentação contingente de reforço, e também uma condição controle, em que o reforço é apresentado de forma não contingente ao comportamento (Saini et al., 2019).

A importância da análise funcional dá-se pela identificação do reforçador do comportamento de cada sujeito, permitindo ao analista do comportamento manipular o ambiente para que ocorra sua diminuição bem como a substituição por outros comportamentos mais adaptativos. É por meio dela que o analista do comportamento irá planejar uma intervenção realmente eficaz, considerando a função do comportamento (Ribeiro et al., 2018). Dessa maneira, a eficiência da análise funcional estaria relacionada à economia de tempo, esforços e recursos, o que aumentaria a velocidade para identificar as relações funcionais do comportamento (Saiani et al., 2019).

Nesse contexto, uma ferramenta que pode ser empregada para compreender a função do comportamento é a Análise Funcional Descritiva. Essa abordagem envolve a observação direta do comportamento em situações naturais e a descrição das informações coletadas em um formato de registro ABC (antecedente, comportamento e consequência). Devido à natureza qualitativa das informações coletadas, esse tipo de avaliação pode ser utilizado para sugerir hipóteses sobre a função do comportamento e é, frequentemente, complementado por outros modelos de avaliação, como a Análise Funcional Experimental, para garantir a eficácia dos dados coletados (Coopeer et al., 2020; Ribeiro et al., 2018).

Em um estudo pioneiro, Iwata e colaboradores (1994) apresentaram um método abrangente de análise para identificar as variáveis mantenedoras de comportamentos autolesivos em crianças com atraso no desenvolvimento. Os participantes foram expostos a quatro condições diferentes. Na primeira condição, a de atenção social, a criança explorava os recursos disponíveis, enquanto o experimentador direcionava sua atenção para revistas ou livros, sem olhar ou falar com a criança, e somente na ocorrência do comportamento autolesivo direcionava sua atenção ao sujeito com falas de desaprovação social, por exemplo, 'não faça isso'. A segunda condição consistia na apresentação de uma atividade acadêmica e, caso o participante não realizasse, era oferecido o modelo ou dica física e, na ocorrência do comportamento, a demanda era atrasada ou removida. A condição jogo livre foi introduzida como uma sessão controle, na qual o participante tinha acesso livre aos brinquedos e recursos presentes na sessão, juntamente com a atenção do experimentador e sem nenhuma demanda. Por último, na quarta condição, o sujeito ficava sozinho em uma sala, sem brinquedos ou qualquer outro material, para verificar se o comportamento ocorreria como forma de autoestimulação (Iwata et al., 1994).

Os resultados deste estudo demonstraram que em sete participantes, os comportamentos ocorreram com maior frequência em uma condição específica. Na condição sozinho, 4 sujeitos apresentaram taxas de autolesão elevadas, apontando a autoestimulação como uma variável motivacional. Na condição de atividade acadêmica, dois sujeitos mostraram aumento na frequência do comportamento autolesivo e apenas um participante demonstrou maior frequência de comportamento na condição de atenção social. Destaca-se, ainda, que a autolesão "nestes indivíduos pode representar uma resposta que serve a múltiplas funções - proporcionando estímulo quando pouco está disponível, produzindo atenção de outros e pondo fim a situações indesejáveis" (Iwata et al., 1994, p.206). Diante disso, os autores propuseram estratégias de intervenção que considerassem os dados coletados, por exemplo como *timeout*, extinção e reforço diferencial de outros comportamentos (DRO), para comportamentos mantidos por atenção social (Iwata et al., 1994).

Desse modo, a Análise Funcional Experimental, como ficou conhecido o modelo proposto por Iwata e colaboradores (1994), marcou o início de uma abordagem abrangente de tratamento de comportamentos interferentes, utilizando técnicas de controle experimental para avaliar e tratar os comportamentos, proporcionando o desenvolvimento de intervenções baseadas em reforço e a diminuição do uso da punição (Hanley et al., 2003; Ribeiro et al., 2018). Entretanto, na prática do analista do comportamento, a Análise Funcional Experimental (Iwata et al., 1994) apresenta algumas barreiras em relação à sua aplicabilidade e eficiência, pois demanda recursos (ambiente controlado e equipamentos), tempo (quantidade e duração das sessões) esforço (equipe treinada e experiente), além da abordagem apresentar riscos de lesão ao sujeito, o que suscita questões éticas em relação a seu uso (Dracobly & Smith, 2012; Lemos & Jessel, 2021; Roscoe et al., 2015; Vasconcelos, 2020). Uma das barreiras apontadas sobre a aplicabilidade da análise funcional se refere à apresentação de eventos que podem evocar o comportamento e, quando ocorrem, são reforçados e, por isso não seria abordagem apropriada para comportamentos mais graves - autolesivos ou agressivos, pois representam riscos para indivíduo (Dracobly & Smith, 2012).

Apesar do estudo de Iwata et al. (1994) ter avaliado somente os comportamentos autolesivos, crianças com diagnóstico de TEA podem apresentar diversos comportamentos como oposição direta, não-cooperação, destruição de objetos, birras, falas repetitivas, choros demasiados, fuga de ambiente, entre outros que interferem na aprendizagem e nas relações sociais e, por isso, devem ser focos da intervenção. Nesse sentido, é importante que o analista do comportamento planeje uma intervenção baseada nas funções de cada comportamento (Britto, Alves et al., 2020; Vasconcelos, 2020).

Com objetivo de propor algumas soluções para as dificuldades mencionadas, Hanley (2012) sugeriu uma nova abordagem de realizar análise funcional, na qual a avaliação é planejada com base em informações qualitativas coletadas em observações e entrevistas semiestruturadas. Apoiadas nessas informações, seria possível combinar as contingências de modo que as sessões de análise funcional fossem reduzidas e realizadas em cinco minutos (Coffey et al., 2019; Hanley, 2012). Destacou, ainda, que com o treinamento adequado, qualquer pessoa seria capaz de realizar a análise funcional, desde que conseguisse modificar o ambiente e identificar os efeitos dessa mudança. Em relação ao risco, uma análise funcional bem planejada inclui contingências claras e esquemas de reforço contínuo, além descrições operacionais dos comportamentos precursores do sujeito, intervindo antes que comportamentos ocorram em maior magnitude (Hanley, 2012).

Assim, Hanley e colaboradores (2014) aplicaram este modelo de análise funcional descrito para identificar a função dos comportamentos interferentes de três crianças diagnosticadas com TEA, com idade entre três e onze anos. Para isso, realizou-se uma entrevista aberta com os pais dos participantes (com duração entre 30 a 45 minutos) seguida de uma breve observação da criança (com duração entre 15 e 30 minutos). Com os dados coletados, conduziram uma análise funcional para testar as aparentes contingências de reforço. As sessões iniciavam com a condição controle, na qual os possíveis reforçadores estavam constantemente disponíveis, sem nenhuma demanda para criança. Isso foi alternado com a condição teste, na qual os reforçadores eram removidos e devolvidos contingentes aos comportamentos interferentes. Os mesmos reforçadores estavam envolvidos em ambas as condições, porém reforçadores que não faziam parte da suposta contingência de controle ficavam disponíveis de forma não contingente (Hanley et al., 2014).

Por exemplo, com um dos participantes do estudo os resultados da entrevista sugeriram que os comportamentos interferentes ocorriam quando a criança não recebia atenção ou um dos seus itens preferidos eram removidos. A partir disso, a avaliação foi conduzida com uma sessão controle, na qual os reforçadores atenção e objetos tangíveis ficavam disponíveis de forma contínua sem nenhuma instrução, e na sessão teste sintetizada (na qual as variáveis que controlam o comportamento são apresentadas em conjunto) os reforçadores eram removidos no início da sessão e retornavam por 30 segundos sempre que os comportamentos interferentes ocorriam. Os autores também realizaram uma sessão teste de cada variável isoladamente. Na variável atenção, a criança tinha acesso aos brinquedos preferidos, no entanto, a atenção era removida e retornava contingente ao comportamento interferente. Na sessão do reforçador tangível, a criança tinha acesso à atenção, porém o acesso aos brinquedos era removido e nas ocorrências do comportamento ela garantia o acesso ao item, sem receber atenção (Hanley et al., 2014).

Os resultados apontaram que as análises implementadas por profissionais foram realizadas com tempo médio de 23 minutos, sintetizando todas as variáveis que influenciavam o comportamento. As sessões de análises serviram como linha de base para uma intervenção proposta, demonstrando resultados positivos da intervenção (Hanley et al., 2014). Dessa forma, o modelo proposto por Hanley ficou conhecido como IISCA – *Interview Informed Synthesized Contingency Analysis*, que tem como pressuposto a sintetização das condições de teste em apenas uma sessão alternada com uma sessão controle (Lemos & Jessel, 2021, Jessel et al., 2016, Coopeer et al., 2020). Seus principais objetivos são demonstrar forte controle sobre o comportamento-problema; coletar dados para uma linha de base estável para verificar os efeitos do tratamento; e identificar operações motivadoras que serão utilizadas para reforçar comportamentos adequados, ao invés dos comportamentos interferentes (Coffey et al., 2019; Lemos & Jessel, 2021). No Brasil, o protocolo IISCA foi traduzido por Lemos & Jessel em 2021.

Se na análise funcional proposta por Iwata et al. (1994) cada hipótese de função (atenção, fuga de demanda e reforçamento automático) era testada em uma condição individual, na IISCA essas variáveis são manipuladas de forma combinada. O protocolo pressupõe, assim, a sintetização das variáveis manipuladas na análise funcional, a partir dos dados coletados anteriormente à avaliação (entrevistas e observações diretas). O experimentador irá combinar múltiplas operações estabelecedoras (OE), múltiplos reforçadores e topografias de respostas para gerar uma única condição teste, e verificar se a interação entre as variáveis controla o comportamento (Slaton & Hanley, 2018).

A primeira etapa de aplicação do Protocolo IISCA (Lemos & Jessel, 2021) é a Entrevista de Avaliação Semiestruturada, cuja descrição é relevante para os objetivos do presente capítulo. Nesta entrevista são coletadas, com os cuidadores, as informações acerca dos dados pessoais da criança, informações sobre habilidades linguísticas, de brincar e possíveis reforçadores. Além disso, nessa entrevista são determinados quais são os comportamentos-problema que serão direcionados à avaliação funcional, seus antecedentes e suas consequências. A entrevista é uma etapa importante da avaliação, pois os dados coletados nela serão a base de planejamento do processo de avaliação do IISCA (Lemos & Jessel, 2021).

A segunda etapa é o Planejamento da Avaliação, a partir dos dados coletados na entrevista. Em seguida, a terceira envolve a manipulação das variáveis ambientais, com sessões de teste e controle alternadas; e, por fim, a quarta sessão envolve a proposta de intervenção para o comportamento interferente, na qual é projetado um tratamento baseado no ensino de habilidades com a mesma função que resultam na redução do comportamento. Assim, o objetivo final desse protocolo é "alcançar reduções sustentáveis no comportamento-problema e um repertório alternativo que garanta a tolerância bem-sucedida de situações desafiadoras no futuro" (Lemos & Jessel, p.103, 2021).

A literatura aponta que o protocolo IISCA tem demonstrado evidências para a avaliação e intervenção em comportamentos interferentes de indivíduos com TEA (Coffey et al., 2019; Hanley et al., 2014; Hanley, 2012; Jessel et al., 2016; e Slaton & Hanley, 2018). Diante disso, a proposta de ensino descrita a seguir buscou avaliar a aquisição de habilidades em responder de forma operacionalizada à entrevista do IISCA em uma mãe de criança com TEA.

Contextualizando a Proposta de Ensino

A intervenção proposta para ensinar mães a identificarem as funções dos comportamentos interferentes de seus filhos é parte da dissertação de Mestrado da primeira autora, sob orientação da segunda e terceiras autoras deste capítulo, sendo desenvolvida no âmbito do Programa de Pós-graduação em Psicologia da Universidade Federal do Espírito Santo (UFES). O estudo foi submetido e aprovado pelo Comitê de Ética com Seres Humanos, Campus Goiabeiras, da UFES com o número de parecer 6.275.611.

Assim, para participar da pesquisa que envolvia esta proposta de ensino, as mães deveriam atender aos seguintes critérios de inclusão: 1) ter um filho (a) com diagnóstico de TEA; 2) a criança apresentar comportamentos interferentes (autolesivo, agressivo ou ambos);

3) ser acompanhada por associações ou instituições que ofereciam suporte às famílias de crianças com desenvolvimento atípico; 4) não possuir conhecimento prévio sobre análise funcional, avaliado por meio de questões da linha de base; e 5) ter ensino médio completo. Adotou-se como critério de exclusão crianças que já estavam em intervenção em terapia ABA, dentro dos parâmetros recomendados pela literatura (precoce, intensiva e duradoura).

No estudo original foram incluídas três mães de crianças com TEA, residentes em uma cidade do interior do estado do Espírito Santo. A coleta de dados ocorreu em uma clínica multidisciplinar especializada em intervenção ABA para crianças com transtorno do desenvolvimento nesta mesma cidade. Após a explicação dos procedimentos da pesquisa, seus riscos e benefícios, as mães assinaram o Termo de Consentimento Livre e Esclarecido, bem como um Termo de Autorização para uso de Gravações de Áudio (somente para registro das respostas da linha de base e do pós-teste, a fim de serem realizadas a transcrição e a análise deste material).

O procedimento foi realizado de forma individual com cada mãe, dividido em 3 etapas (pré-teste, ensino e generalização), sendo os encontros semanais, com duração entre 1h30min à 2h, conforme segue:

1ª ETAPA: PRÉ-TESTE.

Nesta etapa foram apresentados e lidos e assinados, o TCLE e o Termo de Autorização para uso de Gravações de Áudio junto com as participantes. Em seguida, as mães responderam a um questionário sociodemográfico e a um teste de Análise Funcional, para avaliar sua capacidade em responder sobre as variáveis que mantinham o comportamento de seu filho (ambos instrumentos de elaboração própria). As respostas foram registradas por meio da gravação de áudio para transcrição e análise. O teste era composto por dez perguntas de respostas abertas, nas quais as participantes descreviam os eventos antecedentes e consequentes envolvidos no comportamento interferente da criança, sendo pontuadas somente as perguntas de 1 a 5, com 1 ponto cada uma. As perguntas de 5 a 10 tinham o propósito de fornecer detalhes sobre a criança para compreender o caso e ajudar na elaboração de exemplos para a etapa de ensino.

A correção do teste baseou-se na descrição topográfica das variáveis, isto é, no relato operacionalizado do comportamento e das variáveis antecedentes e consequentes, de acordo com os pressupostos da ABA. Caso as respostas não fossem descritas de acordo com os critérios estabelecidos, eram consideradas erradas e recebiam a pontuação 0. Para dar continuidade à pesquisa, a mãe deveria obter pontuação máxima em 2 perguntas, atingindo o desempenho menor ou igual a 50% no teste de Análise Funcional, o que demostrava que a participante não tinha conhecimento prévio sobre o tema.

2ª ETAPA: ENSINO.

Esta etapa foi dividida em 3 sessões, descritas a seguir:

1ª Sessão: Iniciava com a definição sobre o que é ABA e uma introdução sobre o comportamento operante, seguida da apresentação dos conceitos de reforço e punição (com auxílio de slides), relacionando os conceitos teóricos abordados com o cotidiano das participantes, a partir de exemplos baseados no teste de Análise Funcional.

Ao final da sessão, as participantes respondiam ao teste 1 sobre os tópicos abordados nesse encontro. O teste era composto por 10 questões divididas entre perguntas objetivas e discursivas. O primeiro grupo de perguntas era de múltipla escolha, com somente uma alternativa correta. Foi atribuído um 1 ponto para as respostas corretas e 0 ponto para respostas erradas. As perguntas discursivas foram pontuadas de acordo com uma chave de correção, sendo 1 ponto para resposta correta, 0,5 para respostas que estavam incompletas e 0 para respostas em branco ou errada. Esse instrumento tinha como objetivo verificar se as participantes conseguiram assimilar o conteúdo apresentado, atingindo os critérios de desempenho nesta etapa. Para avançar para a sessão seguinte, a participante deveria atingir 80% de acertos no teste, isto é, acertar pelo menos 8 perguntas das 10 perguntas que compõem o teste. A participante que não atingisse o critério de desempenho, ou seja, 80% de desempenho, recebia o *feedback* das questões erradas no teste na sessão seguinte e uma nova explicação era realizada e, após, ela repetia o questionário novamente.

2ª Sessão: Para avançar os conteúdos teóricos, todos os encontros a partir desta sessão eram iniciados com uma revisão, retomando os tópicos abordados na semana anterior, independente do resultado da participante no teste já realizado. A revisão consistia na discussão de cada pergunta do questionário respondido, e no esclarecimento de dúvidas que eram levantadas. Dando continuidade do ensino teórico, os tópicos abordados nesta sessão eram a definição da análise funcional e sua importância para a intervenção nos comportamentos interferentes, e como identificar as variáveis antecedentes e consequentes de um comportamento. Ainda nesta sessão, eram discutidos os procedimentos que podem ser utilizados para realizar uma análise funcional, sendo introduzido o protocolo IISCA com apoio visual de *slides*. Ao final, as mães responderam ao teste 2 sobre os tópicos abordados neste encontro que utilizou a mesma metodologia de correção do teste 1. Para avançar para a sessão seguinte era necessário, novamente, que a participante respondesse corretamente a 8 perguntas de um total de 10 perguntas, atingindo 80% de acertos no teste. Caso a participante não atingisse o critério, era realizada uma nova sessão em que ela recebia o *feedback* das questões erradas no teste e, após, respondia o questionário novamente.

3ª Sessão: O último encontro da etapa de ensino consistia na revisão das perguntas do questionário respondido na sessão anterior. Após esse momento, as participantes realizaram uma atividade de estudo de casos. Para isso, a pesquisadora elaborou quatro exemplos hipotéticos de casos de crianças com TEA envolvendo comportamentos interferentes, e as cuidadoras deveriam identificar as variáveis antecedentes e consequentes de cada comportamento descrito em cada caso. Os casos eram apresentados um de cada vez, e a mãe respondia por escrito em uma folha de registro a identificação da tríplice contingência do comportamento descrito no caso, sem qualquer dica da pesquisadora. A cada variável foi atribuída a pontuação máxima de 1 ponto para respostas corretas, pontuação parcial de 0,5 para respostas incompletas e 0 para respostas em branco ou erradas, de acordo com a chave de correção do teste 3, de análise funcional dos quatro casos. A participante que atingia o critério de desempenho de 66%, ou seja, acertava duas variáveis da tríplice contingência do caso, seguia para o exemplo seguinte. A participante que não alcançava o critério recebia *feedback* sobre como poderia responder, revisando os conceitos da tríplice contingência, e então respondia novamente antes de prosseguir para o próximo exemplo. Caso uma variável não fosse respondida, ficando em branco, também era fornecido *feedback*. Para avançar para a próxima etapa, a mãe precisava apresentar um desempenho de 66% em todos os 4 casos apresentados.

3ª ETAPA: GENERALIZAÇÃO.

Após atingir o critério de desempenho das etapas anteriores, o último encontro com a participante consistia em avaliar se o procedimento de ensino aplicado foi eficaz para ensinar conceitos básicos de análise funcional. Para isso, a participante respondia à entrevista de anamnese do Protocolo IISCA de acordo com o que aprendeu e com os dados que observava do seu filho na rotina diária. Também respondia novamente ao teste de Análise Funcional como medida de pós-teste. As respostas de ambos os testes foram gravadas em áudio para transcrição e análise das respostas. Por último, um questionário de validade social composto por perguntas de múltiplas escolhas e de respostas abertas eram respondidos. O instrumento avaliava as contribuições da pesquisa na vida das participantes e de seus filhos. A Figura 1 apresenta uma representação gráfica das etapas do procedimento da pesquisa.

Figura 1. Cronograma das etapas do estudo

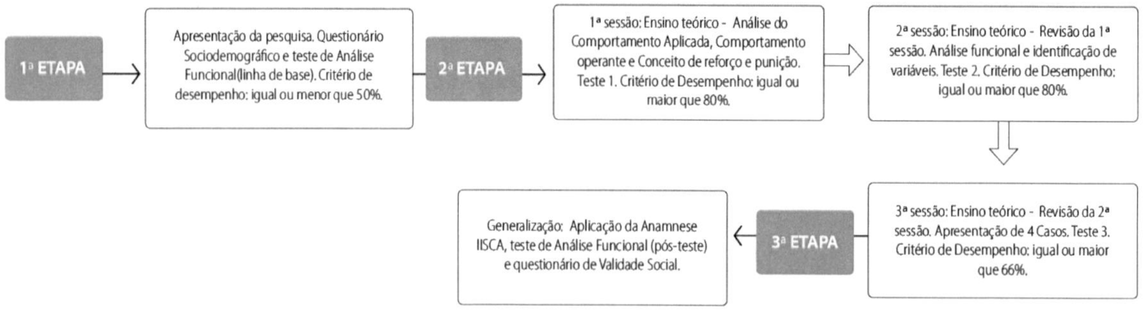

Fonte: elaboração própria.

Para fins deste capítulo, será relatado um estudo de caso de uma das mães participantes, possibilitando compreender em detalhes as etapas do procedimento de ensino proposto. Tanto a mãe como seu filho receberam nomes fictícios para preservação do sigilo de suas identidades.

Estudo de Caso Bia

Características da díade mãe-criança e do treinamento.

Bia, 22 anos, é mãe de João, um garoto de cinco anos, diagnosticado aos três anos com TEA e em investigação para um possível Transtorno Desafiador Opositor (TOD), por um médico da rede pública. No momento em que participou da intervenção, Bia estava na fila de espera, aguardando atendimento médico oferecido pela APAE para seu filho. Bia descreveu João como uma criança facilmente irritável e agitada, embora se manifestasse apático quando solicitado a realizar tarefas. Apesar da criança se comunicar verbalmente, Bia relatava dificuldade de compreensão na fala em determinados momentos e observou regressão da linguagem do filho nos últimos meses, devido à maior dificuldade da criança em articular as palavras corretamente, o que estava prejudicando sua compreensão das demandas do filho.

João também apresentava seletividade alimentar e comportamentos interferentes de bater e morder, principalmente no irmão mais novo de dois anos, além de jogar objetos. Quando João tinha quatro meses de idade, Bia conta que precisou retornar ao trabalho que exercia. Nesse período, contava com o suporte da avó materna, que assumia os cuidados da criança durante a sua jornada de trabalho. No momento da coleta de dados, a participante encontrava-se desempregada e havia assumido os cuidados com os filhos. Bia relatou que, desde então, observava maior irritabilidade em João devido às mudanças na rotina da criança. Na análise da participante, João sentia falta de estar mais tempo com a avó, pois sabia que ela sempre cedia às suas vontades. João pedia, frequentemente, para ir até a casa da avó e, quando o pedido era negado, apresentava comportamentos de chorar, gritar, bater ou empurrar o irmão, morder e se jogar no chão.

Como a renda familiar (R$ 1.320,00) provinha apenas do atual parceiro de Bia, João não possuía cobertura de plano de saúde, e realizava todo o acompanhamento médico com a equipe disponível na rede pública. A família residia em uma localidade rural, enfrentando restrições de locomoção para a cidade, pois havia apenas dois horários de transporte por dia. João realizava apenas um atendimento semanal com um psicólogo na APAE da cidade. A mãe, estrategicamente, optou por agendar os encontros da intervenção no mesmo dia em que vinha acompanhar João no atendimento para otimizar o seu deslocamento e, por isso, ele esteve presente nos encontros.

Dessa forma, João compareceu com a mãe a três sessões. Para garantir a atenção da mãe, a pesquisadora tentou ajustar outras possibilidades de horários, que fossem viáveis à Bia, sem a presença de João. Somente no segundo encontro, a mãe conseguiu comparecer sem a criança, aproveitando sua vinda à cidade para realizar exames. Contudo, após diversas tentativas não concretizadas, uma vez que Bia dependia de rede de apoio para cuidar de seus dois filhos, foi acordado que a participante comparecesse no horário que iria acompanhar João à terapia. Com a presença de João nos encontros, era necessário suporte de outros psicólogos que atuavam na clínica onde o treino estava sendo realizado, para permanecer com João em outro espaço, enquanto a pesquisadora conduzia o treino com a mãe.

No entanto, devido às diversas tentativas não efetivas da participante de comparecer sem a presença do filho e os feriados que ocorrem no período de duração da coleta de dados, houve um atraso no cronograma de treinamento desta participante, que precisou ser ajustado. No último encontro, a clínica já havia entrado em recesso, não havendo suporte para ficar com a criança, sendo necessário que João participasse da sessão na sala com a mãe. O pós-teste também foi conduzido nesta sessão, considerando que nas semanas seguintes ocorreriam as festas de fim de ano, o que poderia provocar mais atrasos na duração do treino. Cabe ressaltar que, com a presença de João, foram realizadas várias pausas e interrupções. A criança apresentou comportamentos disruptivos (gritar, por exemplo) em momentos em que a mãe não lhe direcionava a atenção.

Os encontros de Bia ocorreram entre os meses de outubro e dezembro de 2023, sempre no período matutino, com duração entre 1 hora e 1hora e 30 minutos. Somente na última sessão, em que os conteúdos foram agrupados, a sessão teve uma duração maior de aproximadamente 2h. A Figura 2 apresenta a linha do tempo de todo o percurso do treinamento de Bia, incluindo as tentativas de encontro que não foram efetivas.

Figura 2. Linha do tempo do treinamento de Bia.

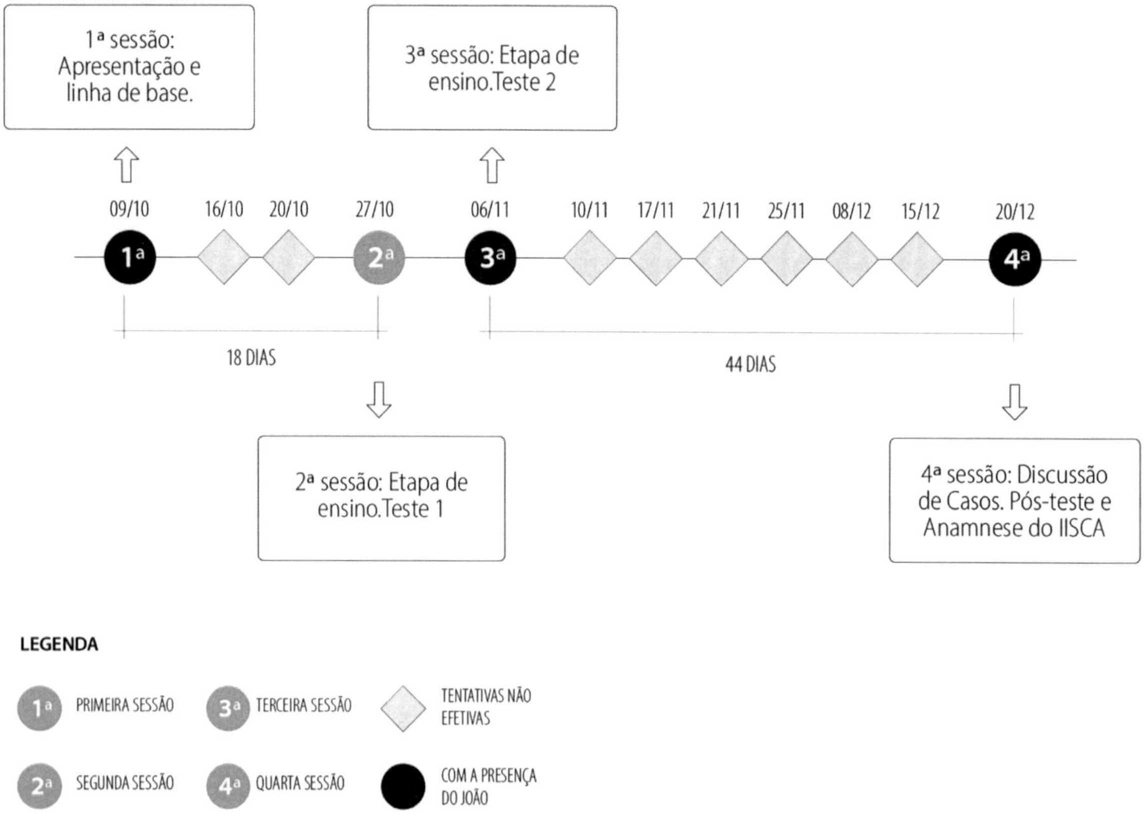

Fonte: elaboração própria.

Dados da intervenção com Bia

Na etapa de apresentação que ocorreu na 1 ª sessão, Bia entrou juntamente com João na sala. Inicialmente, a pesquisadora buscou estabelecer um *rapport*, tanto com a mãe quanto com a criança, ofertando alguns brinquedos disponíveis na sala para João se entreter. No decorrer da sessão, a mãe era interrompida repetidas vezes pela criança, assim como João também solicitava pela atenção da pesquisadora, por isso o tempo utilizado para apresentação do TCLE foi de 25 minutos e para responder o questionário sociodemográfico, 5 minutos. Para garantir a atenção da mãe durante as respostas de linha de base do teste de Análise Funcional, a pesquisadora optou por solicitar suporte a um colega de trabalho, que interagiu com João em outro ambiente enquanto Bia respondia às questões.

Na linha de base do teste de Análise Funcional, a mãe encontrou dificuldades em descrever com clareza os comportamentos interferentes de seu filho na pergunta 1. Suas respostas acerca do antecedente e da consequência eram baseadas em relatos não operacionalizados. Como a pontuação foi aplicada somente nas perguntas de 1 a 5, seguindo o critério de descrição operacionalizada, a participante obteve desempenho de 0% no pré-teste. A participante demorou 10 minutos para responder a todas as perguntas. As respostas estão descritas na Tabela 1.

Tabela 1. Respostas de Bia no teste de Análise Funcional: Linha de base

Questão	*Resposta*	*Pontuação*
1) Quais sãos os 3 (três) comportamentos problemas mais preocupantes do seu filho?	*Às vezes não ouvir o não, é ter dificuldade em obedecer a algumas tarefas que a gente pede, E às vezes os acessinhos de raiva que ele tem.*	0
2) Descreva de forma clara o comportamento problema do seu filho que te deixa mais preocupado (a).	*A gente falar e ele não escutar, e ele estoura.*	0
3) Quais comportamentos menos intensos seu filho apresenta, antes de apresentar o comportamento descrito?	*Não, ele já estoura e começa a gritar.*	0
4) Descreva o que acontece antes do comportamento ocorrer.	*Eu fiquei tipo com um rosto bem fechado, ele fica bravo.*	0
5) Descreva o que acontece depois do comportamento problemático acontecer.	*Depois desse comportamento, ele para, ele pede desculpa e fala que não vai fazer mais. Isso já aconteceu bastante vezes.*	0
6) Como você ou outras pessoas reagem ao comportamento?	*Então antes eu não sabia como reagir. Agora já estou tendo, tipo assim, em sentar perto dele, de falar calma, respirar ou senão, às vezes simplesmente dá um abraço nele, eu falo que eu amo ele. Às vezes dá certo, às vezes não, então às vezes depende muito mesmo a gente fazendo isso, às vezes não dá certo.*	0
7) O que você faz para acalmá-lo?	*Tirar o foco dele ali para outra coisa, eu tento mostrar um brinquedo, um desenho que gosto de desenhar. Às vezes eu pego tinta papel, falo com ele: "vem, vamos desenhar".*	0
8) Em quais lugares e situações o comportamento geralmente acontece?	*Olha aconteceu uma vez dentro do supermercado, às vezes na hora de ir para a escola e, a maioria das vezes, em casa.*	0
9) Quais habilidades de comunicação do seu filho?	*Então são muito boas, mas eu acho que poderia melhorar mais, porque às vezes ele não sabe explicar igual. Quando ele se machuca na escola, ele não sabe explicar o que aconteceu. Ele não sabe dizer como aconteceu.*	0
10) Quais são os itens preferidos do seu filho?	*Bolinhas, massinha e tinta.*	0

Nota. - sinaliza as questões que não foram avaliadas para fim de cômputos de acertos/erros.
Fonte: elaboração própria.

Na 2ª sessão, iniciou-se a etapa de ensino. Enquanto a pesquisadora apresentava o conteúdo, Bia demonstrou interesse participando ativamente, levantando suas pontuações e formulando possíveis dúvidas, que eram esclarecidas. A apresentação do conteúdo perdurou por cerca de 40 minutos. Após a apresentação do conteúdo, respondeu ao teste 1, que envolvia as definições dos conceitos apresentados, acertando todas as questões objetivas, conforme apresentado na Tabela 2. Entretanto, não descreveu os elementos da tríplice contingência na pergunta 9, deixando a resposta em branco.

Tabela 2. Resposta de Bia no teste 1.

Nº da Questão	*Conteúdo da Questão*	*Pontuação*
	Perguntas objetivas/tema	
1	*Conceito de Análise do Comportamento aplicada*	1
2	*Conceito de Análise do Comportamento aplicada*	1
3	*Comportamento respondente*	1
4	*Comportamento operante*	1
5	*Conceito de reforço*	1
6	*Conceito de punição*	1
7	*Conceito de punição*	1
8	*Extinção*	1
	Perguntas discursivas/tema	
9	*Descrição da tríplice contingência*	0
10	*Identificar o tipo de consequência citada no exemplo e qual a consequência*	0,5

Fonte: elaboração própria.

A pergunta 10, envolvia a seguinte situação:

> Ana é uma jovem recém-habilitada e recentemente começou a utilizar sua moto para fazer o deslocamento entre trabalho e a faculdade, porém, pela pouca experiência, ainda não consegue desviar dos carros ou andar entre eles como os outros motociclistas fazem. Certo dia, ela tinha um trabalho da faculdade para entregar e estava com muita pressa, pois o prazo de entrega estava acabando. Neste dia, havia uma obra no caminho e o trânsito estava muito lento. Como estava com muita pressa, Ana acabou ultrapassando os carros e conseguiu fazer o percurso mais rápido, conseguindo chegar na faculdade a tempo. Naquela mesma semana, Ana novamente conseguiu ultrapassar os carros. Agora, sempre que precisar chegar mais rápido, ela consegue ir desviando dos automóveis.
>
> ***A partir do exemplo acima, você diria que o comportamento de Ana ultrapassar os carros foi reforçado ou punido? Qual foi a consequência reforçadora ou punitiva?***

Fonte: elaboração própria.

Como resposta à questão, Bia registrou "reforçado, pois ela teve um impulso para tomar coragem de ultrapassar os carros" acertando apenas o tipo de consequência como reforçadora sem a descrição apropriada da consequência. Como resultado final, Bia obteve desempenho de 85% no teste 1, respondendo o teste em 10 minutos, aproximadamente.

Na 3ª sessão, os 10 minutos iniciais foram utilizados para revisar o conteúdo da sessão anterior, por meio da correção do teste respondido na sessão anterior. A apresentação teórica ocorreu em 45 minutos e foi apresentado à participante os tópicos sobre análise funcional e o protocolo IISCA. No teste 2, Bia respondeu a 7 (dentre as 8) perguntas objetivas corretamente, conforme pode ser visto na Tabela 3.

Tabela 3. Resposta de Bia no teste 2.

Nº da Questão	*Conteúdo da Questão*	*Pontuação*
	Perguntas objetivas/tema	
1	*Conceito de comportamentos interferentes*	1
2	*Comportamentos precursores*	1
3	*Classe de resposta*	0
4	*Análise funcional*	1
5	*Funções do comportamento*	1
6	*Diferença entre avaliação direta e indireta*	1
7	*Objetivos do IISCA*	1
8	*Etapas do IISCA*	1
	Perguntas discursivas/tema	
9	*Identificar antecedente, resposta e consequência de um caso fictício*	0,5
10	*Identificar os comportamentos precursores e interferentes de um caso fictício*	0,5

Fonte: elaboração própria.

As perguntas discursivas desta avaliação faziam referência ao seguinte relato:

Caso fictício

João, um menino de 5 anos, está sendo avaliado pois apresenta com frequência comportamentos interferentes, de gritar, chorar, bater na terapeuta e morder o dedo sempre que é preciso guardar o celular. Em conversa com a família, destacaram que João não apresentava tal comportamento, e que havia começado após a mãe remover o uso do celular da criança. Assim, sempre que via o celular João começava a gritar, chorar e se morder. Os pais relatam que quando isso ocorre eles repreendiam a criança e com medo de João se lesionar acabavam entregando o aparelho.

Fonte: elaboração própria.

Na questão 9 sobre o antecedente e a consequência, a participante respondeu corretamente a variável antecedente como "a mãe removeu o celular", porém não apresentou a consequência. Na pergunta 10, identificou os comportamentos interferentes apresentados como "gritar, chorar e bater" e como precursor escreveu "ficar sem celular", pontuando apenas o valor parcial de 0,5 nas duas questões. Bia obteve desempenho final de 80% conforme apresentado na Tabela 3. Bia respondeu o teste em aproximadamente 15 minutos.

Na 4ª sessão, a etapa de ensino foi concluída. A revisão inicial durou aproximadamente 15 minutos. Na sequência, foram apresentados 4 casos fictícios (teste 3).

Caso fictício 1

Arthur é uma criança de 5 anos que chega à clínica para intervenção devido ao diagnóstico de TEA. Em sua avaliação inicial, observou-se que a criança apresenta comportamentos de bater a cabeça na parede com frequência, especialmente quando era apresentada alguma demanda. Em entrevista com a família, a mãe apontou que em casa o comportamento acontecia sempre quando ela pediu para ele fazer algo, como tomar banho, guardar os brinquedos ou sentar na mesa para jantar. A mãe relatou, ainda, que sempre corrigia o filho e dizia que não podia, mas acabava cedendo devido ao medo da criança se machucar. Na creche, os comportamentos ocorrem com maior frequência e as professoras relatam não saber o que fazer.

Fonte: elaboração própria.

Caso fictício 2

Sofia tem 7 anos, é uma criança verbal que tem interesse em telas. Recusa outros brinquedos e procura por telas em todos os ambientes que frequenta. De acordo com o relato da família, quando não é possível ter acesso a telas, Sofia grita, se joga no chão e tira a roupa. A família, em desespero, geralmente oferece o celular para a criança se acalmar. A mãe relatou ainda que não consegue controlar o uso de telas, e sempre que é preciso removê-las, Sofia começa a gritar e por isso mantém a criança na tela, a fim de evitar a ocorrência do comportamento.

Fonte: elaboração própria.

Caso fictício 3

Bernardo, uma criança de 7 anos diagnosticada com TEA e TOD, está em intervenção há alguns anos. Recentemente, tem apresentado episódios de morder os outros, tanto na clínica quanto em casa. Durante a observação do atendimento, foi possível identificar que o comportamento de morder o terapeuta ocorria quando o terapeuta fazia pausas para registrar os dados da sessão; e quando o terapeuta dirigia sua fala ao supervisor do caso. As mordidas eram acompanhadas de frases como: "eu não gosto de você", "seu bobo", e o terapeuta parava sua atividade para responder à criança. No ambiente familiar, foi relatado que Bernardo morde a irmã quando a mãe ou o pai estão perto, assistindo televisão ou mexendo no celular. Como resposta aos comportamentos do filho, os pais corrigem a criança e afastam a irmã do ambiente. Segundo a mãe, depois que a irmã sai do ambiente, Bernardo permanece calmo, envolvido em uma atividade com o pai ou a mãe.

Fonte: elaboração própria.

Caso fictício 4

Vitor é uma criança de 3 anos que chegou à clínica para intervenção devido ao diagnóstico de TEA. Em sua avaliação observou-se que a criança apresenta comportamento de balançar as mãos com muita frequência, em vários momentos, com ou sem demanda, e com ou sem atenção. Em entrevista com a família, a mãe apontou que em casa o comportamento acontecia em muitas situações (assistindo televisão, brincando...) e que chegou a observar que Vitor se balançava mesmo estando sozinho. A mãe nunca reagiu frente a esse comportamento. Na escola, o comportamento acontece com maior frequência no parquinho (local de preferência da criança).

Fonte: elaboração própria.

Bia demonstrou dificuldades em identificar as variáveis da tríplice contingência nos casos do teste 3. No caso 1, ela escreveu na variável resposta: "Agressivos a si mesmo", no antecedente "Bater a cabeça na parede", e na consequência "Ele se machucava devido os comportamentos" tendo como resultado 0 pontos. Dessa maneira, foi necessário fornecer *feedback*, e o caso foi lido novamente junto com a participante retomando os conceitos abordados nas sessões anteriores. Feito isso, Bia conseguiu responder corretamente a todas as variáveis do primeiro exemplo de acordo com a chave de correção, alcançando pontuação de 100%.

No caso 2, Bia apresentou uma explicação para o comportamento afirmando que "as telas geram hiperfocos tão grandes que não geram interesse em outras coisas" como variável antecedente, e por isso a pontuação desta variável foi zerada. Descreveu apenas um comportamento dentre dois que eram apresentados no exemplo, computando 0,5 na variável resposta. Na consequência, Bia escreveu "A família cede e oferece o celular", respondendo corretamente e, por isso, obteve a pontuação de 1 ponto, com resultado final de 43% de desempenho. Com o escore abaixo do valor determinado de 60%, a participante recebeu novamente *feedback* detalhado sobre as variáveis da tríplice contingência, identificando o antecedente correto e aumentando seu desempenho para 76%.

Já no caso 3, Bia identificou a resposta citando apenas o comportamento de morder, sendo que eram descritos dois comportamentos no exemplo e, por isso, obteve pontuação parcial de 0,5. Na consequência, escreveu corretamente que "os pais corrigiam", entretanto, identificou como a variável antecedente a presença da irmã, que foi considerada como resposta errada. Por isso seu desempenho ficou em 43%. Após o *feedback*, descreveu a variável antecedente corretamente, além de inserir mais um comportamento na variável resposta, alcançando um desempenho de 100%.

Por fim, no caso 4, Bia não descreveu nenhuma variável antecedente. Descreveu a resposta como "Balançar as mãos com muita frequência" e a consequência "a mãe não reagia", pontuando 1 ponto nas duas variáveis. Apesar da participante atingir desempenho de 66%, acima do valor determinado como critério de desempenho, Bia deixou uma variável em branco e, por isso, recebeu *feedback*. Após o feedback, descreveu as variáveis antecedentes apropriadamente, totalizando 100% de desempenho. O tempo médio da participante para responder cada caso variou entre 15 e 20 minutos, considerando os *feedbacks* e algumas interrupções de João que estava presente na sessão.

Ainda na 4ª sessão, questionada sobre os comportamentos interferentes do filho no pós-teste do teste de Análise Funcional, Bia prontamente respondeu descrevendo com clareza os comportamentos de João. Apesar disso, apresentou dificuldades em identificar as variáveis antecedentes e consequentes do comportamento de João, pontuando, assim, 60% no pós-teste. Bia respondeu o pós-teste em aproximadamente 7 minutos. As respostas foram transcritas na Tabela 4.

Tabela 4. Resposta de Bia no teste de Análise Funcional: pós-teste.

Questão	*Resposta*	*Pontuação*
1) Quais sãos os 3 (três) comportamentos problemas mais preocupantes do seu filho?	*Morder, agredir o irmão e as birras frequentes*	1
2) Descreva de forma clara o comportamento problema do seu filho que te deixa mais preocupado (a).	*Bater no irmão*	1
3) Quais comportamentos menos intensos seu filho apresenta, antes de apresentar o comportamento descrito?	*São respirar fundo, sons e já começa o choro.*	1
4) Descreva o que acontece antes do comportamento ocorrer.	*O que acontece é ficar emburrado.*	0
5) Descreva o que acontece depois do comportamento problemático acontecer.	*Depois do comportamento que passa aquela coisa, ele fala que me escuta e que não vai fazer isso mais.*	0
6) Como você ou outras pessoas reagem ao comportamento?	*Então eu tento explicar para ele o que está errado, que ele deve respeitar.*	0
7) O que você faz para acalmá-lo?	*Abraço ele, tento brincar com ele, fazer cosquinhas. As vezes quando ele está em casa que ele está muito agitado eu chamo ele para dar uma voltinha.*	0
8) Em quais lugares e situações o comportamento geralmente acontece?	*Então, em casa. Geralmente na rua. Ou em algum ambiente diferente do que a gente vai.*	0
9) Quais habilidades de comunicação do seu filho?	*Ele fala perfeitamente sim graças a Deus. Às vezes o que a gente não entende ele leva a gente e mostra.*	0
10) Quais são os itens preferidos do seu filho?	*São carrinhos, quebra cabeças e massinhas.*	0

Fonte: elaboração própria.

Nesse dia, também foi realizada a entrevista de anamnese do protocolo ISSCA. A entrevista durou 12 minutos. A mãe identificou os comportamentos mais preocupantes de João como gritar e morder, similar ao que havia respondido no teste de Análise Funcional. Bia também conseguiu identificar como os comportamentos vão escalonando desde o primeiro precursor.

No entanto, Bia nem sempre conseguia responder às perguntas de maneira clara, e em algumas questões foram necessárias explicações adicionais, retomando conteúdos abordados durante as discussões teóricas para se obter uma resposta efetiva. Além disso, a participante frequentemente respondia às perguntas narrando diversas situações em que o comportamento acontecia. As respostas das perguntas do IISCA são descritas na Tabela 5.

Tabela 5. Respostas de Bia na anamnese do Protocolo IISCA.

Questões IISCA	*Respostas*
1. Data de nascimento e idade atual	*5 anos*
2. Descreva as habilidades linguísticas:	*Ele consegue falar inglês e português. Ele fala tipo assim, bem, em certas partes. Tem uma parte que ele embola muito, a gente não consegue entender o que ele está falando.*
3. Descreva as habilidades para brincar e brinquedos preferidos ou atividades de lazer	*Os brinquedos preferidos do João são brincar com dinossauros. Correr. Agora ele está gostando muito de brincar de pique-esconde, mas ele não brinca da maneira certa. E quebra cabeça ele também gosta bastante.*
4. O que ele/ela mais gosta?	*O que ele mais gosta é tinta, de pintar.*
5.Quais são os comportamentos-problema? Como eles se parecem (descreva as características do comportamento)?	*Quando a gente fala não. Às vezes quando a gente fala no esperar. Os comportamentos são morder. De gritar. E chorar. Chorar bastante.*
6. Qual é o comportamento-problema individual mais preocupante?	*Mais preocupante quando ele bate no irmão dele. Que teve um dia que ele estava brincando, ele pegou um, eu não me lembro o que que era, mais era madeira, que meu pai faz artesanato com Madeira, então assim eu não lembro de se era um carrinho ou engenhozinho que ele fez, ou seja, ele bateu na cabeça do irmão.*
7. Quais são os 3 comportamentos-problema mais preocupantes? Há outros comportamentos que gerem preocupação?	*São ele gritar até perder o fôlego, e eu não saber voltar o fôlego dele. Novo agora é ele se bater, igual ele está se batendo no sofá e na parede. Às vezes ele vem com força e se bate contra parede. Aí às vezes bate a cabeça, igual ele ta com um roxo aqui que ele bateu na quina da mesa. Um amarelo, né? Na verdade. Igual ele não, não, parece que ele não percebe igual quina essas coisas. Meu medo é ele tá chorando, bater na quina mais forte, ou em algum lugar que se machuque. E morder a gente bastante que ele morde.*

8. Descrever o leque de intensidades dos comportamentos-problema e a medida em que ele/ela pode se ferir ou ferir a outros.	*Oh quando ele morde, tá numa escala assim de 6, 7. No outro é imprevisível porque eu nunca vou saber o que ele vai bater, com que ele tá na mão. Igual no dia do brinquedo, eu acho que uma escala de 9 a 10. Agora falo assim dos choros, dos gritos do se sacudir, aí eu acho que é 7, 8. As vezes passa um pouquinho da intensidade, mas é sempre nessa escala de 7 ou 8.*
9. Existem comportamentos que parecem indicar que o comportamento-problema severo está prestes a ocorrer?	*Quando ele começa meio que tipo bufar, dá umas respiridinhas fundas. Ai disso daí já encadeia o grito, dos gritos já vai uns tapas na gente, dos tapas já é mordida, e das mordidas já é se jogar no chão se jogar na gente e por aí vai.*
10. Em que condições ou situações os comportamentos-problema são mais prováveis de ocorrer?	*Então aconteceu semana retrasada aqui na rua por que eu simplesmente queria que ele sentasse ali naquele banquinho da Unimed para comer um salgado que tinha comprado para ele. Aí daí ele já deitou ali no chão da unimed e começou a gritar e pessoal tudo saindo para fora, achando que eu tava batendo no João, e eu tentava pegar ele, para poder conversar com ele, ele me batia, me mordia, agarrou no meu cabelo e por aí foi. Ali foi difícil conter ele, mas depois de umas 2 horas tentando deu certo, a gente pegou e veio para o ponto comer o abençoado do salgado dele.*
11. Os comportamentos-problema ocorrem de forma confiável (de forma consistente) durante alguma atividade específica?	*Dependendo sim, oh teve, uma vez que foi por conta de uma atividade da escola, que foi tipo assim, era só para ele escrever o nomezinho dele e desenhar como que ele viu o céu. Daí eu falava com ele 'faz assim', ele não queria fazer, aí pegou rasgou a atividade do caderno inteiro e por aí já foi, os gritos, os pulos e se batendo. Outra atividade, é vim na rua com ele, igual toda sexta feira acaba sendo um pouco estressante, principalmente, tipo assim, ele quer pegar, fazer as coisas e ir embora logo. Só que a gente não tem essa opção. A gente tem que vir, esperar o horário do ônibus, ou às vezes dá uma volta na rua para poder dar o horário. Só que aí também é aquele negócio, ele acha que eu tenho todo o dinheiro do mundo, para comprar tudo o que ele quer. Então às vezes você tenta remediar aquela situação ali, mas no encaixe, é aquilo ali, aquela gritaria toda "você tem dinheiro sim, você tem cartão, você tem, você tem aquilo. Compra".*
12. O que parece disparar o comportamento-problema?	*Tipo assim é um estalo, é sem explicação assim, porque às vezes ele só passou ali na rua, ele viu aquilo ali, aí você fala assim 'não, hoje não dá. Depois a gente volta' aí já é aquele, já é aquela confusão toda dele.*

13. O comportamento-problema ocorre quando você quebra rotinas ou interrompe atividades? Em caso afirmativo, descreva.	*É igual o dia que a gente... Toda vez que a gente para ali no ponto e vai ali na padaria pão e pão, para ele comprar o cafezinho da manhã. Aí tem dias que ou eu tenho que passar no banco primeiro ou alguma coisa, aí ele já vem pulando de mão dada comigo, pulando querendo dar aqueles gritos, ai você vai tentando conversar que já tá chegando, que você só vai fazer aquilo ali, aí chega uma hora que ele não consegue entender o que a gente tá falando mais, e ai começa a choradeira os pulos, ou se não ele solta da minha mão e sai correndo.*
14. O comportamento-problema ocorre quando parece que ele/ela não vai ter o que quer? Em caso afirmativo, descreva as coisas que a criança muitas vezes tenta controlar.	*Sim, é igual o celular. Ele está muito no celular da minha mãe. Aí é igual se a gente pegar e falar assim 'João hoje não, agora não' aí ele já senta no sofá começa a chorar, começa tampar tudo ao redor no chão, ai ele não se contenta quando você não dá naquela hora, aí ele começa pular, se jogar no chão, se bater, ou então se o irmão tiver perto ele vai lá e bate no irmão.*
15. Como você e outros reagem ou respondem ao comportamento-problema?	*Então quando é assim eu tento chegar perto dele, abraçar, ai eu fico assim 'meu filho, calma, respira, não é assim. O que a gente conversou? A gente não conversou que isso tá errado?' e por aí vai. Então eu abraço, eu converso, eu tento explicar a situação. Eu falo que se ele parar e ouvir e entender que ele vai ter aquilo ali, mas em outro momento.*
16. O que você e outros fazem para acalmá-lo uma vez que ele/ela engaja no comportamento-problema?	*Então aí que é o difícil, porque fica assim 'nossa que choro bobo'. Então as outras pessoas não vão ter conhecimento do que fazer para ele se acalmar.*
17. O que você e outros fazem para distraí-lo de se engajar no comportamento-problema?	*Eu chamo a atenção dele para outra coisa, para um brinquedo, para um desenho que ele gosta, um papel, uma massinha. Às vezes eu chamo ele até para dar uma voltinha.*
18. O que você acha que ele/ela está tentando comunicar com o seu comportamento-problema, há alguma coisa?	*Às vezes que ele quer muito alguma coisa. Mas ele quer no momento dele, que ele não vai querer esperar para ter depois, se ele quer, ele quer agora. Muitas vezes pode ser que ele está incomodado com o fato daqui da rua, pode estar incomodado com as pessoas em volta, com calor, com barulho, com a poeira, ou com alguma coisa que tipo assim, não ta do agrado dele.*
19. Você acha que esse comportamento-problema é uma forma de autoestimulação? Caso seja, o que te dá essa impressão?	*Então eu acho que quando ele tem esse comportamento de grito, de birra, talvez ele pensa que eu vou dar, vou entregar as coisas que ele quer na mesma hora, então pra ele, por um lado, ele está repetidamente nisso. Eu acho que sim.*
20. Por que você acha que ele/ela está se engajando no comportamento-problema?	*Para poder ter o que ele quer. Para conseguir a recompensa que ele quer.*

Fonte: elaboração própria.

O encontro terminou após Bia responder ao questionário de validade social, cujas respostas estão apresentadas na Tabela 6. A participante concordou sobre a dificuldade de aprender os conceitos apresentados. Ela indicou, ainda, não sentir cansaço com o treinamento, sendo relevante aprender sobre análise funcional e conseguir identificar as variáveis envolvidas em um comportamento interferente. Também concordou que o nível de estresse diminuiu após o treinamento. Em resposta à pergunta aberta sobre a contribuição do treinamento, Bia escreveu "aprender melhor a lidar com as birras e com os comportamentos, que antes ficava perdida".

Tabela 6 . Respostas de Bia no questionário de Validade Social

Questões	*Concordo Totalmente*	*Concordo*	*Discordo*	*Discordo Totalmente*
Foi difícil aprender os conceitos ensinados.		X		
Me senti cansado durante o treinamento.			X	
Eu considero o tema deste treinamento importante.	X			
Após o treinamento, eu consegui identificar as variáveis que mantém o comportamento do meu filho.	X			
Aprender sobre Análise Funcional me deixou mais preparada (o) para lidar com os comportamentos do meu filho.	X			
O meu nível de estresse diminuiu após o treinamento.		X		
Eu indicaria para outros pais que fizessem este treinamento.	X			

Fonte: elaboração própria.

Esta sessão foi condensada, incluindo a última sessão de ensino e a etapa de generalização. Com a presença de João e a necessidade de muitos feedbacks, a sessão teve duração entre 1 hora e 50 minutos e 2 horas.

Análise do Caso

A análise individual de Bia apontou a necessidade de vários feedbacks para que a participante alcançasse o desempenho nas diferentes etapas do treino. Diversos fatores podem justificar essa necessidade, sendo um deles a presença de João em algumas sessões, o que demandava uma atenção compartilhada por parte da participante. Nos momentos em que João esteve presente, suas interrupções, chamadas à mãe e à pesquisadora, além de comportamentos interferentes, como gritos, choros e arremessos de objetos, exigiram pausas frequentes, impactando, negativamente, no processo de ensino da participante. Essa situação é corroborada pelo fato de que, na sessão em que a mãe necessitou de maior suporte (4ª sessão), João estava presente na sala.

Outro aspecto significativo que, possivelmente, dificultou a aprendizagem de Bia foi o espaço temporal entre as sessões. O considerável intervalo de dias entre uma sessão e outra pode ter contribuído para as dificuldades enfrentadas pela participante, uma vez que, em várias ocasiões, foi necessário revisitar os tópicos abordados em encontros anteriores. Assim, é possível que esses fatores tenham exercido influência negativa no desempenho da participante.

Não obstante, os dados coletados no teste de Análise Funcional revelaram ganhos significativos no pós-teste, quando comparado com os dados da linha de base. Bia apresentou 0% de desempenho na linha de base, e no pós-teste o desempenho aumentou para 60%. Estes dados de desempenho são similares aos encontrados no estudo de Ferreira et al. (2016) no qual a taxa de ganho dos participantes variou entre 60% e 100%. Guimarães et al. (2018) também apontou que os cuidadores do seu estudo alcançaram precisão na aplicação dos manejos de comportamento, após apresentarem resultados entre 0% e 40% na linha de base, aumentando para 100% no pós teste.

Em relação a percepção do estresse, Bia relatou que este diminui com a participação no treinamento. O estresse é uma variável recorrente em famílias de crianças com TEA devido aos inúmeros desafios enfrentados na rotina de cuidados com uma criança diagnosticada com o transtorno. Esse contexto impacta, negativamente, a percepção de competência parental e autoeficácia, resultando em um aumento significativo nos níveis de estresse vivenciados pelos pais (Bagaiolo et al., 2018; Hayes & Watson, 2013; Iadarola et al., 2017). Nesse sentido, Keen et al. (2010) afirmaram que o acesso ao conhecimento baseado em evidências pode desempenhar um papel importante na diminuição do estresse parental.

Na avaliação de Bia sobre o arranjo de treinamento, esta destacou que ficava perdida em relação aos comportamentos do filho, em concordância com Bearss et al. (2013) que apontam a incerteza de manejar comportamentos interferentes como uma variável significativa no aumento do estresse parental. Bia apontou, também, que com o treinamento aprendeu a lidar com as birras do filho. Esses relatos sinalizam as contribuições do treinamento, associando a teoria à rotina prática das participantes com seus filhos, além de demonstrarem um aumento no senso de competência parental. Relatos similares podem ser observados no estudo de Naito (2017), no qual os participantes afirmaram que a participação no treinamento contribuiu para identificar as variáveis envolvidas no comportamento interferentes e, como consequência, ocasionou a redução dos comportamentos dos filhos.

Neste estudo, utilizou-se o IISCA, um protocolo elaborado por Greory Hanley em 2014 (Hanley et al., 2014) como ferramenta para verificar se os conceitos ensinados foram generalizados. No Brasil ainda existem poucos estudos utilizando o IISCA (Lemos & Jessel, 2021). Neste sentido, o uso da entrevista de anamnese do IISCA pode ser uma forma de ampliar o protocolo no país, além de propor a adaptação à cultura brasileira.

Algumas mudanças podem ser sugeridas no procedimento de ensino adotado nesta pesquisa, visando ampliar ainda mais sua eficácia, tais como: 1) incluir recursos didáticos como vídeos que abordem de maneira prática os conceitos apresentados (Naito, 2017); 2) ofertar um material de apoio em formato de apostila para os cuidadores revisarem quando for necessário (Bearss et al., 2013); e 3) incluir tarefas de casa simples e práticas entre as sessões para garantir a generalização do conteúdo aprendido, como a mãe registrar qual item ela identificou como reforçador do seu filho naquela semana, registrar as variáveis antecedentes e consequentes após a ocorrência de um comportamento, registrar o comportamento do filho em vídeo para discutir na sessão seguinte, dentre outros. A esse respeito, Bagaiolo et al. (2018) destacaram, em seu estudo, a importância de atividades durante o treinamento que envolvam os pais de forma ativa no processo, produzindo materiais e coletando dados como uma ferramenta de apoio às orientações e explicações apresentadas.

Outra medida adicional que pode ser considerada em pesquisas posteriores é a implementação do acompanhamento após o treinamento, isto é, *follow-up* para avaliar a persistência do aprendizado ao longo de um período mais extenso. Pesquisas anteriores, como as conduzidas por Barboza (2019), Edwards et al. (2019) e Guimarães et al. (2018) incorporaram o *follow-up* em suas metodologias para verificar se as habilidades ensinadas durante o treinamento se mantiveram ao longo do tempo. Essa abordagem permitiria uma compreensão mais abrangente da durabilidade dos efeitos das intervenções propostas.

Em síntese, o estudo enfatiza a relevância do treino parental como uma ferramenta importante dentro da terapia baseada na ciência ABA para cuidadores de crianças com TEA, e além disso, como uma estratégia eficaz para garantir o acesso à informação baseada em evidências. Assim, a implementação de políticas públicas que ofereçam treinamento gratuito aos pais, especialmente quando há dificuldades de acesso a tratamento efetivo, surge como uma necessidade urgente para ampliar as possibilidades de intervenção para a população de crianças com TEA no país.

REFERÊNCIAS

Andrade, A. A., Ohno, P. M., Magalhães, C. G. & Barreto, I. S. (2016). Treinamento de pais e autismo: Uma revisão de literatura. Ciências & Cognição, 21(1), 7-22.

Bagaiolo, L. F., Pacífico, C. R., Moya, A. C. C., Mizael, L. F., Jesus, F. S., Zavitoski, M., Sasaki, T., Asevedo, G. R. C. (2018). Capacitação parental para comunicação funcional e manejo de comportamentos disruptivos em indivíduos com Transtorno do Espectro Autista. Cadernos de Pós-Graduação em Distúrbios do Desenvolvimento, 18 (2), 46-64.

Barboza, A. A. (2019). Avaliando procedimentos para treino parental sobre intervenção analítico-comportamental ao TEA. Tese de doutorado não publicada, Universidade Federal do Pará, Belém/PA.

Bearss, K., Lecavalier, L., Minshawi, N., Johnson, C., Smith, T., Handen, B., Sukhodolsky, D., Aman, M., Swiezy, N., Butter, E. & Scahill, L. (2013). Toward an exportable parent training program for disruptive behaviors in autism spectrum disorders. Neuropsychiatry (London). 3 (2): 169–180. https://doi.org/10.2217/npy.13.14

Brito, A. de & Faro, A. (2016). Estresse parental: Revisão sistemática de estudos empíricos. Psicologia em Pesquisa, 10(1), 64-75. https://doi.org/10.5327/Z1982-1247201600010009

Britto, I. A. G. de S., Marcon, R. M. & Oliveira, I. J. S. (2020). Avaliação Funcional e a sua prática em contextos aplicados. Revista Brasileira de Terapia Comportamental e Cognitiva, 22. 1-14. https://doi.org/10.31505/rbtcc.v22i1.1045

Britto, I. A. G. de S., Alves, J. C. & Marcon, R. M. (2020). Avaliação e tratamento de comportamentos autolesivos em pessoas com transtorno do neurodesenvolvimento: Uma revisão narrativa. Revista Brasileira de Terapia Comportamental e Cognitiva, 22, 1-13.

Coffey, A. L., Shawler, L. A., Jessel, J., Nye, M. L., Brain, T. A. & Dorsey, M. F. (2019). Interview-Informed Synthesized Contingency Analysis (IISCA): Novel interpretations and future directions. Behavior Analysis in Practice, 1-10. https://doi.org/10.1007/s40617-019-00348-3

Cooper, J. O., Heron, T. E. & Heward, W. L. (2020). Applied Behavior Analysis. New York: Pearson Education. 3rd. ed.

Dracobly, J. D. & Smith, R. G. (2012). Progressing from identification and functional analysis of precursor behavior to treatment of self-injurious behavior. Journal of Applied Behavior Analysis, 45(2), 361–374. https://www.ncbi.nlm.nih.gov/pmc/articles/PMC3405930

Edwards, G. S., Zlomke, K. R., & Greathouse, A. D. (2019). Rubi parent training as a group intervention for children with autism: A community pilot study. Research in Autism Spectrum Disorders, 66(101409). https://doi:10.1016/j.rasd.2019.101409

Elder, J. H., Donaldson, S. O., Kairalla, K., Valcante, G., Bendixen, R., Ferdig, R., Self, E. , Walker, J., Palau, C. & Serrano, M. (2011). In-home training for fathers of children with autism: A follow up study and evaluation of four individual training components. Journal of Child and Family Studie, 20, 263–271. https://doi.org/10.1007/s10826-010-9387-2

Ferreira, L. A., Silva, A. J. M., & Barros, R. S. (2016). Ensino de aplicação de tentativas discretas a cuidadores de crianças diagnosticadas com autismo. Revista Perspectivas, 7(01), 101-113. https://doi.org/10.18761/pac.2015.034

Guimarães, M. S. S., Martins, T. E. M., Keuffer, S. I. C., Costa, M. R. C., Lobato, J. L., Melo e Silva, A. J., Souza, C. B. A., & Barros, R. S. (2018). Treino de cuidadores para manejo de comportamentos inadequados de crianças com transtorno do espectro do autismo. Revista Brasileira de Terapia Comportamental e Cognitiva, 20(3), 40-53. https://doi.org/10.31505/rbtcc.v20i3.1217

Hanley, G. P. (2012). Functional assessment of problem behavior: Dispelling myths, overcoming implementation obstacles, and developing new lore. Behavior Analysis in Practice, 5(1), 54-72. https://dx.doi.org/10.1007/BF03391818

Hanley, G. P., Jin, C. S., Vanselow, N. R., & Hhanratty, L. A. (2014). Producing meaningful improvements in problem behavior of children with autism via synthesized analyses and treatments. Journal of applied behavior analysis, 47 (1), 16–36.

Hanley. G. P., Iwata, B. A. & Mccord, B. E. (2003). Functional Analysis of problem behavior: A review. Journal of Applied Behavior Analysis, 36(2), 147–185.

Hayes, S. A. & Watson, S. L. (2013). The Impact of Parenting Stress: A Meta-analysis of Studies Comparing the Experience of Parenting Stress in Parents of Children With and Without Autism Spectrum Disorder. Journal of Autism and Developmental Disorders, 43, 629–642. https://doi.org/10.1007/s10803-012-1604-y

Iadarola, S., Levato, L., Harrison, B., Smith, T., Lecavalier, L., Johnson, C., Swiezy, N., Bearss, K., & Scahill, L. (2017). Teaching parents behavioral strategies for autism spectrum disorder (asd): Effects on stress, strain, and competence. Journal of Autism and Developmental Disorders, 48(4), 1031–1040. http://doi:10.1007/s10803-017-3339-2

Iwata, B. A., Dorsey, M. F., Slifer, K. J., Bauman, K. E & Richman, G. S. (1994). Toward a functional analysis of self-injury. Journal of Applied Behavior Analysis, 27(2): 197–209. https://doi.org/10.1901/jaba.1994.27-197

Jessel, J., Hanley, G.& Ghaemmaghami, M. (2016). Interview-informed synthesized contingency analyses: Thirty replications and reanalysis. Journal of Applied Behavior Analysis, 49 (3), 576-595. https://doi.org/10.1002/jaba.316

Keen, D., Couzens, D., Muspratt, S. & Rodger, S. (2010). The effects of a parent-focused intervention for children with a recent diagnosis of autism spectrum disorder on parenting stress and competence. Journal Research in Autism Spectrum Disorders, 4(2), 229-241. https://doi.org/10.1016/j.rasd.2009.09.009

Lemos, F. M.& Jessel, J. (2021). IISCA, uma proposta de Análise Funcional. Comportamento em foco, 7(13), 100 – 112.

Meimes, M. A., Saldanha, C. H., & Bosa, A. C. (2015). Adaptação materna ao Transtorno do Espectro Autismo: Relações entre crenças, sentimentos e fatores psicossociais. Psico, 46(4), 412-422.

Naito, A. de C. P. R. (2017). Avaliação de um programa de treino parental com ensino de análise funcional para diminuição de comportamentos disruptivos em crianças com Transtorno do Espectro Autista (TEA). Dissertação de Mestrado não publicada, Associação Paradigma Centro de Ciências e Tecnologia do Comportamento, São Paulo/SP.

Oliveira-Franco, C. R. (2022). Desenvolvimento de crianças com TEA e treino de parentalidade positiva para seus cuidadores. Tese de doutorado não publicada, Universidade Estadual Paulista Julio de Mesquita Filho, São Paulo/SP.

Pinto, A. S. & Constantinidis, T. C. (2020). Revisão integrativa sobre a vivência de mães de crianças com Transtorno de Espectro Autista. Revista Psicologia e Saúde 12(2),89-103. http://dx.doi.org/10.20435/pssa.v0i0.799

Pinto, R. N. M., Torquato, I. M. B, Collet, N., Relchert, A. P. S., Neto, V. L. S. & Saraiva, A. M. (2016). Autismo infantil: Impacto do diagnóstico e repercussões nas relações familiares. Revista Gaúcha de Enfermagem, 37(3), 1 -9. https://doi.org/10.1590/1983-1447.2016.03.61572

Rajaraman, A., Jessel, J. (2023). Self-injurious behavior. In: Matson, J. L. (ed) Handbook of Applied Behavior Analysis. Autism and Child Psychopathology Series (pp. 1181- 1197). Springer. https://doi.org/10.1007/978-3-031-19964-6_61

Reyno, S.M., & McGrath, P. J. (2006). Predictors of parent training efficacy for child externalizing behavior problems – a meta-analytic review. Journal of Child Psychology and Psychiatry, 47 (1), 99-111. https://doi.org/10.1111/j.1469-7610.2005.01544.x

Ribeiro, D. M., Sella, A. C. & Souza, A. A. (2018). Avaliação do comportamento. In: Sella, A. C. & Ribeiro, D. M. (Orgs.), Análise do Comportamento Aplicada ao Transtorno do Espectro Autista (pp. 125-139). Curitiba: Appris.

Roscoe, E. M., Schlichenmeyer, K. J. & Dube, W. V. (2015). Functional Analysis of problem behavior: A systematic approach for identifying idiosyncratic variables. Journal of Applied Behavior Analysis, 48(2): 289–314. https://doi.org/10.1002/jaba.201

Saini,V., Fisher, W. W., Retzlaff, J. B. & Keevy, M. (2019). Efficiency in Functional Analysis of problem behavior: A quantitative and qualitative review. Journal of Applied Behavior Analysis, 53(1), 44-66. https://doi.org/10.1002/jaba.583

Slaton, J. D. & Hanley, G. P. (2018). Nature and scope of synthesis in functional analysis and treatment of problem behavior. Journal of Applied Behavior Analysis, 4(4), 943–973. https://doi.org/10.1002/jaba.498

Vasconcelos, A. A. M. 2020. A contribuição da análise funcional no manejo de comportamentos desafiadores em pessoas com transtorno do espectro do autismo. Monografia não publicada, Especialização em Transtorno do Espectro do Autismo da Universidade Federal de Minas Gerais. Repositório institucional da UFMG. http://hdl.handle.net/1843/36348

SOBRE OS AUTORES

André Augusto Borges Varella. Doutor em Psicologia pelo Programa de Pós-Graduação em Psicologia da Universidade Federal de São Carlos (UFSCar), com pós-doutorado na UFSCar. É diretor do iABA Instituto de Análise do Comportamento Aplicada. Orcid: https://orcid.org/0000-0003-0643-7767. E-mail: varella@iabams.com

Andressa Tonini Pissaia. Psicóloga pela UFES, Mestre em Psicologia pelo Programa de Pós-graduação em Psicologia/UFES (PPGP). Pós-graduada em Psicoterapia Comportamental. Supervisora e diretora da Clínica Multidisciplinar Crescita. Orcid: https://orcid.org/0000-0001-5947-6239. E-mail: andressa.toninip@gmail.com

Célia Regina Rangel Nascimento. Psicóloga pela UNESP/SP, Doutora em Psicologia pelo Programa de Pós-graduação em Psicologia (PPGP)/UFES, com pós-doutorado na Universidade Salgado de Oliveira - Universo, Niterói/RJ. Docente do Departamento de Psicologia Social e do Desenvolvimento e do PPGP/UFES. Orcid: https://orcid.org/0000-0002-3175-0715. E-mail: celia.nascimento@ufes.br

Daiton Martins de Souza. Fonoaudiólogo, M.S., in Applied Behavior Analysis (ABA) pela The Chicago School of Professional Psychology (EUA). Certificação em ABA, Board Certified Behavior Analyst (BCBA) e Qualified Behavior Analyst (QBA). Diretor Clínico no CEDIN e Behavior Learning. Orcid: https://orcid.org/0000-0002-7605-8079. E-mail: daiton@terapiacedin.com.br

Déborah Menezes Anacleto. QBA. Psicóloga. Mestre em Psicologia pela UFES. Pós graduada em Intervenção ABA. Supervisora Clínica. Orcid: https://orcid.org/0009-0009-2720-7232. E-mail: psideborahanacleto@gmail.com

Fabiana Pinheiro Ramos. Psicóloga, Doutora em Psicologia pelo Programa de Pós-graduação em Psicologia (PPGP) da UFES, pós-doutorado na Universidade de Washington, Seattle/USA. É professora do Departamento de Psicologia e do PPGP/UFES. Orcid: http://orcid.org/0000-0002-2233-0305. E-mail: fabiana.ramos@ufes.br

Gabriela Esteves Lopes. Mestre em Análise Experimental do Comportamento pela Universidade Federal de São Carlos (UFSCar). Pós-graduada em ABA: Análise do Comportamento Aplicada ao Autismo, Atrasos no Desenvolvimento Intelectual e Linguagem. Docente do Instituto Lahmiei e Supervisora ABA. Orcid: https://orcid.org/0000-0001-8698-8221. E-mail: gabrielaesteves.aba@gmail.com

Josiane Rezende Araujo. Neuropsicóloga e Especialista em Psicoterapia Comportamental. Mestre em Psicologia pelo Programa de Pós-graduação em Psicologia (PPGP) da UFES. Atua como psicoterapeuta infanto-juvenil e orientadora parental. Orcid: https://orcid.org/0009-0008-3074-6571. E-mail: josiane.psicologia16@gmail.com

Juliana Câmara Nogueira da Gama. Analista do Comportamento, Mestre, BCBA (Board Certified Behavior Analist) e QBA (Qualified Behavior Analyst), formada pela Nova Southeastern University (NSU) FL. Diretora da JohnJohn Desenvolvimento Infantil. E-mail: juliana@jjdesenvolvimento.com.br

Kely Maria de Sousa Pereira. Psicóloga pela UFRJ, Doutora em Psicologia pelo Programa de Pós-Graduação em Psicologia da UFES, com Pós-doutorado pelo Programa de Educação da (ProPEd) da UERJ. Docente do Departamento de Psicologia Social e do Desenvolvimento e do PPGP/UFES. Orcid: https://orcid.org/0000-0001-9095-6556. E-mail: kely.m.pereira@ufes.br

Letícia Devens Vieira. M.A em Análise do Comportamento pela Florida Institute of Technology, BCBA, e QBA. Supervisora Clínica, e Diretora da JL Academy. Instrutora da PCMA. E-mail: jlterapialtda@gmail.com

Loyane Fassarella Gasparini. Psicóloga, Mestre em Psicologia pela UFES. Pós-graduada em Intervenção em ABA para Autismo e Pós-graduanda em TEA na Adolescência. Supervisora e diretora da Solar Desenvolvimento Infantil. Orcid: https://orcid.org/0009-0000-8004-246X. E-mail: lofassarella@hotmail.com

Luisa Gonçalves Pires. QBA, Psicóloga (UFSJ) e Mestre em Psicologia (UFJF) com foco em Desenvolvimento Humano e Processos Socioeducativos. Docente da pós-graduação em ABA do Instituto Continuum e da pós em Autismo do grupo CEFAPP, Instrutora PCM e Supervisora do Instituito Mylena Lima. E-mail: luisa.pires@mylenalima.com.br

Mylena Pinto Lima. BCBA-D, QBA, Psicóloga, Doutora em Psicologia pelo Programa de Pós-Graduação em Psicologia da UFES, mestrado em Teoria e Pesquisa do Comportamento pela UFPA, Pós Doutoranda LAPEPP/PPGP/UFES e Diretor Clínica do Instituto Mylena Lima. Orcid: https://orcid.org/0009-0006-5351-0233. E-mail: mylena@mylenalima.com.br

Natalie Brito Araripe. BCBA, QBA. Psicóloga, Doutoranda em Psicologia pelo Programa de Pós-graduação em Psicologia da UFSCAR, possui mestrado em psicologia pela UFC e master em ABA pelo ABA Espanha. Diretora Clínica na Luna ABA. Orcid: https://orcid.org/0000-0002-2644-7236. E-mail: brito.natalie@gmail.com

Rosana Suemi Tokumaru. Bióloga, Doutora em Psicologia Experimental pelo Programa de Pós-graduação em Psicologia Experimental da USP. É professora do Departamento de Psicologia Social e do Desenvolvimento e do Programa de Pós-Graduação em Psicologia da UFES. Orcid: https://orcid.org/0000-0003-2859-4114. E-mail: suemitokumaru@gmail.com

Stephanye Meirelles de Oliveira Valente. Psicóloga pela UFF, Mestre em Psicologia pelo PPGP/UFES. Pós-graduada em Educação Especial e Inclusiva e em Intervenção ABA. Atuou em clínicas, escolas e atendimento domiciliar. Atualmente é ilustradora de livros infantis. Orcid: https://orcid.org/0000-0002-0285-3651. E-mail: steillustra@gmail.com

Talyta Cristine de Assis Santos. QBA. Psicóloga. Mestre em Psicologia pela UFES. Pós-graduada em Intervenção ABA. Instrutora PCM. Supervisora Clínica. Orcid: https://orcid.org/0009-0006-1802-7545. E-mail: talytac.assis@gmail.com

Este livro foi produzido em conformidade com as diretrizes GPSR da UE sobre a segurança dos produtos

O Regulamento relativo à Segurança Geral dos Produtos (GPSR) da União Europeia tem por objetivo garantir que todos os produtos de consumo, incluindo os livros, sejam seguros para os consumidores.

Este livro foi impresso por CPI books GmbH. A gráfica emitiu certificados de segurança para os materiais utilizados, como tinta, papel e cola.

O identificador do produto é : 9789403835709

O autor é responsável pelo conteúdo do livro e ele foi produzido pela Bookmundo.

Em caso de dúvidas sobre a segurança do produto, contacte-nos.

Bookmundo
Delftsestraat 33
3013AE Rotterdam
Holanda
info@bookmundo.com

Kolibri 360 GmbH
Ferdinand-Jühlke-Straße 7
99095 Erfurt, Deutschland
produktsicherheit@kolibri360.de